Mi esposo y yo s~~o~~ ~~está mostrando la asombrosa verdad de que a~~ g a los "reyes del mercado". Somos diferentes ahora para la gloria de Dios por causa de la obediencia de Dani en utilizar sus dones para liberar a los cautivos. Gracias Dani, por ser esa arma en la mano poderosa de Dios para liberarme.

–Sonya C.

Si tuviera que escoger una de las herramientas de la caja de Dani Johnson, elegiría *"Espíritu de Éxito"*. Es mucho lo que he aprendido de él. Está cambiando mi relación con el Señor, mi vida, mi familia y mis negocios. Esta es una herramienta increíblemente útil. Todo el mundo debería tenerla.

–Jodi S.

La serie en CDs de *"Espíritu de Éxito"* es mi favorita de todos los tiempos. Es grandioso poder implementar valores y principios espirituales no solamente en mi vida sino también en mi negocio. Hay un mapa sencillo de éxito para todas las áreas de la vida, la familia y los negocios, y Dani comparte este plan que le ayudará a usted a crear un balance, un sentido de paz y de fe, y lo hará entrar en acción para ser la persona que Dios planeó que fuera.

–Kimber K.

El entrenamiento para *"Espíritu de Éxito"*, de Dani Johnson, ha derrumbado todos los muros que me confinaban a una lucha por más y a complacer a todo el mundo a costa de mi propia libertad. Ahora he recuperado mi vida; Dani me ha enseñado a oír la voz de Dios y a seguir su dirección ayudándome a comprender lo que su Palabra dice acerca de la vida, el amor, la paternidad, los negocios, ¡todo! Su estilo práctico y sincero me ha enseñado a tener victoria a través de Jesús en cada área de mi vida. Si usted quiere más confianza y guía en su vida, no espere un minuto más, empiece hoy mismo.

–Tracy C.

El Señor me inspiró con su mensaje. ¡Mi negocio ha explotado!
—Chris W.

Alabo a Dios por ti. No solamente estoy aprendiendo estrategias comerciales sino que mi vida entera está cambiando, y todos a mi alrededor lo notan. ¡Te amo Dani!
—Michelle A.

Soy muy bendecida por Dios por haberme puesto en contacto con usted. Estaba esperando un cambio. ¡Ahora tengo *libertad financiera*!
—Karen U.

Yo había logrado un ingreso expresado en seis dígitos, pero era absolutamente infeliz. No tenía tiempo libre, no veía a mis hijos y estaba perdiendo el control de mi vida. Después del contacto con Dani Johnson he aprendido muchas cosas para manejar mejor mi vida y mi negocio. Ella mejoró mi matrimonio. Mejoré mis ingresos y pagué una deuda de más de $100.000 dólares. No he visto ni una persona que no haya sido afectada fenomenalmente por el entrenamiento, el equipamiento y el desarrollo personal que ocurren con Dani Johnson.
—Renae H.

A través de *"Espíritu de Éxito"* he aprendido muchas cosas que me han hecho libre. Me han permitido criar a mis hijos para el éxito, no para esclavitud, y a sanar y restaurar totalmente mi matrimonio. Esto es algo que lo va a equipar a usted; le enseñará cómo abrir su corazón para recibir de Dios y permitirle obrar en su vida, para comenzar a vivir en paz y no en constante conflicto.
—Anónimo

ESPÍRITU DE ÉXITO

DANI JOHNSON

Editorial Desafío

Espíritu del Éxito por Dani Johnson© 2012 Todos los derechos de esta edición en español reservados por Asociación Editorial Buena Semilla bajo su sello de Editorial Desafío.

Publicado originalmente en inglés por Destiny Image, USA, bajo el título: "Spirit Driven Success", Copyright ©2009 por Dani Johnson.

Las citas bíblicas han sido tomadas de la versión Reina Valera Revisada RVR©1960 de las Sociedades Bíblicas Unidas.

Prohibida la reproducción total o parcial por sistemas de impresión, fotocopias, audiovisuales, grabaciones o cualquier medio, menos citas breves, sin permiso por escrito del editor.

Traducción: Rogelio Díaz-Díaz
Edición: Miguel Peñaloza

Publicado y Distribuido por Editorial Desafío
Cra. 28A No. 64A-34, Bogotá, Colombia
Tel. (571) 630 0100
E-mail: desafio@editorialbuenasemilla.com
www.editorialdesafio.com

Categoría: Motivación, negocios
Producto No.: 600042
ISBN: 978-958-737-076-8

Impreso en Colombia
Printed in Colombia

DEDICATORIA

Padre celestial, en el nombre de Jesús te dedico este libro. Haz lo que quieras con él.

A Kristina, Arika, Cabe, Roman y Miqueas: Que jamás limiten ustedes al Dios que no tiene límites. Incendien el mundo con la pasión que ustedes sienten por él.

AGRADECIMIENTOS

En primer lugar, gracias a ti Señor Jesucristo por salvar mi alma y por ser mi Torre Fuerte. En realidad *sin ti yo soy nada*. Gracias por permitirme hacer lo que hago y por proveerme manos que me ayuden a hacerlo. Toda la gloria *es tuya*.

Al esposo más maravilloso del planeta: Hans. Has usado tus talentos de manera extraordinaria para llevar nuestro mensaje al mercado. Te amo más de lo que las palabras pueden expresar.

A mis cinco bebés: ustedes me apoyan y creen en lo que Dios nos ha llamado a hacer. Son lo mejor que mamá alguna pudiera pedir. Si ustedes no fueran quienes son, yo no podría hacer lo que hago. ¡Los amo muchísimo!

A María Fairfield: asumiste este proyecto y te abriste paso a través de los obstáculos para hacerlo realidad. Las dificultades que superaste fueron tremendas. Gracias por hacer lo que fuera necesario para hacerlo realidad.

A Holly McClure: apareciste de no sé dónde y nos impactaste con tu don para hacer que este proyecto se realizara. Gracias por seguir adelante cuando otros dijeron que era imposible hacerlo.

A Jack y Lavonne: ustedes permitieron que Dios los usara para salvar nuestro matrimonio hace algunos años. Si Hans y yo no estuviéramos juntos, este ministerio no existiría. Su sabio consejo es inapreciable; ustedes me enseñaron a permanecer firme en la Palabra de Dios. Gracias por su amor incondicional, por creer en mí, por su aliento y apoyo.

A Ruthie Brown: tú me enseñaste a luchar en el campo espiritual y a no retroceder; me enseñaste también cómo orar. Gracias por amarme incondicionalmente en muchos momentos de inmadurez a través de los años. Te estoy eternamente agradecida.

A JP: Mira esto. Tú viste en una chica de 19 años de edad algo que ni ella misma pudo ver. Gracias por creer siempre en mí aún cuando yo no podía creer en mí misma.

A Ed Negrelli: tú plantaste la primera semilla en mí cuando yo era joven y estúpida, incrédula, sin entrenamiento e ignorante. ¡Gracias! Tú fuiste el primero en hacerme pensar en una manera que trascendía lo que yo era. Mira cómo Dios te utilizó para influenciar una vida que a su vez ha influenciado a miles y miles de vidas. Por siempre te estoy agradecida.

A Mona McGrady: tú has sido nuestra abogada. Gracias por velar de 2 a 4 de la madrugada y por tus años de dedicación a la visión. ¿Puedes creer que Dios nos permita hacer esto?

A Jeribai Tascoe: Has hecho un trabajo fenomenal en cada cosa que has tocado. Tu don como diseñador es extraordinario. Has sido una inmensa bendición para nuestro equipo.

A todo el equipo DJC: Brian, Marla, Gerri, Mona, Joseph, Jenn, Tim, JP, Ed, Jeribai, Isa, Ryan, Nina, LauraLee, Andrew, Arika, Diana, Judi, Robyn, Elyssa, Tammy, Jordan, Gabe, Jeremy, Patrick, Laurie, Kim, Penny y Juana. ¡Fantásticos!

Podría escribir otro libro sobre ustedes solamente. Gracias por su dedicación, compromiso, persistencia y tenacidad. Gracias por aplicar lo que han aprendido y por ir más arriba. Gracias por todas las manos que han tocado este proyecto en una forma u otra. Gracias por su amor por el Señor.

A nuestros clientes: ustedes son nuestros amigos; ¡son maravillosos! Gracias por aplicar estas enseñanzas, por acogerlas y atacar el mercado con ellas. Ustedes han producido resultados que han atraído la atención de las naciones. Sin ustedes, esta aventura no tendría sentido para mí.

A Mamá: gracias por no abortarme. Mira lo que Dios ha hecho. Te amo.

CONTENIDO

Prólogo 13

Introducción 15

CAPÍTULO 1

Espíritu de Éxito 19

CAPÍTULO 2

Mentiras que he creído 27

CAPÍTULO 3

Somos considerados reyes 37

CAPÍTULO 4

Las tres batallas frontales 47

CAPÍTULO 5

La verdad acerca del dinero 59

CAPÍTULO 6

Recibamos la unción de Dios 81

CAPÍTULO 7

Descubra sus dones 97

Capítulo 8
Crear unidad en una cultura diversa 113

Capítulo 9
¿Qué clase de servidor es usted? 131

Capítulo 10
Seis pruebas: ¿Está listo? 147

Capítulo 11
Conviértase en uno de los escogidos de Dios ... 167

Capítulo 12
El arma secreta 179

Capítulo 13
El fuego refinador 187

Capítulo 14
Las armas de nuestra guerra 199

Capítulo 15
Enfrente sus gigantes 219

Capítulo 16
Secretos de su éxito 229

Conclusión 249

Su próximo paso 251

Perfil de la autora 253

Una nota especial de Dani 255

PRÓLOGO

Vosotros sois la luz del mundo; una ciudad asentada sobre un monte no se puede esconder...Así alumbre vuestra luz delante de los hombres, para que vean vuestras buenas obras, y glorifiquen a vuestro Padre que está en los cielos (Mateo 5: 14, 16).

¿Consiste el éxito en algo más que conducir autos de lujo, vivir en una casa grande, mencionar nombres importantes en reuniones sociales y tomar vacaciones en lugares exóticos? ¿Hay algo más en la vida que ser voluntario en otro programa de la iglesia mientras se lucha por pagar las facturas y por alargar el dinero hasta el fin de mes?

¿Nos están diciendo, nuestra sociedad, los medios de comunicación y nuestras iglesias, toda la verdad acerca de lo que es y no es el éxito? ¿Coincide la definición tradicional del éxito que la Iglesia da con la definición de Dios en la Biblia? ¿Es realmente posible lograr nuestros sueños, y todavía hacer la obra de nuestro Padre celestial?

En *Espíritu de Éxito,* Dani Johnson responde todas estas preguntas y muchas más. Sin embargo, ella no se detiene ahí. Dani le muestra a usted cambios específicos que necesita hacer a fin de empezar a experimentar resultados inmediatos en cada área de su vida.

Espíritu de Éxito es un nuevo enfoque radical a este tema tan antiguo como el tiempo. Este es un mensaje que se necesitaba desde hace mucho y que ya ha cambiado la vida de numerosas personas que han asistido a las conferencias y seminarios dictados por Dani.

Como mujer de negocios, mega empresaria, madre de cinco hijos y esposa amorosa, Dani es una gran mujer. Ella vive y respira lo que enseña. Yo puedo decirlo pues, como su esposo y su socio en los negocios durante toda una vida, he sido testigo de su pasión y su carácter tras bastidores en nuestra empresa y en la vida personal y familiar. Le puedo decir que su integridad, sinceridad y deseo de equipar a otros para el éxito tan solo son superados por su intenso deseo de servir a Dios.

En *Espíritu de Éxito*, en su estilo crudo, sincero, salido de lo profundo de sí misma, Dani comparte secretos del éxito de acuerdo a patrones bíblicos que ella ha descubierto y aplicado durante toda su vida. Estas verdades hicieron posible que de ser una mujer de hogar pasara a ganar millones de dólares y se convirtiera luego en una mentora empresarial de las más cotizadas en el mundo el día de hoy.

Los conceptos de *Espíritu de Éxito* les han mostrado a miles de personas la forma de mejorar su vida en el área espiritual, mental, emocional, física y financiera. ¿Desea usted ser uno de ellos?

¿Por qué tiene usted este libro en sus manos? ¿Está buscando un cambio? ¿Busca independencia financiera? ¿Quiere llevar su carrera o su negocio a nuevos niveles de crecimiento, prosperidad y éxito?¿Desea crear un legado para su familia que dure durante generaciones?

Este libro le mostrará cómo hacerlo para que su Padre celestial sea glorificado.

–Hans Johnson

INTRODUCCIÓN

Crecí en un hogar lleno de abuso verbal y físico de parte de un padrastro drogadicto secundado por la indiferencia patética de mi madre también drogadicta. Con frecuencia mis dos hermanas y yo fuimos el blanco del temperamento violento de mi padrastro en un hogar en el cual el constante conflicto emocional, los ataques verbales, las palizas físicas e incluso el abuso sexual fueron acontecimientos diarios durante mi niñez y adolescencia.

Siendo aún adolescente me escapé de esa sicótica vida hogareña y comencé a trabajar en una cantidad de empleos de corta duración pero sin destacarme en nada. Sin importar lo que hiciera, todos los días resonaba en mis oídos el aluvión de críticas de mi padrastro: "¡Eres gorda; eres fea; no sirves para nada!"

En mi esfuerzo por demostrarle que estaba equivocado y por probarme a mí misma que podía romper la esclavitud de sus maldiciones, decidí convertirme en empresaria. Con la única educación de los golpes que la vida me había dado, a los pocos meses fracasé miserablemente. Me di cuenta de que necesitaba conocimientos, habilidades y un entrenamiento intensivo para equipar mi determinación. Aunque financieramente me era difícil en esa época, decidí invertir en ciertas clases de capacitación para los negocios. Fue el dinero mejor gastado; ¡por primera vez en mi vida había invertido en mí!

A los seis meses llegué a ser una líder de ventas en la compañía para la cual trabajaba, disfrutando de los ingresos y el reconocimiento que vinieron por ser una de las jóvenes más productivas. De esta manera obtuve la confianza que necesitaba para tener éxito en un mundo de negocios altamente competitivo. Fui tratada como una celebridad, tuve suficiente dinero y me convertí en una persona que la gente buscaba para aprender de mí. ¡*De mí!* La empresaria "gorda, fea, buena para nada" estaba en la tarea de probar que su padre adoptivo estaba equivocado.

Mientras estaba en un evento de entrenamiento, uno de los asistentes se me acercó y me preguntó si podría "aprovecharse de mis conocimientos" y recibir de mí algunos consejos. Tenía apariencia de una estrella de cine, era increíblemente encantador, y me hizo sentir deseada, apreciada e importante. Nos enamoramos de inmediato, pasamos juntos una semana apasionada y romántica y nos casamos en medio de un torbellino de romanticismo. Estaba convencida de que al fin había encontrado una vida perfecta y duradera.

Pero a los cuatro meses mi bien parecido esposo me abandonó por otra mujer, se llevó todo mi dinero y me dejó con una deuda de $35.000 dólares, y con un saldo de exactamente $2.03 en mi cuenta. Al mismo tiempo mi negocio fue desfalcado por un hombre que me había enseñado antes unas cuantas cosas sobre cómo establecer mi empresa. Quedé anonadada, abandonada, confusa, sola y muy temerosa.

Todo lo que poseía cabía en mi pequeño coche. Vivía en las playas públicas, dormía en mi carro, me duchaba en baños públicos, y trataba de sobrellevar el abatimiento. Sentí que lo había perdido todo: mi esposo, mi empresa, mis ahorros, mis amigos, mi dignidad, y lo peor de todo, mis sueños. Había perdido toda esperanza y no tenía una visión del futuro. La horrorosa predicción de mi padre adoptivo se había hecho realidad.

Me las arreglé para conseguir un empleo como mesera y pasaba la mayor parte de mis días fumando hierba con amigos y trabajando turnos en la noche. Era época de Navidad y en una fiesta con compañeros de trabajo hice algo que había jurado no hacer jamás: me ofrecieron una dosis de cocaína, ¡y la acepté! Al día siguiente me encontré en una playa, desesperada por conseguir otra dosis, o cualquier cosa que pudiera adormecer el dolor de mi existencia y hacerme olvidar mi horrenda vida.

Introducción

Mientras la gente se divertía en la playa, me levanté y caminé hacia el océano. Mientras me adentraba entre las olas, me sumergí en una que estaba a punto de irrumpir, y cuando me puse de pie oí estas palabras: "Toma tu cama y anda". Inmediatamente tomé mi toalla y me fui. Mientras conducía mi auto por la avenida supe que había ocurrido un cambio en mí. El embotamiento por el consumo de droga y el deseo de la cocaína habían desaparecido. Momentos antes había estado atrapada por una urgencia de consumir drogas, superior a mis fuerzas, pero ahora esa desesperación *había desaparecido por completo*. También se habían ido la amargura, la depresión, la desesperación y la desesperanza.

No cuestioné la voz porque supe que era Dios. Y luego oí otra vez su voz diciéndome: "Dios no planeó que fueras mediocre y ordinaria; esta vida que estás viviendo no es para ti".

Al día siguiente comencé un negocio desde mi vehículo y con sólo una línea telefónica. Estaba totalmente concentrada: no más lloriqueo, ni llanto, ni quejas, ni autocompasión. En los dos días siguientes me gané $2.000 dólares y en mi primer año de negocios gané un cuarto de millón. Al cabo del segundo año había ganado mi primer millón de dólares, ¡todo a la edad de 23 años! Desde entonces he ganado millones de dólares creando empresas y ayudando a otros a tener éxito en los negocios.

He tenido un éxito fenomenal así como pruebas apabullantes. La vida no es perfecta tan solo porque usted crea en Dios. Pero en cada paso y en cada circunstancia de mi vida, Dios estuvo conmigo. Su amor increíble me abruma. Yo me maravillo con cada experiencia en la que Dios me ha ayudado y con la cual me ha bendecido. Cada experiencia ha contribuido a que yo sea lo que soy hoy.

El amor de Dios es, y siempre ha sido, constante. Cuan precioso y perdonador es el Dios a quien le di la espalda hace algunos años. Aún en medio de mi amargura, de mi rechazo y enojo con la vida, él fue el Padre Celestial que nunca tuve; me amó, me disciplinó y me acogió, a mí su hija pródiga, en su hogar.

Mi vida es hoy mucho más de lo que yo soñé que fuera posible. Soy bendecida por tener un esposo amoroso, cinco hijos maravillosos, un estupendo círculo de amigos, y un increíble equipo de colaboradores. Me asombro de mi éxito como conferenciante, capacitadora de negocios y orientadora espiritual exitosa, y estoy eternamente agradecida por mis clientes maravillosos en todo el mundo.

No asumo lo que he llegado a ser en la vida como algo que merecía o como producto de mi propio esfuerzo. Mi éxito no se debe a que lo merecía o a algo que haya hecho, sino totalmente a la gracia, la misericordia y el favor de Dios sobre mi vida. He aplicado los principios expuestos en este libro, sencillamente los he puesto en práctica y estoy cosechando lo que he sembrado. Qué agradecida me siento de que Dios me haya liberado de una vida que estaba condenada por las palabras de un hombre, pero que fue redimida por la Palabra de Dios.

–Dani Johnson

Yo pensaba que iba a tener que elegir entre tener una vida espiritual y tener un negocio, pero escuchar que usted ha podido balancear las dos cosas me ha dado esperanza.

—Fran W.

CAPÍTULO 1

ESPÍRITU DE ÉXITO

Si acaso hay en la vida alguna lección que yo haya aprendido es esta: Usted nunca sabe cuándo su vida está apunto de cambiar. No sabe cuándo una decisión impactará dramáticamente su vida y cambiará el curso de su destino. ¿Se encuentra usted en una encrucijada en este momento de su vida?

Al viajar por el mundo realizando seminarios de entrenamiento y asesorando a muchos clientes, me asombro realmente del inmenso número de personas que me dicen que se encuentran en una encrucijada. La mayoría me dice que está buscando algo que parece faltar en su vida, el conocimiento que les permita realizar algo importante en este mundo.

Aunque las personas que conozco en todo el mundo afrontan situaciones difíciles y tienen historias personales que difieren unas de otras en muchos aspectos, todas parecen tener una cosa en común: han perdido su sueño y la visión del propósito para el cual fueron creadas.

Demasiadas personas en nuestra sociedad se han conformado con la mediocridad. Por una u otra razón han puesto su vida en crucero automático y con cada día que pasa su sentimiento de vacío aumenta. Tal vez ese es justamente el lugar o la condición en que usted se encuentra, parado en alguna encrucijada de la vida. Si esto le suena familiar, si puede identificarse con lo que le estoy diciendo, tengo un importante mensaje para usted que cambiará su vida.

Mi mensaje es sencillo: No meta su vida en un molde. No transe con la mediocridad. No renuncie a sus sueños. ¡No se dé por vencido! No importa lo cómodo que esté, o si ha logrado mucho o muy poco en la vida; no deje de soñar. No lo haga por usted, hágalo por sus seres queridos, por su esposo o esposa, por sus hijos.

Atreverse a soñar en medio de la adversidad, del fracaso y de la complacencia, es tener esperanza. Esa esperanza, ese sueño, son los dones de Dios para usted. Es su manera de decirle que tiene un plan para su vida si lo escucha y le da una oportunidad de hacerlo realidad.

Él lo hizo por mí

Yo lo sé por experiencia propia porque Dios me dio un sueño que iba más allá de los límites que yo me había establecido. Él se magnificó mucho más de lo que yo pude haber imaginado. Yo crecí en un ambiente en donde no había esperanza, ni sueños, ni fe en lo que podía ser. Solamente escuchaba crítica y condenación relacionada con lo que esperaba llegar a ser. Procedo de un ambiente de abuso verbal, emocional y físico. Mi pasado ahogaba cualquier sueño y cualquier esperanza que procuraba abrigar. Eso me marcó como una vida destinada al fracaso.

Hoy miro a la clase de mamá que soy y le doy gracias a Dios porque mi hogar es todo lo opuesto al hogar en el cual yo fui criada. Mi Dios me rescató de mi pasado, me bendijo con una familia increíble y me rodeó de personas extraordinarias, buenos clientes y grandes amigos que han hecho un profundo impacto en mi vida.

Creo con todo mi corazón que cada uno de nosotros ha recibido un don excepcional de parte de nuestro Creador, y que todos tenemos el deber de utilizar esos dones para un propósito en la vida.

Para que usted entienda los principios que quiero enseñarle en este libro, primero debe saber de dónde vengo y así sabrá lo que puedo hacer por usted.

Espero que haya leído la introducción porque en ella explico mis comienzos y el trasfondo de donde vengo. Si usted es como yo, probablemente pasará por alto la introducción y va directo al grano; pero, por favor regrese y lea mi historia para que pueda apreciar lo que estoy a punto de compartir con usted. Eso le ayudará a entender por qué los principios enunciados en este libro cambiarán radicalmente su vida.

Encontrar el éxito en la vida

A través de nuestros negocios hemos ayudado a miles de personas de todo el mundo a mejorar su estilo de vida y sus finanzas. He visto personas sanadas, física, emocional, financiera y espiritualmente. Las he visto salir de deudas, lograr su independencia financiera, incluso hacerse millonarias.

¿Está usted librando una lucha en el área física, mental, emocional, social, y en sus relaciones? ¿Se esfuerza por encontrar propósito en la vida y su lugar en el Reino de Dios? Si su respuesta es sí, entonces preste atención a este libro. Juntos exploraremos la forma en que otros han recorrido esta senda del triunfo.

¿Existe un área de insatisfacción en su vida? ¿Hay algo que no está del todo bien? Estoy hablando de su vida íntima, su cuerpo, su alma y su espíritu, no de su carrera o su negocio. ¿Está plenamente satisfecho en su matrimonio? ¿Se siente totalmente satisfecho como padre, como líder de su comunidad, como hijo, o hija, del Dios Altísimo? Si no lo está, no se dé por vencido. No se quede en la rutina. No se estanque en la misma situación.

Desde el año 2003 he ayudado a miles de personas a alcanzar un éxito categórico en el mundo de los negocios y a lograr su libertad financiera. En estos mismos seminarios donde he enseñado los principios financieros y la manera de salir de deudas, he visto la mano de Dios tocando vidas y cambiándolas para siempre.

He visto milagro tras milagro con testimonios documentados. Estos son algunos de los casos de esas vidas que han sido transformadas:

1. Kristina y Andy, que vivían juntos desde hacía 12 años, vinieron al seminario *Primeros Pasos Hacia el Éxito* y se convirtieron en cristianos en esa semana. Desde entonces se casaron, cuadruplicaron sus ingresos y acaban de comprar su primera propiedad.

- Carman, de Míchigan, vino a uno de mis seminarios sobre finanzas y después de aprender habilidades y principios financieros claves, pasó de ganar $700.000 dólares al año, a ganar $3.7 millones en tan sólo 18 meses. Ella entregó su vida y su negocio al Señor y fue radicalmente influenciada por el Altísimo. Y, lo principal, puso en riesgo su reputación en los negocios y la relación con sus empleados y clientes al profesar públicamente su fe en Cristo en el campo de los negocios. Pudo haberlo perdido todo al ser catalogada como una fanática de Jesús, pero Dios continuó bendiciéndola.

- Douglas, de Georgia, vino a un seminario de dos días y durante la *Sesión de Equipamiento Espiritual*, él y su esposa vieron como su pierna anormal creció cuatro pulgadas. Ambos se convirtieron en cristianos esa noche y están criando a sus hijos en el camino del Señor.

No solamente he tenido el privilegio y el honor de ayudar a mis clientes a ganar millones de dólares; también he visto la unción de Dios en nuestros seminarios bendiciendo a la gente en las siguientes maneras:

- Sanando los matrimonios
- Pagando deudas de millones de dólares
- Preparando a los hijos para el éxito
- Liberando todo tipo de esclavitud
- Restaurando las familias
- Incrementando los negocios
- Y en muchas otras maneras

He visto el Espíritu de Dios moviéndose y actuando en forma maravillosa. Dios plantó en mí el deseo de equipar a los santos para el éxito, para que el mundo no controle a su pueblo. A mí me encanta lo que dice Isaías 61; ese es el pasaje de la Escritura vital para mí. Habla de liberar los cautivos y de darles luz y libertad a quienes están en prisión.

La senda hacia la libertad

¿Se ha apartado usted de Dios? ¿Le ha fallado la gente? Podría pasar horas contándole lo que el Señor ha hecho por mí y cómo me sacó de un condenado estilo de vida y me puso en una senda de libertad para que libere también a otros. Oro a Dios para que le revele lo que es su poder, su gracia y su bendición para usted.

De modo que le pregunto otra vez: ¿Está satisfecho con su vida en lo financiero, en su salud física, mental y emocional, en lo social y en el área de sus relaciones interpersonales?

Si no puede responder sí a estas preguntas, no se dé por vencido. Pero tampoco se quede anquilosado. No mantenga el statu quo. No es el propósito de Dios que sea mediocre en esas áreas de su vida. No decida vivir con excusas. Yo he aprendido que no son las circunstancias las que nos derrotan; es la forma en que las enfrentamos la que determina el resultado de nuestra vida.

Tal vez no se dé cuenta de ello, pero dentro de usted hay talento, habilidades y capacidades dormidas esperando entrar en acción. Si usted en verdad procura darles salida, yo quiero proveerle un camino corto, una senda directa para que redescubra y despierte esos dones que están dormidos en su interior.

En este libro solamente puedo señalarle la persona que me guió a través de momentos increíblemente difíciles. El único que fue capaz de penetrar en mi corazón, ponerme en un nuevo camino y llevarme a donde estoy ahora. Y créame que había probado muchos diferentes caminos equivocados para llegar a la verdad.

Un fanático acosador que quiere meterle la Biblia a todo el mundo a la fuerza es la última persona con quien quisiera cruzarme en mi camino. Sin embargo, sí quiero contarle lo que me ocurrió a mí y cómo el Dios revelado en las Escrituras ha sido fiel a todas sus promesas.

Por los cambios que he visto en mi propia vida y en la de muchos de mis clientes creo que la Biblia es el libro más grande que se haya escrito sobre él éxito. Está lleno de sabiduría, de iluminación y mensajes; es la directa comunicación de Dios con nosotros.

He leído la Biblia de principio a fin varias veces y en cada ocasión que la leo me quedo asombrada de los tesoros que hay escondidos en sus historias, en las situaciones que describe, en sus personajes, en los Salmos, los Proverbios y las parábolas. Aunque cada historia bíblica contiene algunas lecciones obvias, los verdaderos tesoros a veces están un poco más profundos.

Tengo la esperanza que usted descubrirá al mentor, entrenador, motivador y amante Padre que conoce su corazón y quiere satisfacer cada necesidad. Desde que empecé una relación con mi Señor y Salvador, él ha sanado mi corazón y me ha hecho libre para vivir una vida más grande de lo que pude haber pedido o imaginado.

Si usted es uno de los que buscan una verdadera visión para su vida, entonces es tiempo de que encuentre la senda, descubra sus verdaderos dones y empiece la jornada que Dios planeó para usted.

Es tiempo de darle la espalda a la vida que ha vivido hasta aquí, a las cosas que lo han estado retrasando. Fije la vista en la meta de alcanzar un éxito mucho mayor de lo que puede imaginar, y elija el sendero de un llamamiento más alto, el sendero que Dios planeó para usted

Empiece a vivir su vida con *Éxito Impulsado por el Espíritu.*

> Yo era un incrédulo, pero ahora no tengo otra opción que creer y guiar a otros a que crean. Dani y sus "compañeros" ¡viven lo que enseñan!
>
> —Thomas A.

CAPÍTULO 2

MENTIRAS QUE HE CREÍDO

Mi vida es un testimonio viviente de lo que estoy compartiendo con usted. He encontrado un Dios que me ha dado todo lo que tengo, y con un propósito excepcional que es completamente diferente a cualquier cosa que yo hubiera imaginado. Un propósito mucho más grande de lo que yo pudiera imaginar.

¿Por qué yo, una mesera de un bar, quebrantada y sin hogar llegué a ser millonaria en dos años? En parte para que usted tome este libro en sus manos y capte este mensaje. Si todavía estuviera quebrantada usted no estaría leyendo este libro.

Dios tiene un propósito con su vida pero infortunadamente el cuadro que otros han pintado de ella es diferente al que Dios ha pintado. Usted es una pieza, la parte de un gran cuadro que cambiará el mundo para la gloria de Dios. Usted es un miembro dinámico del Cuerpo de Cristo. ¿Lo cree así? ¿Está viviendo como tal?

Según el libro *Revolution,* de George Barna, el 80 por ciento de la Iglesia está absolutamente inactivo. Y yo lo creo. Pienso que a usted le gustaría saber más del contenido de este libro. El señor Barna es un reconocido encuestador en los Estados Unidos, y en este caso la pregunta que le hizo a la gente fue: "¿De dónde obtiene usted su influencia?" A algunos de ustedes les caería mal conocer las respuestas. (Discutiré este tema en un capítulo posterior.)

Existe una desconexión en gran parte de la Iglesia. Los domingos asistimos a la iglesia y actuamos como buenos chicos cristianos, pero el lunes la cosa es diferente. Luego regresamos al siguiente domingo y nos arrepentimos de las cosas que hicimos de lunes a sábado. Y así se nos enseña este cristianismo pasivo que ni tiene visión ni da espacio al llamado de Dios en la vida.

¿Quién está levantando personas que tengan éxito en la vida secular practicando principios cristianos? ¿Quién está de veras pastoreando el rebaño? Infortunadamente no muchos. Por el contrario, muchos de nosotros hemos creído varias mentiras que nos impiden hacer nuestra parte dentro del gran esquema. Miremos esas mentiras y luego discutamos la verdad acerca del llamado de cada creyente a participar activamente en la obra del Reino.

Mentira # 1: El Dios lotería

La primera mentira es "el mensaje de lotería" que se predica en muchas iglesias. Ese mensaje dice: "Oh, bueno, si usted tan solo siembra en mi ministerio hoy... lo sé... puedo sentirlo, hay alguien aquí que va a sembrar $ 1.000 dólares. Allá otros $ 1.000. Otro allá con $2.000 dólares. Dios lo va a bendecir si usted siembra en mi ministerio en este momento. Lo puedo ver, "la bendición viene".

Todos hemos visto algo así y algunos hemos hecho cheques en esas ocasiones. Ese es un mensaje de lotería, algo que no es muy diferente a comprar un boleto de la lotería. No estoy diciendo que Dios no lo bendecirá a usted o que esos predicadores no escuchan la voz de Dios. Lo que quiero decir, sin embargo, es que para recibir una bendición hay algo más que ser manipulado para que gire un cheque.

Le doy un ejemplo: Alguien obra irresponsablemente en asuntos financieros de manera continua y está agobiado por deudas debido a ignorancia en sus hábitos de gastos. Basa su esperanza de salir de deudas en ganarse la lotería, cuando un día le oye decir al predicador: "Dios va a cancelar tu deuda si das $1.000 dólares ahora mismo, pero debes hacerlo esta noche". Esta persona los da y luego va a casa y prende la televisión y compra otra cosa movido por un comercial, después de haber pasado por el supermercado y adquirido comida chatarra. Esta es la misma persona que chismosea acerca de su jefe y no trabaja con un espíritu de excelencia. ¿Y cree usted que Dios va a pagar su deuda? Yo no estoy muy segura de que lo haga. Creo que este individuo está procurando alcanzar una fantasía y, según mi Biblia, la pobreza es la que espera a una persona así (ver Proverbios 28: 19).

Permítame decirle por qué el mensaje de la lotería no funciona. *Porque contraría las leyes del éxito que están escritas en la Biblia.* Usted no puede sembrar una semilla y luego sentarse y esperar que algo bueno ocurra. Eso va en contra de las leyes bíblicas del éxito. Ese es el mensaje que se está enseñando y eso me enfurece.

Mi Biblia dice: pidan, busquen, llamen (ver Mateo 7:7– 8). Pedir, buscar, llamar, son palabras que expresan acción. Pero muchas personas piensan: "Giré un cheque, de modo que espero mi bendición". Es el mismo mensaje de lotería como cuando el pastor promete: "Dios va a pagar tu deuda este año. Lo puedo sentir. Dios pagará tu deuda este año".

¿De veras? ¿La deuda de quién va a pagar? De acuerdo con mi Biblia, Dios no pagará la deuda de alguien que es completamente irresponsable y continuará siéndolo, porque esa persona sencillamente se meterá en deudas otra vez.

Mi Biblia dice que Dios le da a usted cualquier cosa que le pueda confiar, como lo dice en Mateo 25: *"Y su señor le dijo: Bien, buen siervo y fiel; sobre poco has sido fiel, sobre mucho te pondré; entra en el gozo de tu señor"* (Mateo 25: 21). En esta parábola de los talentos el amo alabó a los siervos que invirtieron bien su dinero.

El hombre que recibió cinco talentos ganó cinco más, y fue recompensado por ello.

Eso es lo que Dios nos está diciendo: "Te daré cinco talentos, conviértelos en diez. Quédate con ellos y ve y repite el proceso". Eso es lo que dice, que si a usted se le puede confiar lo que tiene, entonces se le dará más. Pero muchos cristianos creen en un Dios Fantasía. A eso se le llamaba idolatría la última vez que yo lo verifiqué. De modo que, ¿cómo terminan? En una esperanza diferida que es tormento del corazón (ver Proverbios 13: 12).

Le doy un ejemplo: Digamos que en determinada compañía se abre una vacante de gerente y hay dos candidatos para ocuparla. Uno dice que es salvo y ama a Dios. El otro es un completo pagano, adicto a la pornografía, codicioso, que pasa su tiempo tomando licor y en peligrosas fiestas.

Este último individuo es sumamente diligente, trabaja duro y hace lo que sea necesario para obtener la vacante disponible. Pero el que se llama a sí mismo cristiano, que ha escuchado el mensaje de la lotería, se entera de la vacante que está abierta, y dice: "Bueno, voy a orar al respecto". Y ora pero no hace nada por aumentar la capacidad que le permita conseguir el ascenso. Nada hace para colaborar con Cristo y sólo confía en la fantasía que dice: "Bueno, yo soy un hijo de Dios; él me ama, así que esa posición es mía". Pero la posición no es suya si no puede hacer el trabajo.

Como lo dijo Jesús en la parábola de los talentos, Dios da a cada uno de acuerdo a nuestra capacidad (ver Mateo 25: 15). Y usted puede aumentar esa capacidad. No tiene que conformarse con lo que tiene ahora. La Biblia dice que si es diligente con lo que tiene, Dios le da más.

Ciertamente esto no es posible lograrlo sólo con su propio esfuerzo. Sería una estupidez si tratara de hacerlo. Pero si es inteligente le pide al Dios infinito y sobrenatural que le dé estrategias y capacidad sobrenaturales, y favor con la gente en el mundo laboral y de los negocios. Pídale un don profético sobrenatural de modo que pueda conocer cosas acerca de la gente, cosas que normalmente no sabría, de modo que pueda hablar a su vida.

Mentira # 2: El Dios de la pobreza

Esta mentira es lo opuesto de la anterior, pero ella también produce pasividad y paraliza a muchos creyentes que de otra manera serían muy exitosos en el mundo secular. La mentira dice que para ser manso y humilde usted tiene que estar quebrantado. Pero no existe un lugar en mi Biblia que diga eso. No lo hay. La mansedumbre es una condición del corazón, no la condición de su cuenta bancaria. Yo he estudiado este tema, de arriba abajo, una y otra vez, y si es necesario, estúdielo usted también (vea Proverbios 6:9-11; 14:23; 21: 5; 28: 2). La pobreza es una opción, algo que elegimos. ¿Va usted a seguir las leyes que lo lleven al éxito, o las que lo lleven al fracaso?

Hay claves para ser pobre y claves para ser próspero, y ambas proceden del mismo Dios. Pero infortunadamente sólo se predica una de las dos facetas, se da sólo un mensaje, y en la mayoría de los casos, el mensaje es este: "Tenga cuidado, porque es más fácil que un camello pase por el ojo de una aguja, que un rico entre en el reino de Dios. El dinero es la raíz de todos los males; tenga cuidado. No se deje atrapar por ese materialismo".

Mentira # 3: El Dios perfeccionista

La tercera mentira no es sobre el dinero, pero también impide a las personas vivir con éxito al decirles que quizá no son lo suficientemente buenas para que Dios las use. Yo pasé muchos años de mi vida pensando de esa manera. Yo tenía un horrible pasado con incontables errores. Sentía que jamás sería suficientemente buena, suficientemente justa, pura o santa para que Dios me usara. Este era un plan salido de lo profundo del infierno para impedirme hacer cualquier cosa en el Reino de Dios y para volverme completamente inútil.

Hay muchos pastores predicando el mensaje: "Tienes que ser santo, tienes que ser justo". Yo creo que la intención es buena pero el método está equivocado. Se ha predicado este mensaje como si la santidad fuera algo que se obtiene haciendo o dejando de hacer cosas. Y eso deja a Dios fuera de escena. Tal cosa es idolatría.

Ocurre lo mismo con la justicia. Se enseña como si usted lograra ser justo basado en sus acciones. Pero la última vez que leí mi Biblia encontré que Abraham, que era pecador, fue llamado justo, no en base a sus acciones sino en su fe en Dios (ver Romanos 4: 9).

La santidad es el resultado de someter su vida ciento por ciento a Dios. Es el fruto que usted produce como resultado directo de someter su vida a él. No se basa en lo que viste, ni en lo que come o lo que bebe. La santidad y la justicia son producidas por el Espíritu del Dios vivo, santo y justo. El ser humano no puede producir la santidad o la justicia. Eso es humanamente imposible.

Esta meta sólo es posible cuando vivimos de acuerdo con lo que Jesús dijo en Juan capítulo 15: *"Yo soy la vid, vosotros los pámpanos; el que permanece en mí, y yo en él, éste lleva mucho fruto; porque separados de mí nada podéis hacer"* (Juan 15: 5). Un manzano produce manzanas sin ningún esfuerzo. Los capullos o botones crecen de manera natural hasta convertirse en manzanas porque *permanecen conectados al árbol* (o en este caso al manzano).

¿Ha tratado de ser santo por su propio esfuerzo? Usted logra ser santo y justo solamente por permanecer en Cristo. Mediante su gracia, su misericordia y su amor incondicional, comienza él a producir justicia en usted. Es el fruto de lo que Dios es en usted y no se basa en lo que viste o no viste, lo que come o no come, lo que bebe o deja de beber, y si habla bien o no.

¿Está cansado, o cansada, de esforzarse por ser suficientemente santo para ser usado por Dios? Él lo ama y lo va a usar así como Jesús usó a sus discípulos. Cuando todos los discípulos le fallaron (ver Mateo 26: 56), tras la negación de Pedro (Lucas 22: 54 – 62), después de que Tomás pidió pruebas (Juan 20: 25), Jesús todavía los comisionó para que empezaran su Iglesia. Les dijo: *"Id por todo el mundo y predicad el evangelio a toda criatura"* (Marcos 16:15). Les encargó que sanaran los enfermos, limpiaran los leprosos, resucitaran los muertos y liberaran a los cautivos; y les dijo: *"Como me envió el Padre, así también yo os envío"* (Juan 20: 21). Él los llamó a compartir el evangelio con el mundo después de que tuvieron toda una serie de fallas y demostraron que no eran ni santos, ni justos ni puros. Ni siquiera habían asistido a un seminario pero Jesús los escogió y mediante su gracia los hizo santos.

También se ha enseñado sobre los dones del Espíritu como si ellos existieran solamente dentro de las cuatro paredes de la iglesia, como si estuvieran reservados para los súper espirituales. Pero esa enseñanza no se encuentra en mi Biblia, ni dice que los dones del Espíritu son solamente para quienes han asistido a un seminario. Tampoco dice que los dones del Espíritu son solamente para quienes son puros, santos y justos según los estándares humanos. La Biblia no enseña eso, sino que Dios los ha dado a todos los creyentes (1 Corintios 12: 4 – 6).

LA VERDAD

Muchos de nosotros hemos aceptado como ciertas todas estas mentiras o algunas de ellas. Hemos creído que recibir una bendición de Dios es como ganarse la lotería. O que ser pobre es una condición más santa que ser próspero. Que no somos suficientemente santos para ser usados en el Reino de Dios. Yo fui muy engañada, pero no por ningún ser humano, sino por el mismo diablo. Pero ahora conozco la verdad.

La verdad es que nuestro "Papito celestial" lo ama a usted. Lo ama tal como fue hecho, y lo hizo para una posición estratégica, única y perfecta. Él lo creó para algo específico. Para que participe activamente en un gran esquema. Y no tiene que ser perfecto antes para poder hacerlo.

No podemos insistir tratando de encajar en un molde, aunque éste sea cristiano. Tal vez su molde viene de otra religión, o quizás es problema suyo al pensar: "No soy apto para servir a Dios porque no soy suficientemente santo". El problema aquí no es de moldes sino de relación.

Y la relación es una cuestión de honra. Soy hijo, o hija, de Dios. Él es mi Papá. Y él se complace cuando yo lo honro diezmando de mis ingresos y cuando soy confiable y digno de lo que se me ha dado. También cuando soy diligente y esforzado, y honro a las personas y vivo de acuerdo a su mandamiento de amarlo a él y a mi prójimo. Cuando soy fiel estoy sirviendo a mi Señor.

Sí; Dios quiere bendecir abundantemente a sus hijos. Él desea que los hijos e hijas de Papito tengan el ascenso y la promoción. Pero yo no voy a conseguir ninguna de las dos cosas si no hago mi parte. El mensaje de la lotería es: "Pide y siéntate a esperar". Pero la verdad es que, como hijos, debemos honrar a nuestro Padre con nuestro duro trabajo y nuestra alegría para que él pueda bendecirnos dándonos mayor responsabilidad. La bendición y la responsabilidad son inseparables.

También es cierto que ser diligente, esforzado y fiel, no significa que usted sea perfecto. Estamos en proceso. Lo importante es que cada días somos más fieles en vez de sentarnos en nuestros traseros a esperar por una bendición estilo lotería.

Creo firmemente que si hay dos candidatos para un trabajo, el que sirve al Dios Altísimo siendo diligente y trabajando con un espíritu de excelencia, lo obtendrá. Y creo que quien espera en el Dios lotería (el otro) permanecerá descompuesto y empobrecido. La Biblia dice que *"Al que anda a la caza de fantasías, la pobreza lo espera"* (Proverbios 28: 19, traducción literal).

La bendición de José

No solamente debemos conocer la relación entre responsabilidad y bendición, sino invitar activamente a Dios a nuestros negocios y nuestras profesiones. Si un contratista lleva consigo al Espíritu Santo a su trabajo será mucho más eficiente que si lo hace sólo con sus propias habilidades y esfuerzo. Yo creo esto con todo mi corazón porque yo vivo de esa manera.

Muchas veces me encuentro pidiéndole a Dios que intervenga en la vida de algunas personas. Sé que no hay nada que yo pueda hacer por mí misma, de modo que clamo a él y le digo: "Dios, sólo tú puedes satisfacerlos. Haz que ellos te escuchen porque ninguna palabra que salga de mi boca agradará a sus oídos", y lo he visto actuar. Lo he visto dando revelación y haciendo más ágiles a las personas. No es por mi esfuerzo que he visto vidas transformadas. Fue el Espíritu Santo de Dios obrando a través de mí el que efectuó el cambio.

¿Cuál es el punto al que quiero llegar? Que usted necesita tener a Dios para que le ayude en cualquier cosa que quiera realizar. Él desea bendecir la obra de sus manos tal como lo hizo con José. Él prosperó a José cuando era esclavo y capataz y cuando estaba en una prisión. Y bendijo a Egipto por causa de José (ver Génesis 39: 41) Y ahora está levantando personas como José en el campo de trabajo, en el mercado. La pregunta aquí es: ¿Será usted fiel como José, para invocar el nombre de Dios que está por encima de cualquier otro nombre? ¿Pedirá los dones que él tiene disponibles para usted en los cielos? Dios quiere abrir las bodegas de los cielos y dárselos si usted está dispuesto a ser diligente con lo que ya tiene.

¿Ha pedido alguna vez el favor de Dios? ¿Le ha pedido a Dios que lo bendiga? ¿Que bendiga y haga crecer su negocio superando su capacidad de lograrlo? ¿Le ha pedido que le dé capacidad sobrenatural?

Eso exactamente es lo que yo he hecho. Desde que dediqué de nuevo mi vida al Señor en 1993 Dios me dio una capacidad sobrenatural. Sé que es sobrenatural porque no hay manera de que con su capacidad natural esta mesera de bar, quebrantada y sin hogar, que fue salvada por gracia, pudiera hacer las cosas que ha hecho.

Usted fue llamado por Dios para actuar en un tiempo como este. Pídale que abra las compuertas de los cielos y que envíe sus ángeles para traer la gente que su negocio necesita. Dígale a Dios: "Señor, dame capacidad sobrenatural para oír y absorber y asimilar lo que necesito saber para manejar este asunto. Dame fe sobrenatural, mi Dios. Te prometo actuar conforme a lo que tú pongas en mí".

Un avivamiento está en marcha en este momento en el mercado. Muchas personas perdidas, sufrientes y desesperadas necesitan un toque real de un Dios real. Tenemos el derecho de pedir. Dios quiere que lo invitemos al lugar en donde nos desenvolvemos profesionalmente, a los lugares de trabajo o donde interactuamos con otras personas, y ver cómo él transforma vidas. Demasiadas veces hemos limitado a Dios quien tiene maneras divertidas de hacer las cosas. Hemos tratado de establecerle normas en cuanto a cómo y dónde puede operar, y eso es algo patético. Por fortuna, Dios está rompiendo nuestros moldes para que podamos ver quién es él, y qué quiere hacer a través de nosotros.

Fuera del molde

Dios quiere que dejemos ya de tratar de mantenerlo en moldes. Y él sabe cómo poner el señuelo para que nosotros lo hagamos. Él tiene planes inmensos para nuestra vida; cosas que desafían esos moldes. Y a pesar de lo que nosotros hagamos, sigue obrando para nuestro bien. Por ejemplo, Dios nos unió a mi esposo y a mí ¡a través de la lujuria! Él tomó nuestros deseos pecaminosos y los usó para posicionarnos dentro de sus propósitos. Pero mire lo que hacemos ahora. Estamos en la lucha en el mundo secular enviados por el Todopoderoso.

Otro ejemplo: Dios me trajo de regreso a él ¡mediante la avaricia! Él sabe cómo esgrimir el señuelo. Él es mucho más inteligente y con mucha más agilidad mental que usted y yo. Es infinitamente inteligente. Dios puso avaricia en el anzuelo que me hizo regresar a él cuando lo estaba perdiendo todo y necesitaba su ayuda. "Salva mi compañía, por favor, antes que la pierda del todo", –le pedí. Eso era pura avaricia, pero Dios me atrapó en mi pecaminosidad, me salvó y me enseñó a amarlo.

¿Ha puesto usted a Dios en un molde que dice: "Él sólo me puede bendecir si…?" Sáquelo de ahí.

Gracias por recordarme que debo conservar la sencillez. Y por recordarme también que debo llegar, no importa lo que cueste.

–Lesia C.

CAPÍTULO 3

SOMOS CONSIDERADOS REYES

En Diciembre de 1997 había dado a luz mi cuarto bebé y estaba disfrutando de todo lo que conlleva la maternidad y cuidando de mi familia. Hans y yo asistíamos a una iglesia de cerca de 7.000 personas que quedaba a una hora de distancia de donde vivíamos, pero disfrutábamos de la enseñanza impartida en ella, a pesar del largo trayecto que teníamos que recorrer para llegar allí.

Un domingo nuestro pastor predicó uno de los sermones más memorables que yo haya escuchado. Estaba afligido cuando dijo: "Estoy aquí hoy para arrepentirme". Y continuó diciendo. "Todos ustedes que son empresarios, pónganse en pie". Hans y yo nos levantamos junto con otro gran número de empresarios. Éramos muchos.

Las lágrimas rodaban por sus mejillas cuando dijo: "El Señor me reveló que ustedes tienen la misma unción que tengo yo. Ustedes son reyes en el mercado público y nosotros hemos prostituido este púlpito. Hemos vendido este púlpito diciendo que es el éxito máximo, pero el Señor me mostró que hay otros, como ustedes, que son llamados a ser sacerdotes y otros llamados a ser reyes. Cuando pronunció esas palabras nos pidió a todos que lo perdonáramos.

MI REVELACIÓN

Justamente después de que dediqué mi vida al Señor llegué a estar muy confundida. Yo era una capacitadora en el campo de los negocios; le enseñaba a la gente cómo prosperar y hacer riqueza. Pero después de mi conversión, creí que lo que hacía –enseñar a las personas cómo desarrollar sus negocios– no tenía utilidad para el Reino de los Cielos.

Empecé a razonar de esta manera: *Ahora yo soy cristiana, debo estudiar en un seminario y convertirme en pastora porque es obvio que mi don es el trato con la gente y eso es lo que se supone que debo hacer.* Pero, seguía pensando: *Soy mujer, estoy en California, estamos en 1993, y no puedo imaginar a una mujer predicadora.* Rápidamente pensé: *No, no creo que eso de ser pastora funcione,* no obstante pensaba que eso era lo que se esperaba que hiciera.

Ofrecí mis servicios a la iglesia como consejera de negocios, en forma gratuita, pero en la iglesia me decían: "Necesitamos quién trabaje en la guardería con los niños, con los jóvenes, necesitamos... necesitamos... necesitamos..." Yo prestaba mis servicios aquí y allá, pero nada me parecía adecuado. Algo faltaba en mi servicio a Dios. Yo les contaba a los líderes de la iglesia historias de miles de personas que lograban pagar sus deudas, que administraban mejor su tiempo y compartían más con sus familias o con Dios, de empresarios cuyos negocios estaban creciendo y haciéndose sumamente rentables como resultado de mis enseñanzas, no obstante la respuesta seguía siendo que debía ser voluntaria en la guardería de los niños. Yo ya tenía cinco niños y la guardería no necesitaba entrenamiento.

Con el paso del tiempo llegué a sentirme cada día más inútil en mi iglesia, el Cuerpo de Cristo. Estaba ayudando a la gente a través de mi negocio, a diestra y siniestra. Muchos matrimonios eran sanados, las familias eran restauradas, numerosas personas estaban ganando más dinero y pagando sus deudas como resultado de aplicar lo aprendido en mis seminarios, pero en mi interior me sentía inútil.

Todo llegó a ser claro para mí el día que fui escogida para predicar sobre los negocios y empecé a ser usada por Dios en ese campo. Ya no era inútil en el Cuerpo de Cristo por no estar involucrada en el ministerio tradicional. De hecho, estaba en el ministerio y tenía fruto para demostrar que Dios usaba nuestro negocio para atraer gente hacia él. Vimos miles de conversiones, milagros de sanidades físicas, personas que eran liberadas y clientes que progresaban en el campo financiero. Me di cuenta de que Dios estaba con nosotros todo el tiempo y que había un propósito en nuestro negocio que era superior a cualquier cosa que nosotros supiéramos. Con la confesión de mi pastor, de que estaba limitando la unción al púlpito a la profesión ministerial, el Señor abrió un nuevo mundo para mí.

Usted tiene una unción. Quizá usted es un pastor de su empresa. O tal vez un evangelista en el mercado público. Quizá como yo, usted se ha sentido inútil en el Cuerpo de Cristo. Pero eso va a cambiar. Dios tiene un llamado para usted que lo impactará, y su vida nunca volverá a ser la misma. Ciertamente la mía no fue la misma desde que tuve esta revelación liberadora y poderosa.

No más separación entre Dios y su negocio. No más separación entre la Iglesia y el mercado público. Hoy es el día en que está llegando una nueva comprensión de que estos dos elementos se están uniendo. La genuina Palabra de Dios está avanzando como una tormenta para tomar el Reino de los Cielos con violencia, tal como lo dijo Jesús (ver Mateo 11: 12). Confío en que usted esté listo.

Un nuevo mandato

Ya hace ocho años me retiré de mi negocio. Estaba enferma y cansada de vender el mundo en un bonito paquete. De hablar solamente de negocios todo el tiempo y de enseñarle a la gente cómo hacer dinero. Levanté mi vista a los cielos y dije: "Dios, si no puedo usar mi boca para hablar libremente de ti, no la usaré entonces. Si no puedo decir la verdad acerca del dinero, acerca de ti y de lo que has hecho en mi vida, entonces me quedaré callada". Y lo hice. Y dejé de lado una enorme cantidad de ingresos, de notoriedad, de gratitud de la gente, de cartas, tarjetas y fama, y dije: "Estoy acabada. Me salgo de todo esto".

Después de esa renuncia me convertí en una madre de tiempo completo y me di cuenta de que era infeliz. Y mi infelicidad no tenía nada que ver con mis deberes de madre. Me encantaba ser mamá. Pero sentí un vacío en mi vida porque había abandonado lo que me gusta hacer. De alguna manera se había metido en mi cabeza este concepto religioso que dice: "Tienes cinco niños, se supone que debes dedicarles todo el tiempo y hornear pan, y preparar pasta, y hacer tortas o ponqués, engordando a todo el mundo y siendo chofer de los niños". Acepté la idea religiosa que establece: "Tú eres mujer y esposa, y el lugar en donde debes estar es ¡la casa!"

Yo creo que hay algunas mujeres que disfrutan este estilo de vida y eso es todo lo que ellas quieren hacer. Algunas piensan que es algo hermoso y maravilloso, y para ellas lo es, pero ese no es el mandato que Dios me dio. Amo a mis hijos con todo mi corazón. Me encanta educarlos y estoy orgullosa de cada uno de ellos, pero me vuelvo loca cuando permanezco en casa veinticuatro horas al día, siete días a la semana. Disfrutaba mi condición de mamá, pero sentía la necesidad interior de salir y hacer un impacto en la vida de otras personas.

Hace seis años que recibí un mandato de los cielos. Antes, yo pensaba que jamás volvería a dictar conferencias y seminarios. Y Dios me restituyó a esa actividad pero esta vez renovada, fresca y refinada. Esta vez estaba lista para "un tiempo así" (ver Ester 4: 14). Hans y yo fuimos a los lugares públicos y yo dije: "Solamente voy a hablar si puedo contar la verdad acerca de mi Dios y lo que él ha hecho en mi vida". Ahora tenemos centenares de miles de clientes y trabajo medio tiempo. Pero eso es obra de Dios. Él es quien lo hace, él es quien trae la gente. Él mueve los cielos y la tierra para hacer que su voluntad se cumpla.

Un pueblo peculiar

Dios está buscando un "pueblo peculiar." Un pueblo que quiere levantar de en medio de la mediocridad de la religión y llevarlo a caminar derecho con él, y solamente con él. Quiere comisionarlo con su mandato. Usted fue diseñado por el Gran Diseñador quien plantó en su interior el deseo por el éxito. Él lo creó con un mandato singular y no es el de ser trabajador de guardería. No tengo nada en contra de quienes trabajan en las guarderías; muchas personas lo hacen. Pero ese no es el clímax de su llamamiento al éxito. Su mandato está relacionado con el avivamiento.

Un día mi esposo llegó a casa con un libro escrito por Rich Marshall titulado *God @ Work* [Dios en Acción]. Es un libro que todo el mundo debería leer. El autor ha escrito dos volúmenes; usted debería leerlos ambos. Cuando leí las tres primeras páginas no pude evitar las lágrimas porque me estaba hablando a mí. Tocó lo que había en mi interior, las cosas que por largo tiempo me causaron confusión.

Lo que más me sorprendió fue que el autor estuvo en la misma reunión en la iglesia a la cual me referí al comienzo de este capítulo. Yo estaba allí en mi asiento con mi bebé de tres meses en los brazos y en algún lugar del mismo auditorio estaba Rich Marshall también.

Esa mañana el predicador estaba inspirado en un mensaje de arrepentimiento por haber predicado desde el púlpito algo que no era cierto. *Él fue más allá y comenzó a ungir reyes en el mercado público.* Comenzó a levantar el ánimo de la gente. *Dios en Acción* es un libro acerca del avivamiento que ha estado en marcha en el mercado público durante años. Es un libro sobre hombres y mujeres que como yo pensaron que se esperaba que abandonaran sus negocios y se convirtieran en algo que no eran. Fracasaron en el ministerio, de modo que tuvieron que volver al mercado público para obtener un trabajo. Entonces se vieron a sí mismos ganando millones de dólares y promoviendo y haciendo avanzar el Reino de los Cielos.

Dios les cerró todas las puertas como ministros, les abrió las puertas del éxito en el mundo de los negocios y los animó para que con sus dones testificaran al compañero de trabajo u oraran por la persona al otro lado de la línea telefónica. Señales y milagros hicieron erupción en esa compañía. ¿Quiere como cristiano romper con su temor de hacer dinero? Entonces necesita leer *Dios en Acción* volumen uno y dos, disponibles en la página de Internet *WWW.GodisWorking.com.*

Después de leer ese libro empecé a encontrarle propósito a lo que yo hacía. Me di cuenta de que a menudo no tenemos idea de lo que significa la unidad. Queremos ser buenos y hacer lo bueno, pero nuestra fragilidad y nuestro bagaje con muchas influencias diferentes nos dificulta comprender la unidad. La verdad es que el concepto que Dios tiene de la unidad y el que tiene la humanidad, son totalmente diferentes. Nosotros utilizamos el 10 por ciento de nuestro cerebro, ¿cómo entonces podemos comprender a un Dios infinito?

Afortunadamente la idea de Dios de la unidad no significa conformidad sino diversidad absoluta en armonía. Y esto se aplica no solamente a nuestra forma de vestir sino también a la manera en que ejercemos el "ministerio".

A muchos nos enseñaron de una u otra manera que el ministerio es un llamamiento separado, que sólo los predicadores están ungidos para predicar el evangelio y orar por los enfermos. Hemos creído erróneamente que sólo las personas "súper espirituales" tienen el poder y la autoridad para ver actuar a Dios. Y se tiene la idea de que los *súper espirituales* son quienes tienen títulos, certificados de ordenación, grados de reconocidos seminarios, vestiduras y posiciones; quienes conocen a las personas correctas en el mismo grupo. Pero Dios utiliza gente ordinaria que no encaja dentro del criterio humano. Él utiliza las personas basándose en lo que hay en su corazón. Él utilizó a Nabucodonosor y lo llamó su siervo.

INFLUENCIA

Una de las cosas más importantes que un negocio le provee a su propietario es influencia. Dicho de manera simple, la influencia significa que la gente escucha a quien la tiene. La gente lo sigue. Volvamos al libro Revolución de George Barna. El señor Barna dice: "Hay siete áreas dominantes de influencia". A propósito, esta no es su opinión, son los hechos. Esas esferas fueron identificadas mediante encuestas, a través del testimonio de personas que respondían la pregunta: "¿De dónde obtiene usted su influencia?

Según la documentación del señor Barna, las siete esferas dominantes de influencia son: el cine, la música, la televisión, los libros, la Internet, la ley y la familia. El segundo nivel de influenciadores está compuesto por entidades: las escuelas, los colegas, los periódicos, la radio y los negocios [1] La Iglesia ni siquiera está entre los 20 primeros. En esencia, eso significa que la Iglesia carece de la influencia que muchos dicen.

Se puede culpar a alguien, a esto o aquello por la falta de influencia de la Iglesia, pero yo creo que eso es designio de Dios. Que los principales influenciadores sean la música y las películas, los negocios y la radio, y las escuelas e Internet, porque Dios está levantando un pueblo peculiar que infiltrará todas esas actividades y lugares y llevará el evangelio directamente a todos esos nichos y esas esferas.

Dios está levantando un pueblo especial. Lea Joel capítulo 2, y Hechos capítulo 2, y verá de qué estoy hablando:

> *Y después de esto derramaré mi Espíritu sobre toda carne, y rofetizarán vuestros hijos y vuestras hijas; vuestros ancianos soñarán sueños, y vuestros jóvenes verán visiones. Y también sobre los siervos y sobre las siervas derramaré mi Espíritu en aquellos días* (Joel 2: 28 – 29).

De acuerdo con los hechos, no con la opinión de Dani la autora de este libro, la Iglesia ha llegado a ser irrelevante en esta sociedad. Le aseguro que eso es designio divino. Dios tiene un plan. Usted no tiene razón para perder la esperanza porque hace parte de esa esperanza.

La antigua estrategia de construir iglesias y edificios y crear programas, y más edificios y mejores programas, de reclutar más voluntarios y miembros más comprometidos, ha fracasado en su propósito de ganar nuestras ciudades para Dios. Las ciudades han sido tomadas por otras influencias.

Pero adivine quién siempre ha tenido y tiene influencia en la actualidad.

¿Quién tiene la influencia?

Los reyes tienen la influencia. Esa es la manera como funcionaron las cosas en los tiempos bíblicos. Los sacerdotes servían a los reyes, no a la inversa. Los sacerdotes, en su relación con el rey y con Dios, escuchaban a Dios y proveían mensaje y guía al rey.

Pero el rey tenía la relación con el pueblo y era quien le hablaba a la gente. El rey era el vocero y no el sacerdote. Eso es válido el día de hoy.

El sacerdote (el pastor, el ministro de tiempo completo), debe influenciar al rey, levantarlo, darle consejo piadoso y buena guía. El sacerdote influencia al rey para que éste sea una luz sobre un monte, para que desde la cima de su lugar de influencia proclame la dirección que dicta el Todopoderoso. Los reyes tienen la influencia en el escenario público.

¿Quién está a la cabeza de Internet? ¿Quién es el líder de la industria editorial? ¿Quién lidera cada uno de los influenciadores que Barna enumera? Los reyes son la cabeza de todos ellos. Ellos son los líderes y éstos dominan el escenario público. Dios está buscando un pueblo especial que quiera marchar con él como rey, que esté dispuesto a tomar las ciudades por asalto. Él quiere un pueblo especial que pueda ungir para los negocios, porque éstos son unos de los influenciadores principales en nuestras ciudades y en el mundo de hoy.

Infortunadamente, en muchos círculos cristianos los reyes (los hombres y mujeres de negocios) son tenidos en poco y aún menospreciados. No son animados y asesorados espiritualmente en el ejercicio de su unción real. Por el contrario, el espíritu religioso con frecuencia ha provocado comentarios negativos como "Tenga cuidado del pecado de la avaricia"; o "cuídese de las cosas materiales" o "usted no debería estar conduciendo un Mercedes Benz". Nos hemos equivocado y hemos condenado al ostracismo a nuestros reyes. Nunca les hemos dado la oportunidad de explicar cómo han podido utilizar su influencia y sus posesiones en beneficio del Reino de los Cielos. Nos hemos negado a creer que un Mercedes Benz puede ser una herramienta útil en la labor de testificar.

NOTAS FINALES

1. George Barna, *Revolution* (Carol Stream, IL: Barna Books, 2005).

> *Dani nos ha enseñado cómo convertirnos en profesionales. Adquiera su enseñanza: "Los Primeros Pasos Hacia el Éxito", ella transformará su negocio y su vida.*
>
> –Joe T.

CAPÍTULO 4

LAS TRES BATALLAS FRONTALES

Una de las cosas que he aprendido es que hay tres batallas frontales que debemos librar en el mercado público. Dios quiere usarnos poderosamente para establecer su Reino en los escenarios públicos. Nuestra lucha espiritual tiene que ver con estas tres batallas: ganar influencia, ganar dinero y producir excelencia.

GANAR INFLUENCIA

Ganar influencia es parte de la guerra espiritual. Usted tiene un mensaje influyente y Dios quiere que lo utilice tal como yo estoy usando mi influencia para comunicar un mensaje en este momento. La influencia le permite a usted producir un mensaje que la gente escuche realmente. Si usted es inteligente y se puede confiar en lo que habla, entonces Dios le dice: "Si tú permites que yo te use, podré dar un mensaje a mi pueblo a través de ti".

Dios está levantando un nuevo linaje, un pueblo especial que en su nombre hará cosas asombrosas, de cuyo seno saldrán quienes serán reyes en el mercado público porque tienen influencia. Dios quiere que usted haga dinero porque el dinero trae consigo influencia.

El mundo desea éxito, fama, poder y excelencia. ¿Por qué miramos los deportes o vamos a la ópera? Porque eso es *excelencia en acción*. El mundo desea estas cosas. De modo que cuando usted produce en el mundo excelencia, cuando obtiene éxito y gana fama y poder, el mundo quiere escuchar lo que usted dice. Y lo escucharán cuando hable de Dios.

Dios está buscando un pueblo especial que confíe en él y que lleve su nombre; un pueblo que ascienda a esos lugares de influencia, poder, fama y excelencia. Él sabe que usted hará lo que yo hago: señalar al Rey de reyes y al Señor de señores, y decir: "Yo tengo esta plataforma porque fui salvado por gracia". Usted testificará de lo que él ha hecho en su vida tal como yo testifico de lo que ha hecho en la mía. Eso es lo que la influencia puede hacer.

Dios busca un pueblo peculiar que le dé la gloria que él merece, que le pida cosas increíbles. Por la influencia que Dios me ha dado, él me ha usado para plantar semillas en miles y miles de almas que han sido atraídas al Reino de los Cielos. Pero además, recibimos muchos correos electrónicos de personas que han dado su vida al Señor o que han recibido sanidad precisamente a través de nuestra página en Internet.

Dios sigue buscando a un pueblo particular que confíe en él y utilice lo que él le ha dado para decir: "Él me ha salvado por gracia y me ha bendecido con todo lo que tengo. Si usted le sirve, él lo bendecirá también".

Dios busca un pueblo que él pueda involucrar en todo lo que el mundo desea porque debajo de los diamantes, de los trajes, del éxito en los negocios, tras todo eso está Jesús el Rey del mercado público.

Él lo llama a usted por su nombre. Él tiene un avivamiento ardiendo en el mercado público. Algunas personas que usted conoce sufren y se pierden y necesitan un Dios real y no tan solo religión. Usted les puede mostrar ese Dios. Pare eso él quiere darle influencia.

GANANDO DINERO

Hacer dinero es también parte de la guerra espiritual. Su competidor pagano tomaría las ganancias y las utilizaría para su propia gloria, en avaricia y glotonería. En su lugar está usted, a quien Dios sí puede confiar esas utilidades.

Los beneficios que usted obtiene en el mercado público, los que su competidor ya no obtiene porque Dios se los ha confiado a usted, ya no seguirá investido de avaricia, pornografía, excesos etílicos y todas esas cosas estúpidas. No; usted le está dando su 10 por ciento al Reino de los Cielos porque eso es lo que Dios demanda. Obviamente, su competidor pagano no da el 10 por ciento al Reino de los Cielos, él da a organizaciones que se llevan toda la gloria por la ayuda.

Por ejemplo, la Cruz Roja distribuye ayuda en su propio nombre, no en el nombre de Jesús. Así que ellos obtienen la gloria por la ayuda que dan. Recientemente Hans y yo fuimos abordados en la época navideña para que diéramos a una organización que provee triciclos a niños discapacitados. El asunto era que cada triciclo llevaba una leyenda que decía que era donado por la organización. Nosotros dijimos que donaríamos con la condición de que los triciclos llevaran un aviso que dijera que provenían de Jesús y no de nosotros. El hombre que nos abordó era miembro de la junta directiva y cuando buscó aprobación para nuestra solicitud, quedó impactado. Originalmente la organización era cristiana, pero ahora la junta directiva estaba dividida respecto a nuestra exigencia. La mitad dijo que sí, que se podía decir que era de parte de Jesús, y la otra mitad dijo que no. Nosotros respondimos que no había posibilidad de que donáramos miles de dólares a menos que los triciclos fueran dados en el nombre de Jesús. Nuestro sentir era que Jesús debía obtener toda la gloria, ¡o no había trato!

En los últimos años hemos dado millones al Reino de los cielos. No lo estoy diciendo para impresionarlo y darnos importancia. Déle importancia a nuestro Dios amoroso. El Dios que dice: "Te confiaré dinero en la medida en que me des mi parte". Si le damos el 10 por ciento, Dios nos permite quedarnos con el restante 90 por ciento. Si usted es suficientemente inteligente dirá: "Seguro que sí. No hay problema. Ese es un buen trato".

Desde luego, no todos los creyentes le aceptan la palabra al Señor para darle lo que él exige. ¿Está usted robándole a Dios al no darle el 10 por ciento? Si no le da el 10 por ciento no puede llamarse un rey.

Se lo digo en este momento. Si le está robando a Dios, lo que tiene le será quitado porque no es digno de confianza. Si no está diezmando, está en problemas. Espera ganar dinero pero le está robando a Dios, de modo que puede olvidarse del asunto. Arrepiéntase hoy y comience a diezmar.

¿Puede imaginarse a un grupo de reyes, de personas en el mercado público que están ganando una gran cantidad de dinero y viven sólo del 10 por ciento porque no necesitan el 90 por ciento restante? ¡Piense cuánto podrían dar al Reino!

Hans y yo vivimos con menos del 10 por ciento de nuestros ingresos. Y es mucho. Podemos adquirir todo lo que deseamos y más, con menos del 10 por ciento de los ingresos. Estamos en capacidad de dar mucho más porque no necesitamos todo el dinero.

¿Se imagina a un grupo de hombres y mujeres de negocios que ganan una gran cantidad de dinero, mucho más de lo que pueden utilizar? ¿Qué tal que usted tuviera un negocio del que se pudiera alejar por un par de meses? ¿Y que sus ingresos no fueran tocados durante dos meses y su negocio continuara creciendo porque Dios es el ejecutivo principal de su empresa? Imagine lo que podría hacer si tuviera esa libertad.

Podría enviar provisiones a lugares como África o Tailandia. Realmente podría hacer milagros. Podría llevar ayuda y no tan sólo decir que Dios los ama y que usted orará por ellos. Podría vivir el Evangelio llevando alimento a la gente hambrienta antes de predicarles. Podría demostrar lo que es el evangelio.

No estoy descartando el evangelismo. Pero creo que Dios está levantando un pueblo particular que hará las cosas de manera diferente. Está levantando reyes en el mercado público que ganarán mucho más de lo que pueden gastar, reyes a quienes se les puede confiar esa abundancia. Y Dios los enviará a las naciones, a los lugares necesitados. Los invitará a llevar sus familias por dos meses a esos lugares en donde alimentarán a los hambrientos. Orarán por los enfermos y serán sanados. Llevarán milagros y provisiones, y sabiduría y conocimiento sobre cómo cuidar la tierra. Les enseñarán a otros cómo prosperar allí donde están plantados (ellos saben cómo hacerlo pues eso es lo que hacen en el mercado público). Volverán bien a casa después de estos largos viajes de negocios.

Dios está levantando un pueblo que llevará su nombre y lo glorificará con su éxito, con lo que hace, que dará la gloria a quien es debida. Él está levantando un pueblo que pueda enviar a lugares como Tailandia para liberar a quienes están cautivos en el mercado del sexo.

Nosotros estamos enviando $20.000 dólares cada mes a un lugar donde están construyendo orfanatos para bebés. ¿No piensa usted que eso está haciendo un impacto? Sí, y yo estoy segura que los 10 dólares que usted da también son de ayuda. Pero si usted se pone serio y se da cuenta de que fue llamado para honrar a Dios, para ganar una gran cantidad de dinero, estará en capacidad de dar algo que edificará muchos refugios que liberará a muchos cautivos y no a uno solo. Está bien enviar un dólar, pero yo creo que podemos hacer mucho más que eso.

La Biblia dice que el dinero es la respuesta a todas las cosas (ver Eclesiastés 10: 19). Yo no escribí tal concepto. Discuta usted con Dios acerca de eso.

Produzcamos excelencia

Algunas personas, especialmente las cristianas, a menudo me dicen: "Usted es cristiana, debería dictar sus seminarios gratuitamente". Pero yo tengo un problema al respecto. Mi médico es un cristiano pero no realiza operaciones de corazón abierto gratuitamente. Esta forma de pensar proviene del mensaje de "la lotería en acción." La gente tiene una expectativa de pobreza que se expresa en querer obtener algo por nada. Demasiadas personas buscan algo a cambio de nada. Pero si usted busca y espera algo a cambio de nada, no obtendrá nada.

Esta norma de muchos cristianos se manifiesta en una carencia de excelencia. Por eso es que casi todo lo que tiene la etiqueta de cristiano parece ser malo. Mi esposo tuvo una visión para nuestro negocio, y esto es lo que él me dijo: "Si vamos a hacer esto, vamos a producir el mejor entrenamiento posible del mercado. Y a propósito, somos cristianos. Si usted tiene algún problema con eso, puede ir a cualquier otro lugar".

El caso es que nadie puede negar los resultados que obtenemos. Salimos con la bendición de Dios a competir hombro a hombro en el mercado. Hemos ido con lo mejor que teníamos para dar, no con un programa de entrenamiento malo o mediocre que no diera resultados.

Por causa de su mentalidad de pobreza, demasiados cristianos comienzan un programa con la pregunta: "¿Qué podemos ofrecer que sea bien barato? ¿En dónde podemos hacer rebajas? ¿Qué podemos hacer gratis?" Pobreza... pobreza... pobreza... Así no es como deben ser las cosas en el Reino. Un rey compite hombro a hombro en el mercado público. Un rey toma nuevos territorios y nuevos campos. Un rey va a una ciudad y la transforma, no mediante la mediocridad sino a través de la excelencia.

Cuando Salomón construyó el templo utilizó lo mejor. Trajo los mejores trabajadores, consiguió a los más diestros artesanos, reclutó los máximos artistas, vinculó a los expertos en metales. No se conformó con la mediocridad (ver 1 Reyes 5: 6).

¿Cómo vamos a invadir y tomar el mercado público? ¿Cómo lo vamos a hacer? ¿Lo haremos mediante la guerra de guerrillas? La guerra convencional dice: "Tú ves mi munición y mi gente y yo veo los tuyos. Listos, 1, 2, 3". En cambio la guerrilla hace la guerra de manera diferente: "Mi apariencia es como la de mis enemigos y me estoy introduciendo subrepticiamente en su campo. Sin que lo sepa, liberaré a los cautivos. Antes de que se dé cuenta, estaré lejos".

Mediante la guerra de guerrillas ganaremos la batalla en el mercado público. Eso significa que lo infiltraremos *todo*. Lea Joel 2 otra vez. Dios nos quiere en todos los lugares de la política. ¿Desea usted participar en política? ¿De dónde cree que le viene ese deseo? Él quiere que nos involucremos en la política, en el campo de la música, en la televisión. Dios nos utilizará como agentes encubiertos en una guerra de guerrillas.

La gente está cansada de religión y de la mediocridad tradicional. Desea excelencia, éxito, fama. Dios nos quiere en el mercado público porque ahí es donde está la gente. Y él nos quiere allí como productores y portadores de excelencia.

La excelencia atrae, los resultados atraen. Y nosotros hemos descubierto, sin lugar a dudas, que cuando producimos resultados para nuestros clientes, actuando con excelencia, podemos decir casi cualquier cosa y ellos regresan por más porque no pueden negar los resultados que obtienen con el entrenamiento que han recibido. Así que, dicho de otro modo, "soportan" nuestras creencias cristianas porque lo que han aprendido de nosotros en el campo de los negocios o de las comunicaciones, o en el campo financiero les ha ayudado a lograr resultados.

Les hemos oído decir a sus clientes y amigos: "Aplique los conceptos de *"Primeros Pasos Hacia el Éxito"* de Dani Johnson y su compañía explotará, y resolverá cualquier problema que tenga. Ah, y a apropósito, ellos son cristianos. Pero que eso no lo detenga porque le enseñanza de Dani le ayudará a pagar esa deuda de $25.000 dólares, tal como lo hemos hecho nosotros en los últimos meses.

Olvídese de que ella es cristiana porque los materiales de entrenamiento son fenomenales".

De este modo tenemos a personas no cristianas promoviendo nuestro contenido porque producimos los resultados que hacen que las finanzas y las relaciones de la gente crezcan potencialmente y su calidad de vida llegue a ser algo que ni siquiera creían posible.

La Gran Comisión

¿Cuál es el objetivo de esta batalla? La meta no es solamente lograr influencia, dinero y excelencia. La meta es la Gran Comisión. Se espera que usted utilice su profesión para el cumplimiento de la Gran Comisión. La Biblia es clara en cuanto para qué somos ungidos y qué es lo que somos llamados a hacer. Isaías 61: 1 es el propósito de mi vida. Dice así:

> *El Espíritu del Señor está sobre mí, porque me ungió el Señor; me ha enviado a predicar buenas nuevas a los abatidos, a vendar a los quebrantados de corazón, a publicar libertad a los cautivos, y a los presos apertura de la cárcel.*

¿No estoy predicando buenas nuevas a los pobres? Eso es lo que somos llamados a hacer. Tenemos que usar nuestra profesión para el cumplimiento de la Gran Comisión.

Escuche los encargos o comisiones que Jesús hizo a sus discípulos:

> *Y les dijo: Id por todo el mundo y predicad el evangelio a toda criatura* (Marcos 16: 15).

> *Entonces Jesús les dijo otra vez: Paz a vosotros. Como me envió el Padre, así también yo os envío* (Juan 20: 21).

> *Y Jesús se acercó y les habló diciendo: Toda potestad me es dada en el cielo y en la tierra. Por tanto, id, y*

> *haced discípulos a todas las naciones, bautizándolos en el nombre del Padre, y del Hijo, y del Espíritu Santo* (Mateo 28: 18 – 19).
>
> *He aquí os doy potestad de hollar serpientes y escorpiones, y sobre toda fuerza del enemigo, y nada os dañará* (Lucas 10: 19).
>
> *Sanad enfermos, limpiad leprosos, resucitad muertos, echad fuera demonios; de gracia recibisteis, dad de gracia* (Mateo 10: 8).
>
> *...y nada os será imposible* (Mateo 17: 20).

Eso es lo que Dios espera que hagamos. Se nos ha dado la autoridad y el derecho de hacerlo; ahora sólo falta que entremos en acción.

Por supuesto, los versículos enumerados anteriormente se hacen realidad en nuestra vida diaria de diferentes maneras. A continuación veamos diez cosas que se supone que estemos haciendo como reyes dedicados a la Gran Comisión:

1. **Dar** generosamente
2. **Influenciar** apropiadamente a la gente y señalarles a Jesús.
3. **Orar por lo imposible**. Camine hacia su milagro. No se siente a esperar; empiece a caminar. Mire las oportunidades de orar por sus colegas de trabajo y sus empleados. Como una compañía nosotros empezamos cada día laboral con oración.
4. **Asumir riesgos**
5. **Confiar en Dios** y no en sus habilidades o talentos. Yo solía confiar en ellos. Ya no confío ni en las unas ni en los otros. Mi talento y mi habilidad pueden estar bien; sin embargo, la habilidad y el talento y los dones de mi Dios, son absolutamente infinitos. Solamente él puede satisfacer.

6. **Ore por otros.** Cuando vea una necesidad, dé su testimonio sobre lo que Dios ha hecho por usted; ore por los necesitados, profetíceles y déles aliento.

7. **Adore a Dios solamente.** Durante cinco años he estudiado la vida de los reyes en la Biblia y le puedo decir cuál fue su error más grande, el que hizo que la protección de Dios los abandonara: adoraron a otros dioses. La avaricia es idolatría. Su talento se puede convertir en un ídolo si pone su confianza en él. Si usted ha creído que debe estar abatido y sea un don nadie, eso es idolatría y es tiempo de arrepentirse. Es tiempo de derribar los lugares idolátricos. Derribe esos lugares altos en su vida. Quizá piense: "No puedo hacerlo. Fracasaré; no debo estar aquí". Eso es idolatría; usted está en el altar. Cualquier cosa que se exalte más alto que el conocimiento de Dios debe ser derribada. El pensamiento: "No puedo hacerlo; no tengo lo que se necesita para lograrlo; desearía que hubiera una forma diferente; desearía que fuera gratuito", exalta su conocimiento por encima del conocimiento de Dios. Dios dice: "*Yo te he llamado. Ve por todo el mundo y predica las buenas nuevas a los pobres*". Hoy usted se arrepentirá de la idolatría. Derribará los lugares altos; ese es su mandato en el mercado público.

8. **Sea excelente.** Usted debe producir lo mejor que pueda y competir hombro a hombro con los máximos líderes en el mercado público. Tiene el Espíritu del Dios Viviente en usted, él le dará diseños y estrategias y le permitirá hacer avances si usted se lo pide.

9. **Busque a Dios para todas las cosas.** Proverbios 3: 5 – 6 dice: "*Fíate del Señor de todo tu corazón, y no te apoyes en tu propia prudencia. Reconócelo en todos tus caminos, y él enderezara tus veredas*". Así debe ser su vida. Como rey, como alguien que ha sido bendecido con mucho, mucho se requiere de usted. Dios lo bendecirá pero será mejor que permanezca cerca de él o se va a meter en problemas.

10. Actúe como un rey. Sane a los enfermos, eche fuera demonios, dele vista a los ciegos, haga oír a los sordos y libere a los cautivos. Ese es su mandato celestial. Para eso lo llamó el Todopoderoso. Él está levantando un pueblo peculiar que lleve su nombre, que tenga éxito por el apoyo de su mano, que sea diligente y que será rico por causa de su diligencia. Dios promete que su pueblo especial irá a cada nicho y a cada área social para alcanzar a alguien; será un pueblo que tiene un mandato de tomar el Reino de los cielos por la fuerza.

Así que, imagine lo que podría ocurrir en su vida si está dispuesto a orar, a buscar, a ser diligente, a trabajar con excelencia y a dar. Sueñe con lo que ocurriría si usted se comprometiera a tomar el campo de sus negocios con violencia celestial y a llevar excelencia al lugar de su influencia.

Usted es realmente bendecido y ungido por Dios! Parte de esta información no es una "nueva palabra" pero si es una palabra para este momento", muy pertinente y necesaria. Sus enseñanzas han transformado totalmente mi vida. ¡Dios continúe bendiciéndola!

Becky J.

CAPÍTULO 5

LA VERDAD ACERCA DEL DINERO

Usted jamás disfrutará libertad total sin Dios. Debe tener a Dios en su vida para experimentar la verdadera libertad. Ese es el elemento de fondo. Si usted está leyendo este libro, sé que espera aprender algo que cambie sus finanzas e incluso toda su vida. Es posible que ni siquiera comprenda el intenso deseo de cambio que hay en su interior. Tal vez siente como que está bajo una nube de confusión en relación con el dinero. No se preocupe, no está solo.

Pienso que la cita más famosa acerca del dinero que haya escuchado es: "El dinero es la raíz de todos los males". Pues bien, ¡esa es una mentira salida de lo más profundo del infierno! En ninguna parte de la Biblia se dice que el dinero es malo. No encontrará tal cosa. Lo que dice es que el *amor* al dinero es la raíz de todos los males (ver 1 Timoteo 6: 10), pero ya hemos discutido ese tópico.

Eso es idolatría que impide la bendición. De hecho, mi Biblia dice que el dinero es la respuesta para todo. En Eclesiastés 10: 19 dice: *"...el dinero sirve para todo".*

Conceptos equivocados acerca del dinero

Según las Escrituras, la pobreza y la riqueza son opciones. La libertad que Dios nos ha dado nos permite hacer elecciones en la vida y podemos escoger si queremos pobreza o riqueza. Infortunadamente, muchos creyentes han escogido la pobreza por causa de su concepto equivocado del dinero.

En primer lugar quiero aclarar que la Biblia no dice que Dios lo hizo a usted para que fuera pobre. Lo que sí dice es que él enriqueció a Abraham e Isaac y a muchos otros. Si Dios nos creó para ser pobres, no tiene lógica que la mayoría de hombres y mujeres en la Biblia fueron supremamente ricas.

Hace años, después de haberme alejado de Dios y de haber vuelto luego a él, oré fervorosamente y le dije: "Señor, ¿qué puedo hacer para ti? Soy una mujer de negocios y dicto seminarios sobre cómo tener éxito en éstos y en la vida. Preparo a la gente para que pueda desempeñarse mejor en el mercado público. Pero, ¿qué puedo hacer para ti?" Luchaba con la inquietud que ya mencioné en el capítulo 3. No entendía que Dios quería usar mi profesión y mi trabajo para su Reino.

La Biblia es muy clara en cuanto a lo que ocurre entre Dios y el mercado público. Para Dios no existe separación entre él y lo que usted hace para ganar su subsistencia. De hecho, en Colosenses 3: 23 se nos dice que *"todo lo que hagáis, hacedlo de corazón, como para el Señor y no para los hombres".* Esa es sólo una de las muchas referencias acerca de los negocios que encontramos en la Biblia.

Demasiados hijos de Dios se encuentran prisioneros en la banca de la iglesia sin hacer nada con sus dones, su llamamiento y su preparación. Muchos de ellos no están utilizando sus dones porque éstos no encajan en la estructura de la Iglesia. La mayoría no ha sido llamada a un ministerio de tiempo completo como ministros tradicionales. Pero Dios nos ha dado a cada uno un don (no tan sólo a los pastores), y debemos utilizarlo y prosperar, y precisamente yo le voy a mostrar cómo hacerlo.

Muchas personas en la Iglesia se preguntan: "¿Qué puedo hacer yo que tenga propósito para Dios?" Y muchos creyentes tienen un fuerte deseo secreto de hacer mucho dinero. Necesitan ser liberados y entender que Dios los quiere ricos y que él tiene un propósito para su riqueza.

Enfrentamos conceptos conflictivos sobre el dinero. La mitad de nuestra cultura dice: "Consiga, adquiera, más, mucho más, ahora, ya..." Y la otra mitad dice: "No, por favor... tenga cuidado... ay... ay... ay... ¿Los ve? Tienen un carro de lujo. Dios tenga piedad de sus almas". Pero ambas visiones son equivocadas. Debemos tener cuidado de no prejuzgar a otros. No sabemos lo que hay en su corazón. Tal vez están viviendo con el 10 por ciento de sus ingresos y dan el 90 por ciento restante.

Mire, la avaricia no es cuestión de cifras. Usted no tiene que ser rico para ser avaro. Y no tiene que ser avaro para ser rico. ¿Alguna vez ha prejuzgado a alguien por ser rico? Quizá haya pensado: "Todas esas personas adineradas son idiotas hambrientos de poder. Son avaros y no merecen tener lo que tienen". Si ha pensado o hablado de esa manera, quizá no se ha dado cuenta, pero al juzgar a otros se ha juzgado a sí mismo. Al maldecir a los demás por ser ricos se ha maldecido a sí mismo.

¿Cómo puede Dios darle riqueza si usted la ha maldecido? Si ha pensado o hablado así de quienes poseen riqueza, usted tiene un problema que debe resolver. No solamente necesita pedir perdón por pensar de esa manera sino que debe dejar de decir esas cosas negativas y tratar primero con ese asunto de juzgar a los demás.

Es fácil para las personas agobiadas, especialmente cristianos, juzgar a quienes tienen dinero y justificar con las Escrituras su propia situación financiera. Mire lo que hay en su corazón y asegúrese de no ser uno de ellos.

El reino financiero de Dios

Ya sea que lo sepa, o no, existe un reino financiero. Las personas que tienen éxito en él, en su gran mayoría obedecen las reglas. Pero yo he descubierto que se pueden seguir algunas de las reglas e ignorar otras y aún así la gracia de Dios es suficiente para permitirnos intentar una y otra vez, y mil veces más. En esencia, la vida es una gran prueba.

Hay dos extremos en el reino de las finanzas: pobreza y riqueza. Proverbios 22: 2, dice: *"El rico y el pobre se encuentran; a ambos los hizo el Señor"*. Dios nos hizo a todos, a ricos y a pobres. No solamente eso, él nos da la opción de escoger lo que somos. Acompáñeme y le muestro que esto es verdad.

¿Se encuentra usted entre los pobres? Yo sé cómo se siente porque yo crecí en la pobreza. Mi madre dependía de la ayuda del gobierno. Cuando yo tenía 18 años de edad dependía de la ayuda del estado. Pero la Biblia dice claramente que Dios no hace acepción de personas ni muestra favoritismo con nadie. ¡Y eso es grandioso! Eso significa que los ricos no gozan de un favor especial, ni son los favoritos de Dios. Es que nosotros pensamos: "Si son bendecidos de esa manera, tienen que ser los favoritos de Dios, ¿verdad?" Pero eso no es lo que la Biblia dice.

Si Dios no hace acepción de personas ni muestra favoritismo con nadie, eso quiere decir que el campo de juego es igual para todos. Significa que nuestra posición en el reino financiero (y en todos los demás) depende de nosotros, depende de usted y de las decisiones que hace. *El resultado de nuestras decisiones se refleja en nuestras finanzas*. Miremos los dos lados del reino financiero para que usted pueda ver con claridad de qué lado está y cómo pasarse al otro lado si es necesario.

Siete pasos hacia la pobreza

En 1 Samuel 2: 7, dice: *"El Señor empobrece, y él enriquece; abate, y enaltece"*. ¿Pensaba usted que era el hombre el que lo hacía? Es el Señor. Él humilla y exalta. "Él levanta del polvo al pobre, y al menesteroso alza del muladar, para hacerlos sentar con los príncipes, con los príncipes de su pueblo" (Salmo 113:7–8). ¿Quiere usted ser uno de esos que el Señor exalta? Si es así, necesita cambiar algunas cosas a fin de evitar la pobreza.

Discutamos lo que la Biblia dice acerca de la pobreza y del estilo de vida y algunas elecciones y características que conducen a la pobreza. En esta sección le voy a mencionar muchos pasajes de la Biblia que explican las causas de la pobreza. Pero son sólo un ejemplo. He estudiado cada pasaje bíblico que habla acerca de ser pobre y de la pobreza, y he encontrado siete temas recurrentes. De modo que aquí tiene una fórmula para la pobreza.

Paso Nº 1: Sea perezoso y carente de entusiasmo

Sea perezoso y trabaje sin entusiasmo para usted o para su patrono y tendrá una garantía de que la pobreza lo espera.

Proverbios 6: 9 – 11, dice:

> *Perezoso, ¿hasta cuándo has de dormir? ¿Cuándo te levantarás de tu sueño? Un poco de sueño, un poco de dormitar, y cruzar un poco las manos para reposo: así vendrá tu necesidad como caminante, y tu pobreza como hombre armado.*

Me encanta esa porción de la Escritura.

Proverbios 28: 19, dice: *"El que labra su tierra se saciará de pan; mas el que sigue a los ociosos se llenará de pobreza"* (ver también Proverbios 14: 23 – 24). Veinticinco por ciento de las personas de esta gran nación mencionan la lotería como su plan para la independencia financiera. ¿Puede usted creerlo? En una encuesta se le preguntó a la gente: "¿Cuál es su plan para lograr independencia económica? ¿Y su plan para la jubilación o el retiro? Veinticinco por ciento de los interrogados respondió: "Ganarme la lotería".

Paso Nº 2: Sea tonto o insensato

En la Biblia, la insensatez a menudo está asociada con la embriaguez, la glotonería y la gente ociosa. Cualquiera que adopta estas prácticas y otras conductas insensatas está adoptando la pobreza. Proverbios 21:17, dice: *"Hombre necesitado será el que ama el deleite..."*. Quienes aman los deleites gastarán tontamente todo lo que tienen por tener placeres momentáneos.

Y en Proverbios 17:16 leemos: *"¿De qué sirve el precio en la mano del necio para comprar sabiduría, no teniendo entendimiento?"* El dinero sin sabiduría conduce a una senda que usted no querrá transitar.

Proverbios 17:20, dice: *"El perverso de corazón nunca hallará el bien..."*. ¿Qué es la perversión y qué tiene ésta que ver con la insensatez y el reino financiero? "El perverso de corazón" podría implicar la perversión de la verdad como en la frase *"El amor al dinero es la raíz de todos los males"* (1 Timoteo 6:10), pervertida al cambiarla por la expresión "el dinero es malo". Pero un "corazón perverso" también lo podemos encontrar en otras áreas de la vida en donde se toma algo puro y se tuerce para placer o para propósitos inmorales (pornografía, adulterio, negocios y tratos ilegales, y otros).

La Biblia habla de la mansedumbre. Dice específicamente que los mansos heredarán la tierra (ver Salmo 37:11; Mateo 5:5). El hombre ha interpretado esa Escritura con el sentido de que es necesario ser pobre para ser manso. Eso también es pervertir la verdad. Tales perversiones de la verdad de Dios son una tonta confianza en el entendimiento humano y no en el de Dios, lo que sólo conduce a pobreza.

Paso Nº 3: Sea orgulloso en la prosperidad

Si usted es orgulloso en los tiempos de prosperidad y se olvida de Dios, eso lo lleva a la pobreza. Deuteronomio 28:47–48, dice:

Por cuanto no serviste al Señor tu Dios con alegría y con gozo de corazón, por la abundancia de todas las cosas, servirás, por tanto, a tus enemigos que enviare el Señor contra ti, con hambre y con sed y con desnudez, y con falta de todas las cosas; y él pondrá yugo de hierro sobre tu cuello, hasta destruirte.

Esto es algo extraordinario. Piense en la advertencia del Señor. Durante un tiempo de prosperidad Dios quiere recibir la gloria. Él desea que usted lo bendiga. A través de las Escrituras y a través de la historia encontramos que antes de un período de arrepentimiento Dios consiente a sus hijos con gran prosperidad para hacer volver su corazón hacia él (ver Proverbios 21: 14 – 15). Él desea producir arrepentimiento mediante la bendición.

Su primer método de corrección fue bendecir abundantemente para que la gente se postrara sobre sus rodillas diciendo: "Dios, no merecemos esto. Gracias Señor por lo que has hecho. Tu bondad sobreabunda, tu gracia es más que suficiente, tu misericordia nos abruma totalmente". Infortunadamente él nunca escuchó esas palabras.

En cambio, la gente se volvió egocéntrica y codiciosa de más y más bienes. ¿Ha estado usted alguna vez hambriento, sediento, desnudo, en tremenda pobreza y sirviendo a sus enemigos? Yo sí he estado en esa situación y es algo que da asco. Debemos tener cuidado de recordar y honrar a Dios en nuestra prosperidad.

Paso Nº 4: Esconda sus pecados

Proverbios 28:22, dice: *"Se apresura a ser rico el avaro, y no sabe que le ha de venir pobreza"*. Y Proverbios 13: 21 agrega: *"El mal perseguirá a los pecadores, mas los justos serán premiados con el bien"*. Básicamente estos pasajes dicen que si usted intenta esconder sus malas acciones atraerá la pobreza. Proverbios 13: 18 afirma que *"Pobreza y vergüenza tendrá el que menosprecia el consejo; más el que guarda la corrección recibirá honra"*. Así que la pobreza también está relacionada con la desobediencia; es fruto de la rebelión.

Paso N° 5: Ame el dinero

El amor al dinero, conocido también como codicia o avaricia, trae pobreza. Si usted desea el dinero más que cualquier otra cosa, más que a Dios, más que a sus hijos, más que a su cónyuge, ¿sabe qué ocurrirá? Que la pobreza tocará a su puerta.

Eclesiastés 5:10 dice: *"El que ama el dinero, no se saciará de dinero"*. Esa es la prueba de que hay codicia en su corazón. No importa cuántos sean sus ingresos, para usted nunca son suficientes. Nunca está satisfecho con lo que tiene. Eso es lo que se llama un espíritu de avaricia. En un tiempo yo estuve absolutamente poseída y dominada por ese espíritu. Pero hoy puedo decir que no hay nada que alguien pueda darme para que yo haga algo que mi Pedre celestial no me guíe a hacer. Nada. No comprometo mi relación con él por ningún precio. Hace diez años, la historia era diferente.

"El que ama el dinero, no se saciará de dinero..." Y la segunda parte de Eclesiastés 5:10, dice: *"el que ama el mucho tener, no sacará fruto. También esto es vanidad"*. ¿Está usted totalmente satisfecho? ¿O sus logros nunca le parecen suficientemente buenos? ¿No importa lo que haga, cada vez que logra un objetivo no le parece suficientemente importante y siente que constantemente está fallando? Sea sincero consigo mismo. Si nunca está satisfecho con sus bienes, sus posesiones o su dinero, está dominado por la codicia.

El de la codicia es un espíritu artero y supremamente malvado que lo llevará a hacer cosas que usted no creía posibles (si se somete a él). De modo que si siente que no tiene suficiente, eso sólo puede causarle mal.

En Mateo 6: 24, leemos: *"Ninguno puede servir a dos señores; porque o aborrecerá al uno y amará al otro, o estimará al uno y menospreciará al otro. No podéis servir a Dios y a las riquezas"*. Esa es la realidad. No puede servir a ambos, a Dios y al dinero. Pero usted sí puede servir al Dios que es dueño del dinero. El asunto es dónde tiene su corazón y sus afectos.

En 1 Timoteo 6: 10, dice: *"Porque raíz de todos los males es el amor al dinero"*. El amor al dinero, no el dinero en sí mismo. Usted se da cuenta de que ama al dinero si nunca está satisfecho con el que posee. Si hay un hueco profundo en usted que parece que jamás se llena, eso significa que está adorando a un espíritu de idolatría en vez de adorar al Dios Todopoderoso.

Colosenses 3:5 dice que la avaricia es idolatría. La realidad es que vivimos en una nación más idólatra que cualquiera otra en la faz de este planeta. Nuestra idolatría es mucho más sutil que la idolatría de India.

En los Estados Unidos prolifera la idolatría. Admiramos a los compositores y a los cantantes. Idolatramos a las figuras del deporte, a las celebridades del cine, a los predicadores, a los conferenciantes, a cualquiera que esté en una posición elevada. Sus hijos tienen pequeños ídolos (los héroes de acción) en sus juegos electrónicos. Hablo en serio. Tenemos ídolos e idolatría en todas partes. Enseñamos a nuestros hijos a ser idólatras sin darnos cuenta. Y esa idolatría es una manifestación de nuestra avaricia. Debemos ser muy cuidadosos con este asunto.

La Biblia también dice que un hombre avaro le causa problemas a su familia, pero que quien detesta el soborno vivirá (ver Proverbios 15:27). Proverbios 28:25 (NIV), dice: *"El avaro provoca disensión; mas el que confía en el Señor prosperará"*.

En Lucas 12:15 leemos: *"Mirad, y guardaos de toda avaricia; porque la vida del hombre no consiste en la abundancia de los bienes que posee"*. ¿A dónde conduce la codicia? A la pobreza, a la maldad, a la destrucción. A todas estas cosas.

De modo que usted se pregunta si podemos disfrutar de la riqueza sin ser avaros y codiciosos. La respuesta es: podemos. Escúcheme con cuidado. La avaricia y la riqueza no son la misma cosa. Usted puede tener riqueza sin ser avaro. Y también puede ser avaro sin ser rico (y muchas personas lo son). Y como ya lo hemos leído, la Biblia enseña que quienes son tanto ricos como avaros no permanecerán en prosperidad. Calificar de codiciosos y avaros a todos los que tienen riqueza es una perversión. Y según la Biblia, el de perverso corazón nunca hallará el bien (ver Proverbios 17:20).

Paso N° 6: Sea egoísta y mezquino

Esta es una fórmula segura para la pobreza. Las personas que no dan, empobrecen. Y no se preocupe, yo no soy un pastor de una iglesia convencional que dice esto para influenciarlo a ofrendar. Soy una empresaria adinerada que trabaja para ganar su subsistencia, y Dios bendice la obra de mis manos.

Proverbios 28:22, dice: *"Se apresura a ser rico el avaro, y no sabe que le ha de venir pobreza"*. A veces somos mezquinos y no nos damos cuenta. Usted puede saber si es mezquino mirando sus frutos. Ellos le mostrarán qué clase de semilla sembró. Si la pobreza es el fruto que está cosechando, entonces mezquindad es la semilla que ha plantado. La mezquindad es mentalidad de pobreza y es una opción. Si usted elige ser mezquino está eligiendo ser pobre.

En Proverbios 28:27 se nos dice que *"El que da al pobre no tendrá pobreza; mas el que aparta sus ojos tendrá muchas maldiciones"*. ¿Lo cree en realidad? "El que da al pobre no tendrá pobreza". La gente mezquina no da al mendigo de la calle ni a organizaciones caritativas. Si usted no está actualmente dándole a alguien, mi amigo, usted es mezquino. ¿Y qué le sigue a la mezquindad? La pobreza.

Paso N° 7: Sea temeroso

El temor lo lleva a la pobreza. Hay en la Biblia varias historias que nos muestran que el temor nos deja empobrecidos incluso en peligro de muerte. En el libro de *Números capítulo 13*, vemos el envío de 12 espías a observar una tierra próspera que había sido prometida por Dios a sus antepasados, tierra que fluía leche y miel. Una tierra con todo lo que su corazón podía haber deseado y algo más. Diez de los espías estaban temerosos, pero dos no lo estaban.

A los diez no se les permitió entrar en la Tierra Prometida por causa de su temor que los llevó a cometer otro pecado, y éste finalmente los condujo a su muerte y a la de muchos otros que les siguieron. Los otros dos –Josué y Caleb– que no temieron sino que se arriesgaron a actuar de acuerdo a su fe, recibieron la tierra prometida y toda la prosperidad que ella les deparó.

Diez pasos bíblicos hacia la riqueza

¿Es posible para un cristiano ser rico? Sí. La Palabra dice que Dios creó al rico y al pobre (ver Proverbios 22:2). En realidad, la Biblia tiene muchas cosas que decir acerca de la riqueza y el dinero.

En Eclesiastés 7: 12, leemos: *"Porque escudo es la ciencia, y escudo es el dinero".* Y Eclesiastés 10: 19 agrega: *"Por el placer se hace el banquete, y el vino alegra a los vivos; y el dinero sirve para todo".* Esta porción escritural deja en claro la norma: *"El dinero es la respuesta para todo".* Esta afirmación ofende a muchas personas. ¿Cómo puede ser el dinero la respuesta para todo? Examinemos el asunto un poco más.

Deuteronomio 28: 63 dice: *"Jehová se gozaba en haceros bien...".* Dios se deleita en hacernos prosperar. Quizá para usted es difícil creerlo, pero es lo que la Palabra dice. Si usted tiene hijos, piense en lo que siente cuando los bendice, especialmente cuando ellos han hecho algo bueno. Los padres amorosos se deleitan en bendecir a sus hijos. Su Papito celestial, que es perfecto y fiel en su amor, desea que usted prospere.

Eso quiere decir que si usted no está prosperando debe preguntarse por qué. A continuación le menciono algunas características que Dios asocia con la prosperidad.

En Deuteronomio 29: 9, Dios dice: *"Guardaréis, pues, las palabras de este pacto,* [mis mandamientos] *y las pondréis por obra, para que prosperéis en todo lo que hiciereis".* Dios demanda que obedezcamos sus mandamientos. No matar, no robarle la esposa al prójimo. No codiciar los bienes de otras personas, no mentir, no engañar, no hurtar (ver Éxodo 20:1–17). Jesús resumió en un mandamiento: amar a Dios y al prójimo.

Proverbios 11:25, dice: *"El alma generosa será prosperada"*. Y Proverbios 28:25: *"...el que confía en el Señor prosperará"*. En Jeremías 29:11 leemos: *"Porque yo sé los pensamientos que tengo acerca de vosotros, dice el Señor, pensamientos de paz, y no de mal, para daros el fin que esperáis"*.

Ezequiel 36:11, dice: *"...y os haré morar como solíais antiguamente..."* Génesis 39:2 declara que *"Mas Jehová estaba con José, y fue varón próspero"*. En Deuteronomio 30:5 el Señor promete: *"y te hará bien, y te multiplicará"*. En Job 22:21 también está su promesa: *"Vuelve ahora en amistad con él, y tendrás paz; Y por ello te vendrá bien"*.

Estos pasajes son sólo un ejemplo. Son más los pasajes bíblicos que hablan positivamente de la riqueza y el dinero que los que hablan negativamente. Basándome en la lectura de mi Biblia, creo que hay diez pasos asociados con la fórmula de Dios para obtener riqueza.

Paso Nº 1: No ame el dinero

Si el ansia de dinero lo consume, si se preocupa por el dinero, entonces éste es para usted un ídolo. Si se preocupa por el dinero con que debe pagar sus cuentas, cómo va a pagar la hipoteca, entonces el dinero ha superado a Dios en su vida.

La Palabra de Dios nos dice que llevemos cautivo todo pensamiento a la obediencia de Cristo (2 Corintios 10:5). En Mateo 6:25–34, dice (paráfrasis): *"No se preocupen por lo que han de comer o lo que han de vestir, porque Dios en los cielos ya sabe lo que ustedes necesitan"*. Cuando usted tiene fe, no necesita preocuparse. De modo que si está preocupado por el dinero, eso no es otra cosa que un engaño total del mismísimo infierno.

El enemigo quiere que se preocupe por las finanzas a fin de desviar su atención de Dios. Él sabe que si usted sigue a Dios realmente, si de veras lo honra, si en verdad lo ama y le sirve, entonces él lo prosperará y lo engrandecerá. Será bendito al entrar y bendito al salir (ver Deuteronomio 28:6). Dios bendecirá a quienes lo bendigan a usted, y maldecirá a quienes lo maldigan (ver Génesis 12:3). El enemigo de su alma lo sabe. Él lee la Biblia más de lo que muchos de nosotros la leemos.

Paso N° 2: Trabaje con excelencia

En Colosenses 3:23, el Espíritu nos insta: *"Y todo lo que hagáis, hacedlo de corazón, como para el Señor y no para los hombres.*(Ver también Proverbios 21:5).

La mayoría de nosotros necesita más esfuerzo en esta área. Si usted labora con todas sus fuerzas, como para el Señor, él es su jefe. Y cuando llega el momento del ascenso o promoción, no importa la persona que tenga por jefe porque Dios está por encima de él y Dios ve lo que usted hace. Él observa su diligencia, las horas extras que trabaja. Ve su motivación y se da cuenta cuando usted pone su corazón en lo que hace. Observa y bendice el fruto de sus manos. No se preocupe de su jefe, Dios lo exaltará por encima de él.

Mire en la Biblia el caso de José. Su historia es extraordinaria. Él fue bendecido por Dios con una visión y luego fue arrojado dentro de una cisterna. Después fue esclavizado y llevado a Egipto para servir como esclavo en la casa de un gobernador que adoraba a un Dios extraño. Y la Palabra dice que Dios lo prosperó. Luego fue acusado por la adúltera esposa del gobernador. Ella vio ese joven apuesto y se dijo: "Tengo que conseguir a este hombre".

Y José huyó. Luego fue acusado falsamente de intento de violación y fue arrojado en prisión. Finalmente Dios lo sacó de la prisión y lo exaltó poniéndolo como cabeza de la nación más poderosa de su tiempo (ver Génesis 37:41).

De modo que no tiene de qué preocuparse. No importa qué hombre o mujer esté por encima de usted. Eso no significa nada porque Dios bendecirá el fruto de sus manos, *si* trabaja como para el Señor.

Paso N° 3: Conozca el propósito de su dinero

Debe saber que el dinero con el cual Dios lo ha bendecido es para un propósito mucho mayor que el de tener posesiones solamente. Ciertamente Dios desea bendecirlo con cosas materiales, pero no quiere que ellas lo posean a usted.

Permítame contarle mi propia experiencia con la codicia. Yo era una mujer cuyas posesiones la poseían. Durante nuestros años veinte, Hans y yo vivíamos en una inmensa casa de aproximadamente 2.000 metros cuadrados y estábamos haciendo una fortuna. Era una buena vida y todo parecía maravilloso.

Un día me estaba preparando para un estudio bíblico y el Espíritu de Dios vino sobre mí. Oí a Dios preguntándome: "¿Para quién es todo esto?". Y comencé a pensar: *Sé que no es para mi esposo porque él podría vivir en una cabaña y ser feliz.* "Entonces, ¿para quién es?" Yo sabía que era Dios quien me hablaba de modo que no podía desentenderme del asunto. *Bueno, Señor, no es para mis hijos porque ellos no necesitan 10 acres de terreno. Ni tienen necesidad de una cancha de tenis, ni de una casa de huéspedes. Ellos no necesitan una casa de 2.000 metros cuadrados.*

"Bueno, ¿entonces para quién es?" Hmmm... me estaba quedando sin opciones y me puse nerviosa. "Entonces, ¿para quién es?" *Bueno, Señor, supongo que tú no la necesitas. Tú eres dueño de todo.*

Me había convencido a mí misma que todo esto era para honrar a Dios, pero me sentí culpable. *Lo siento, Señor. Todo es para mí. Todas estas cosas, mis coches, mis joyas, mis vestidos, mi casa, todo es para inflar mi ego.* En realidad, este era el estilo de vida que esta mesera de bar sin hogar había acumulado, y era nada más que el reflejo de mi grande y codiciosa egolatría. Eso era todo. ¿Y sabe qué? Estaba interiormente vacía.

No importaba cuántos ingresos tuviéramos, nunca era suficiente porque gastábamos el dinero más rápido de lo que lo ganábamos. Yo amaba a Dios, lo honraba y le servía. Pagábamos nuestro diezmo, pero eso era todo. "Bien, era a lo que estaba acostumbrada. Ese era el estilo de vida que solíamos vivir".

Pero en un instante todo cambió cuando el Señor me dijo: "Vende tus cosas y sígueme". Qué divertido; pensé que yo ya lo estaba siguiendo. E instantáneamente dije: "Te reprendo Satanás en el nombre de Jesús; ¡vuelve al infierno que es tu lugar!" Pero el Señor me dijo: "Soy Jesús, y si me amas, me seguirás y venderás tus cosas". Comencé a gemir y me postré en el piso llorosa y arrepentida porque me di cuenta de que toda mi vida había estado centrada en mí.

Fui al segundo piso a contarle a Hans lo que el Señor acababa de decirme. Él estaba sentado frente a su computador; me miró detenidamente y pudo darse cuenta de que algo dramático me había ocurrido, que esta iba a ser una larga conversación, y lo fue. Me pareció que su semblante quería decirme: "No me molestes que estoy ocupado". Mientras las lágrimas corrían por mis mejillas, le dije:

"Hans, tengo que hablar contigo".

"¿Qué ocurre? –me preguntó.

"Esto es muy serio –le dije–. Dios acaba de decirme que tenemos que vender la casa".

Hacía apenas tres meses que nos habíamos mudado a ella. Estaba localizada en un sector popular, en un área no muy próspera del mercado inmobiliario. Ahorramos $300.000 dólares por mudarnos a las montañas, y conseguimos mucho más de lo que necesitábamos. Cuando yo dije: "Hans, el Señor me dijo que tenemos que vender la casa", hizo un gesto y exclamó:

"Dios me dijo lo mismo hace dos semanas, pero yo le pedí que mejor te lo dijera él mismo porque yo no quería pelear esa batalla".

De modo que hubo un total acuerdo entre nosotros delante del Señor. Y Dios es tan fiel. Él expuso la codicia que paralizaba mi vida, y yo ni siquiera me había dado cuenta de mi parálisis. Yo solía decir que podía dejarlo todo mañana mismo y que ello no significaría nada para mí, hasta el día en que Dios me dijo que lo hiciera.

Pero como dije, Dios es muy fiel. Le conté que habíamos adquirido la casa en un área que no era muy próspera en el mercado inmobiliario. Era una zona que por diez años había estado deprimida. ¿Y sabe qué hizo el Señor? Nos trajo una compradora que necesitaba vender primero su casa para poder comprar la nuestra. Ella había criado a cuatro hijos en una casa construida por un hombre que también había criado cuatro hijos. La tierra fue totalmente separada para Dios. Estas eran personas cristianas. Él, un cristiano que construyó la casa, y ella una creyente que la habitó. Y ella necesitaba vender primero su casa para comprar la mía. En un lapso de seis meses hubo sólo una persona que quiso comprar la casa y fue precisamente esta cristiana.

La casa iba a ser utilizada como hogar o albergue para personas discapacitadas. El Dios Todopoderoso es así de fiel y amoroso. Él nos pidió que vendiéramos la casa y luego nos prosperó debido a nuestra obediencia.

Y Dios lo prosperará a usted si está dispuesto a trabajar para él. Él nos trajo un comprador que tenía una casa que yo detestaba, pero al entrar en ella me di cuenta de que su precio estaba $50.000 dólares por debajo de su verdadero valor comercial. Yo sabía que con el sólo hecho de habitarla y darle una mano de pintura, su valor subiría de inmediato. Por supuesto, tenía que vender la mitad de mis cosas. Tuve que hacer un esfuerzo para acomodarlas en el armario de mi nueva habitación. Mi nueva alcoba era más pequeña que el armario de la que tenía antes. Eso fue algo humillante.

Dios es muy amoroso y misericordioso y yo estaba llena de pecado, de codicia y de maldad. Y no obstante ganamos $ 100.000 dólares en la compra de esa propiedad. Nosotros habíamos comprado esa casa, y fue Dios quien la vendió. Vivimos en ella 11 meses y eso fue todo. Y ganamos $100.000 dólares por una transacción en una zona deprimida. Actualmente ese inmueble tiene una valorización o plusvalía de $150.000 dólares y está arrendada a personas cristianas a través de las cuales Dios también está obrando.

Recuerdo una charla con mi cuñada que se quejaba por la casa en la que vivía. Yo le dije: "Sé exactamente cómo te sientes, pero esta casa, en este vecindario, ha sido lo mejor que me ha ocurrido porque en ella fui liberada de mi codicia".

Fue en esa casa donde descubrí todo lo malo que había en mí. En ella Dios me liberó de algo que no tenía la menor idea que me tuviera esclavizada. Y aún ahora que hemos abandonado nuestro retiro y hemos empezado a dictar conferencias otra vez, ha habido empresas que nos han ofrecido cientos de miles de dólares para que los entrenemos sólo a ellos porque no querían que entrenáramos a sus competidores.

"Dani, te pagaremos un millón de dólares al año. Eso es magnífico. No tendrás que preocuparte de hacer crecer tu propia empresa. Te pagaremos esa cantidad en sumas mensuales y todo lo que tendrías que hacer es darnos tu entrenamiento una vez al mes". Y porque ya no me impulsa la codicia pude mirarlos a la cara y decirles: "Gracias, pero no". Quizás usted piense que soy tonta. Pero yo sé que Dios me llamó a hacer algo más y no voy a permitir que la avaricia me desvíe del camino. Y ese camino me ha traído muchos millones más de los que me ofrecieron, porque no estábamos a la caza del dinero ni obsesionados ni poseídos por él.

Cuando la codicia me tenía en sus garras no importaba cuánto dinero ganaba porque siempre lo gastaba más rápido de lo que lo conseguía. Yo amaba a Dios, lo honraba y le servía. Pagábamos nuestro diezmo, pero todo giraba alrededor de nosotros. Ese era el estilo de vida al que estábamos acostumbrados. Gracias a Dios él nos liberó. Ahora sé que mi dinero tiene un propósito mucho más grande que yo.

Paso Nº 4: Viva consciente de que el dinero es de Dios

El dinero no es suyo, es de Dios. De él proviene y Dios tiene un propósito muy superior para él. Quiere multiplicarlo pero cuando usted lo consigue y no lo honra con él, o es mezquino o se deja atrapar por él, Dios no lo bendecirá más. No le dará más porque esas actitudes lo han puesto en el camino de destrucción, entonces él no quiere que usted destruya su propia vida.

Paso N° 5: Sea generoso

No se dedique a acumular, no sea mezquino. Dios quiere bendecirlo dándole más, pero no lo hará a menos que se convierta en dador. Él ama al dador alegre (ver 2 Corintios 9: 7).

Nosotros enseñamos a nuestros hijos a diezmar porque no queremos tratar con adultos infantiles que no hacen lo que el mundo financiero exige que hagan (ver Proverbios 11:24). De modo que nuestros hijos diezman de su propio dinero, de sus ahorros. Nuestra hija Érika a menudo trabaja conmigo, y de lo que gana toma el 10 por ciento y se lo da a Dios. ¿Desea que Dios le confíe más dinero? Entonces dé con buena disposición, con alegría, con un corazón dadivoso.

Paso N° 6: Dé o siembre en el terreno correcto

Este punto es muy importante. Cuando aprendí esto mi cabeza por poco explota. En la Biblia encontramos la Parábola del Sembrador que habla de cuatro diferentes tipos de terreno en los cuales un agricultor siembra su semilla (ver Mateo 13:1-23).

El primer tipo de terreno mencionado es el duro. Cuando la semilla se siembra en terreno duro las aves vienen y se la roban. El segundo tipo es el terreno pedregoso. Si se siembra semilla en este terreno, brota pronto porque no tiene mucha tierra y es superficial. Pero por cuanto no tiene raíces es quemada por el sol. Brota con rapidez y muere de igual manera.

El tercer terreno es donde hay espinos. En este tipo de terreno la semilla echa raíces pero al brotar, los espinos la ahogan. El cuarto tipo es el terreno fértil y es el único en el que usted querrá plantar su semilla porque es el único lugar en que crecerá. La Biblia dice que el terreno fértil produce al 30, al 60 y al 100 por uno (ver Mateo 13: 8).

Algunos estamos plantando nuestro dinero en terreno fértil. La Biblia dice que lo que usted siembra, eso es lo que cosecha (ver Gálatas 6:7). Tal vez ha notado que sus ingresos no crecen, que permanecen estáticos. Entonces tiene que pensar en dónde es que está sembrando su semilla. Quizá pregunte: "¿Cómo hago para saber si el terreno es fértil?" Pues debe mirar el fruto que produce. Si quiere tener un retorno del ciento por uno, debe sembrar en terreno fértil.

Paso N° 7: Aprenda a entender los tiempos

Necesita darse cuenta de que hay un tiempo de abundancia y una preparación para una época de hambruna. Hay tiempos de hambre y tiempos de abundancia. Eso es absolutamente bíblico. José tuvo en cuenta lo anterior cuando Dios bendijo su nación durante siete años con gran abundancia (ver Génesis 41: 28 -46).

¿Está pasando por un tiempo de abundancia? Si es así, sepa que durante este tiempo no se debe comer toda la semilla. En ese período de abundancia se debe preparar para que pueda seguir prosperando cuando otros a su alrededor fracasan financieramente. En el libro de Génesis vemos claramente que ese es el plan de Dios.

Si pasa por un tiempo de hambre y está prosperando en donde está plantado y se le puede confiar lo que tiene, obtendrá más. Así es como opera el reino financiero. Si se encuentra en esa época de escasez es mejor que cuide todo lo que tiene. Obre con un espíritu de excelencia durante este tiempo y Dios lo hará prosperar cuando otros colapsan financieramente.

¿Recuerda lo que aprendimos antes? La Biblia dice que si olvida a Dios en tiempo de prosperidad, la pobreza lo espera a la vuelta de la esquina. Si su situación es próspera, no se atreva a olvidar que Dios es el dueño de todo y que es él quien lo ha bendecido.

Paso N° 8: Prospere en donde Dios lo ha plantado

¿Tiene usted sueños y visiones de a dónde quiere ir y de lo que desea hacer? ¿Hay lugares que le gustaría visitar? ¿Se encuentra frustrado porque sus sueños no se han hecho realidad?

El enemigo desea que usted fije su atención *en lo que no tiene* en vez de fijarla en cómo prosperar en el lugar donde se encuentra plantado en este momento. Generalmente lo que la gente hace cuando tiene un sueño es lo siguiente: "Dani, –me dicen–, cuando yo tenga ese gran negocio voy a cuidar de mi gente y a atender de veras a mis clientes. Pero a estos perezosos no los puedo soportar. Me vuelven loco".

O a veces escucho: "Oh, Dani, si mi esposo actuara de manera correcta yo haría mucho más". "Si mi esposo actuara bien, yo lo trataría mejor". "Si mi esposa dejara de fastidiarme, yo le compraría flores de vez en cuando". Pero las cosas no funcionan de esa manera. Usted debe prosperar donde está plantado dentro de las circunstancias en que se encuentra.

José, el personaje bíblico, tenía el don de interpretar sueños, lo utilizó en la prisión y fue así como Dios lo exaltó. Él tuvo esa actitud todo el tiempo y prosperó en el lugar en donde estaba plantado (ver Génesis 41). Él no había sido creado para ser sirviente en una prisión. Pero durante el tiempo pasado allí fue equipado para gobernar a una nación, la más poderosa de su tiempo.

Paso N° 9: Pida cosas grandes

Nuestro Dios no es pequeño. Sus brazos no son cortos ni sus oídos son sordos (ver Isaías 59:1). La Biblia dice claramente que ninguna mente ha imaginado, ni ningún ojo ha visto, y ningún oído ha escuchado lo que Dios ha preparado para los que lo aman (ver 1 Corintios 2:9).

Usted necesita pensar en grande, mucho más de lo que está pensando. Que sus pensamientos sean más altos y más amplios que los actuales. Y necesita pedir de acuerdo al tamaño de Dios, no de acuerdo al tamaño suyo. Yo le estoy pidiendo a Dios millones de vidas alrededor del mundo. Eso es lo que le estoy pidiendo.

"Señor, por favor permíteme tener las plataformas desde donde pueda afectar la vida de millones de personas. Que millones y millones de familias puedan tener una relación correcta contigo y poner en práctica los principios que producen resultados".

Una parte o faceta de pedir cosas grandes es solicitar ayuda. La Biblia dice que si usted necesita sabiduría, debe pedirla (ver Santiago 1:5). Si no sabe cómo hacer algo, pídale a Dios y él le dará el entendimiento que necesita.

Paso N° 10: Aprenda de los sabios

Está bien cometer errores. Tenemos nuestras altas y bajas. En las bajas no se preocupe, no se inquiete. Esté consciente de que Dios está cuidando de usted en todos los aspectos; que él lo ama, que lo prosperará. Ciertamente tendrá sus días malos, cometerá algunos errores, así que quiero que escriba esto en algún sitio: *Está bien si comete errores.* Está bien. La Palabra de Dios dice que su gracia supera nuestras faltas, que la altura de los cielos sobre la tierra, y la distancia entre el oriente y el occidente son un referente para medir su misericordia (ver Salmo 103:10-12 y Proverbios 12:15; 13:20; 15:12). Eso es una inmensidad. La gracia de Dios es enorme.

A menudo la única comprensión que tenemos de *la gracia* de Dios es la que nuestra familia o amigos nos prodigan, y generalmente ésta es patética. Una pequeña medida de gracia alcanza los cielos. La Palabra dice que la gracia no tiene fin, lo cual significa que podemos fracasar y luego ir directamente a los brazos divinos. Dios curará sus rodillas lastimadas, lo pondrá otra vez sobre sus pies y le dirá: "Está bien, vuelve ahora a tus tareas". ¿No es algo asombroso?

No haga usted lo que hace la mayoría en tiempo de fracaso: no se dé por vencido. El fracaso le muestra algo: dónde hay cosas que debe arreglar; cuáles habilidades le hacen falta, qué cosas debe aprender, el conocimiento que necesita para invertir. Mi esposo y yo hemos cometido innumerables errores, más de los que usted o cualquiera podría imaginar. Pero por ellos hemos aprendido, crecido y madurado. Ambos nos hemos humillado muchas veces y hemos invertido en muchos seminarios para aprender de otras personas adineradas. También hemos pedido información a personas que muestran resultados positivos en áreas que queríamos dominar, tales como la vida matrimonial, la paternidad, las finanzas y los negocios, y cómo ellos han logrado el éxito.

Lo que he descubierto es que el ego de la mayoría de personas es tan grande que no son humildes para aprender de otros que han tenido éxito en algo que ellas también quieren lograr. En cambio, cuando fracasan, culpan a la economía, al cónyuge, e incluso a sus hijos. Algunos culpan al negocio y dicen cosas como: "He intentado antes todas esas cosas, pero no han funcionado para mí". Pero la verdad es que realmente no trabajaron en lo que ellos querían.

Como lo mencioné antes, a pesar de todo mi pecado, de mi avaricia, Dios me bendijo financieramente. Él lo hizo porque busca un corazón obediente que acuda a él en vez de depender de sus propias fuerzas. Su gracia es más que suficiente. Para mí, eso es absolutamente asombroso.

INVITACIÓN

El reino financiero crece y se extiende, pero la cabeza de ese Reino es Dios. Él lo invita a que siga sus pasos hacia la prosperidad. ¿Se someterá usted a Dios para que él pueda bendecirlo y prosperarlo tal como él quiere? Él también desea que disfrute de buena salud (ver 3 Juan 1:2).

Dios desea ver a sus hijos libres de toda esclavitud, incluyendo la esclavitud financiera. ¿Está cansado de la esclavitud financiera? ¿Quiere ser libre de ella? Usted necesita someter sus caminos a Dios y vivir de acuerdo a los estándares del reino financiero.

Usted tiene consejos increíbles que son sencillos y realizables. Como profesora de arte de 800 jovencitos, de primero a octavo grado, a quienes enseño semana tras semana, pensé que sabía cómo enseñar hasta que la vi a usted haciéndolo. Ahora uso sus técnicas en el aula, ¡y funcionan!

–Stella D.

CAPÍTULO 6

RECIBAMOS LA UNCIÓN DE DIOS

En este capítulo haremos una pausa. Vamos a dejar de hablar de dinero y hablaremos acerca de un tema que ha afectado a muchos cristianos en el mercado público. Ya lo abordé brevemente en el capítulo 3, pero aquí quiero que lo examinemos más a fondo. Es un tema que he estudiado intensamente. Y mientras más lo estudio, más convencida estoy de esta extraordinaria revelación que ha cambiado totalmente mi vida. No estaría donde estoy hoy si no hubiera aprendido esta verdad particular.

FUERA DE LUGAR

Pasé muchos años de mi vida como una mujer de negocios, cristiana, sintiéndome insignificante en el Reino de los Cielos. Mi sentir era: "Soy una conferenciante, de modo que tengo que involucrarme en algún tipo de ministerio. Eso es lo que se supone que debo hacer". Sin embargo, cada vez que intentaba hacer algo para Dios, nada parecía funcionar. Como ya lo relaté en el capítulo previo, la Iglesia nunca me proporcionó una plataforma para hablar, ni siquiera en un retiro para damas. Me sentía completamente fuera de lugar.

Mi esposo también se sentía lo mismo, fuera de lugar. No nos sentíamos llamados a un ministerio con los niños, ni con los jóvenes. No había lugar para personas como nosotros. Dios nos prosperó en el mundo de los negocios, llenábamos centros de convenciones con multitudes que deseaban oírnos, y aún así, yo deseaba tener un estudio bíblico aunque fuera para nueve personas.

Había creído la mentira de que nunca iba a ser lo suficientemente buena para Dios. Que no era suficientemente pura, santa y justa y que Dios nunca podría usarme. Y creí que sencillamente no era llamada a difundir la Palabra en la que tan apasionadamente creo.

A través de mi negocio tuve la oportunidad de llevar a Dios a muchas personas y de ayudarles a volver a él. Dios me permitió hablar del tema que más me apasiona: él mismo. He tenido la oportunidad de ayudar a mucha gente a que ordene su vida y a seguir principios cristianos que realmente funcionan.

Los principios acerca del éxito, que yo enseño, son bíblicos. Y al enseñarlos estoy sirviendo a Dios. Pero yo no consideraba esta actividad como ministerio. Siempre sentí que no había lugar para mí. ¿Tiene usted el mismo sentir? ¿Ha dicho alguna vez: "No hay lugar para mí en _____?" Hace ocho años yo le dije a Dios: "Señor, si no puedo usar mi boca para tu gloria, no la usaré entonces", y me crucé de brazos.

Si no puedo decir la verdad acerca del éxito y del dinero, si no puedo decir la verdad acerca de Dios, entonces no quiero usar esta lengua para nada. No tenía sentido para mí. Vivía en grandes mansiones, tenía joyas, vestidos lujosos, tenía de todo, pero me sentía vacía.

De modo que la cuestión era esta: mi sueño era poder pararme y contar la verdad. Quería hablar desde nuestra propia plataforma, sin ser controlada por ninguna compañía ni ningún líder religioso;

que el mensaje no fuera controlado. Mi mensaje es lo que es, y si a alguien no le gusta está en libertad de no regresar a escucharlo. Y no me importa porque ellos no son mis proveedores sino Dios. Esa es la forma en que yo lo veo.

Así que yo creo sin sombra de duda que la Iglesia ha hecho un gran trabajo, pero en los últimos días ha perdido influencia en algunos lugares. El púlpito es el que ha sido promocionado. Solamente se permite hablar desde él a quienes son realmente "super espirituales". Sólo quienes son muy "santos" reciben el título de reverendo o de pastor. Y yo pensaba que hacia esa meta me estaba dirigiendo. Pensaba: *Si puedo llegar a ser algún día suficientemente buena, podré lograr lo mismo.* Luchaba por alcanzar algo a lo cual no había sido llamada, sin darme cuenta de que Dios tenía un plan diferente para mí.

Pero desde entonces he descubierto que hay un avivamiento en marcha en el mercado público. ¿Sabía usted eso? Usted está en medio de un avivamiento y no se ha dado cuenta. Dios está buscando un pueblo elegido, una generación escogida conforme a su corazón, que será usada de manera poderosa en el mercado público. Muchas personas con capacidad de negocios están atrapadas en la Iglesia. Yo era una de ellas. Demasiadas personas han sido lastimadas por la Iglesia. Se les ha retenido, no se les ha alimentado, tan sólo las han usado.

¿Ha sido usted lastimado por la Iglesia? No estoy hablando mal de ella. Yo amo a mis hermanos y hermanas, pero la realidad es que son personas como el resto de nosotros, y la gente comete errores. Infortunadamente, la mayoría de la gente mira a un creyente en la Iglesia y piensan: "Bueno, se supone que usted debe ser perfecto". Es una falta nuestra el pensar así. Eso es algo que no tiene sentido. No debemos tener tan altas expectativas aunque deben vivir con un nivel más alto de respeto. Ellos cometen errores pero todos los cometemos.

En dondequiera que haya gente vamos a encontrar errores. Esa es la realidad. De modo que no es prerrogativa nuestra mirar a los

"Ustedes deben ser mejores, deben ser más san-
...más aquello. Deben ser perfectos". Pero como cris-
...s erguirnos y decir: "Voy a dar de mí lo mejor en
...ar que me encuentre".

Algo que nos preocupa profundamente a mi esposo y a mí es que infortunadamente personas como usted o como yo, que estamos afuera de la iglesia, allá en la zona de guerra todos los días, recibimos poco entrenamiento. ¿Cómo puedo yo, como alguien que ama a Dios, servirle en mi trabajo?

Cuando yo dediqué de nuevo mi vida al Señor, pensé: "¿Qué puedo hacer?" Como lo dije en el capítulo 3, me sentía insignificante, como si no pudiera hacer nada para Dios. Y a medida que me fui enamorando más de él, mi deseo de hacer su voluntad aumentó y los dones del Espíritu también crecieron en mí. Y mientras más insignificante me sentía, más lejos creía estar de la meta de servicio, pues no tenía un llamado a predicar cada semana a los jóvenes o a los niños. No teníamos un llamado a hacer ninguna de esas cosas y junto con mi esposo nos sentíamos insignificantes y casi culpables porque pensamos que no estábamos sirviendo a Dios con lo que hacíamos. Y sentí que jamás sería parte de la estructura de la iglesia.

MÁS ALLÁ DEL PÚLPITO

Finalmente llegué a preguntarme: "¿Por qué hacemos este pequeño molde llamado *religión*?" El sentido general de la palabra *religión* en el idioma griego es "estar ligado a" o, "estar en esclavitud". La religión fue creada por el hombre.

La hemos tomado y la hemos aplicado a nuestros propios motivos egoístas, y hemos puesto a la gente en este molde llamado *religión*. Los metemos allí y les decimos: "Deben lucir así, vestir de esta manera y no deben decir estas palabras pues de lo contrario se alejarán de Dios".

¿Alguna vez se ha sentido inútil? ¿Ha sentido como si sus dones y sus talentos no tuvieran propósito? Si ha ocurrido es porque nosotros, hombres y mujeres de Dios, hemos creado esta falsa estructura, una estructura que no existe en la Biblia. Hemos creado paredes para expresar nuestra espiritualidad dentro de ellas, y esas paredes se deben derribar.

Es necesario hacerlo porque dentro hay demasiados cautivos que piensan que no tienen talento. Muchos piensan que son inútiles.

En 1 Corintios 12 encontramos los dones espirituales y nuestra función en el Cuerpo de Cristo. Este pasaje no es una lista exhaustiva de los dones del Espíritu (más adelante examinaremos los 15 dones y su posición). Hay cosas en la lista que usted tiene, y que no lo sabe. También descubrirá quién se los dio y para qué son. Alístese porque quedará impresionado.

1 Corintios 12:4-6, dice:

Ahora bien, hay diversidad de dones, pero el Espíritu es el mismo. Y hay diversidad de ministerios, pero el Señor es el mismo. Y hay diversidad de operaciones, pero Dios, que hace todas las cosas en todos, es el mismo.

Tome nota de la frase *en todos* porque lo incluye a usted.

En 1 Corintios 12:7-11, dice:

Pero a cada uno le es dada la manifestación del Espíritu para provecho. Porque a éste es dada por el Espíritu palabra de sabiduría; a otro, palabra de ciencia según el mismo Espíritu; a otro, fe por el mismo Espíritu; y a otro, dones de sanidades por el mismo Espíritu. A otro, el hacer milagros; a otro, profecía; a otro, discernimiento de espíritus; a otro, diversos géneros de lenguas; y a otro, interpretación de lenguas. Pero todas estas cosas las hace uno y el mismo Espíritu, repartiendo a cada uno en particular como él quiere.

Los versículos 14 a 19 del mismo capítulo siguen diciendo:

Además, el cuerpo no es un solo miembro, sino muchos. Si dijere el pie: Porque no soy mano, no soy del cuerpo, ¿por eso no será del cuerpo? Y si dijere la oreja: Porque no soy ojo, no soy del cuerpo, ¿por eso no será del cuerpo? Si todo el cuerpo fuese ojo, ¿dónde estaría el oído? Si todo fuese oído, ¿dónde estaría el olfato? Mas ahora Dios ha colocado los miembros cada uno de ellos en el cuerpo, como él quiso. Porque si todos fueran un solo miembro, ¿dónde estaría el cuerpo?

En primer lugar, la Biblia dice que Dios da dones a todos (ver 1 Corintios 12: 4). Eso lo incluye a usted. Éxodo 31: 3, dice: *"y lo he llenado del Espíritu de Dios, en sabiduría y en inteligencia, en ciencia y en todo arte"* Dios le ha dado a usted habilidades.

¿Recuerda lo que dice Mateo 25: 15? *"A uno dio cinco talentos, y a otro dos, y a otro uno, a cada uno conforme a su capacidad; y luego se fue lejos"*. Dios nos da a cada uno de acuerdo a nuestra capacidad. ¿Ha aumentado usted su capacidad? Es muy sencillo. Simplemente póngase a trabajar; edúquese; obtenga una maestría; adquiera más conocimiento; hágase más hábil en algo. Y desde luego, esté preparado a cometer algunos errores en el camino. Finalmente aprenderá a hacer las cosas bien. Cuando aumente su capacidad ganará más con ella.

Creo que la Iglesia se ha salido de curso porque hemos edificado estas cuatro paredes y hemos dicho que aquí es donde se deben usar los dones del Espíritu. Pero miremos lo que dice Romanos 12: 4 – 6:

Porque de la manera que en un cuerpo tenemos muchos miembros, pero no todos los miembros tienen la misma función, así nosotros, siendo muchos, somos un cuerpo en Cristo, y todos miembros los unos de los otros. De manera que, teniendo diferentes dones, según la gracia que nos es dada, si el de profecía, úsese conforme a la medida de la fe.

Note que no dice que el don de profecía debe manifestarse sólo en el edificio de la iglesia. No confina su uso al sábado o el domingo en un edificio construido para graduados de una institución bíblica, y utilizado sólo por ellos. Continuemos leyendo lo que dice Romanos 12:

...si se tiene el don de servicio, en servir; o el que enseña, en la enseñanza;el que exhorta, en la exhortación; el que reparte, con liberalidad; el que preside, con solicitud; el que hace misericordia, con alegría (Romanos 12: 7 – 8).

Y otra vez, no dice: "en la iglesia". No hay siquiera una nota o algún académico en algún lugar que haya escrito una adición explicativa a fondo que diga: "Esto es solamente para la iglesia". Según la Biblia, la Iglesia es gente, es decir, una congregación, no tan solo un grupo de personas en el recinto de una iglesia. El ser humano ha cambiado el significado de la palabra y constantemente ha interpretado mal lo que Dios ha estado diciendo al cambiar el significado de *iglesia*. Los dones son para usarlos en todas partes. Continuemos.

1 Corintios 12:8, dice: *"Porque a éste es dada por el Espíritu palabra de sabiduría...".* Los dones nos son dados a través del Espíritu, no a través del edificio de la iglesia. Son dones del *Espíritu Santo*. Los recibimos de Dios, no de las personas. No tenemos que hacer una solicitud de aprobación a la junta de la iglesia. Podemos tener el mensaje de sabiduría; tan solo pidámosle a Dios los dones del Espíritu. En Hechos capítulo 2 se nos dice: *"Arrepentíos, y bautícese cada uno de vosotros en el nombre de Jesucristo... y recibiréis el don del Espíritu Santo".*

Usted ha entendido bien. Todos somos elegibles si amamos a Dios. Algunos somos reyes, otros somos sacerdotes. Trabajamos en diferentes lugares pero tenemos todos el mismo Espíritu.

Infortunadamente a menudo se distorsionan las historias y las situaciones para poner el énfasis dentro de las cuatro paredes del edificio de la iglesia. Se nos ha enseñado que es allí donde ocurren el verdadero ministerio y las cosas más importantes. Hemos creído que Iglesia es un edificio y no una congregación de personas. Y si el enemigo puede mantenernos pensando de esa manera y dentro de las cuatro paredes, no somos una amenaza para el reino de las tinieblas.

Si se nos puede engañar haciéndonos creer que debemos servir, contribuir, profetizar y aprender solamente en la iglesia, el enemigo no tiene razón para temernos. El mensaje ha sido torcido por el poder del infierno. Si podemos usar los dones solamente cuando somos exaltados en la estructura colectiva de la iglesia y únicamente dentro de su edificio, entonces Satanás ha encontrado un plan perfecto para asegurarse de que el 90 por ciento del Cuerpo de Cristo sea irrelevante.

La Biblia no dice que los dones son para usarlos dentro de las cuatro paredes. Tampoco dice que son para quienes pasan por una institución bíblica. Ella afirma que son dados por el Espíritu *"repartiendo a cada uno en particular como él quiere"* (1 Corintios 12:11). Dios no establece limitaciones de lugar para el uso de los dones. No existen fronteras. Tenemos un Dios que con libertad utiliza todos estos dones para la edificación del Cuerpo de Cristo.

En Colosenses 3:23, leemos: *"Y todo lo que hagáis, hacedlo de corazón, como para el Señor y no para los hombres"*. Piense en la frase *todo lo que hagáis...* Es una bella frase que incluye los negocios, la paternidad, el matrimonio, el ministerio, el trabajo educativo, su profesión y su empresa. Dice, *todo lo que hagan.* Y como ya lo hemos señalado antes, no dice que aplican sólo en la iglesia o en el ministerio. Su ministerio es todo lo que usted hace como para el Señor. Todo lo que yo hago, lo hago como para el Señor porque eso glorifica a Dios y bendice a la gente. Y eso significa que todo lo que hago es ministerio.

La diversidad es buena

Como lo mencioné antes, Romanos 12:4-5, dice: *"Porque de la manera que en un cuerpo tenemos muchos miembros, pero no todos los miembros tienen la misma función, así nosotros, siendo muchos, somos un cuerpo en Cristo, y todos miembros los unos de los otros"*. Esto es tan importante que debemos repetirlo. La idea humana de la unidad es que todos tengan la misma apariencia, que actúen, caminen, hablen y vistan de la misma manera. Esa es una filosofía tonta e ignorante porque eso es conformidad, y el conformismo es un mal.

Pero la idea divina de la unidad es simple. Nada es igual en este planeta. Nuestro ADN es diferente, nuestras huellas dactilares son diferentes y los cabellos de nuestra cabeza son diferentes. Los granos de arena, la hierba, nada fue creado exactamente igual. Aún los gemelos que son idénticos, no son iguales.

La idea que Dios nos comunica de la unidad consiste en tener diversidad en armonía. Acabamos de leer que *"no todos los miembros tienen la misma función"* (Romanos 12:4). No se espera que yo sea igual a ninguna otra persona, y usted tampoco.

¿Ha sentido que usted es diferente de todos los demás? La realidad es que por designio divino usted no es como todos los demás. La gente que trata de meterlo en un molde sencillamente no lo logra.

Usted puede mirar hacia todos los lados y ver la diversidad. Yo no puedo encontrar dos pares de pantalones iguales, ni conseguir dos platos en un mismo restaurante que sean exactamente iguales. ¿Se ha cruzado usted con personas que han tratado de cambiarlo? ¿Ha encontrado gente en su iglesia, cualquiera que sea su religión que ha procurado hacerlo diferente? Usted será liberado porque yo estoy cansada con esta tontería. Cansada de que me ocurra a mí y de que les ocurra a los demás.

De manera que, teniendo diferentes dones, según la gracia que nos es dada, si el de profecía, úsese

> *conforme a la medida de la fe; o si de servicio, en servir; o el que enseña, en la enseñanza; el que exhorta, en la exhortación; el que reparte, con liberalidad; el que preside, con solicitud; el que hace misericordia, con alegría* (Romanos 12: 6 – 8).

Efesios 4: 11 – 13, dice:

> *Y él mismo constituyó a unos, apóstoles; a otros, profetas; a otros, evangelistas; a otros, pastores y maestros, a fin de perfeccionar a los santos para la obra del ministerio, para la edificación del cuerpo de Cristo, hasta que todos lleguemos a la unidad de la fe y del conocimiento del Hijo de Dios, a un varón perfecto, a la medida de la estatura de la plenitud de Cristo.*

Ahora bien, no me malinterprete. No estoy atacando a la Iglesia ni a sus pastores. Yo asisto a la iglesia y soy miembro de ella. Todos los domingos que estoy en la ciudad voy a una casa de adoración. No obstante diré que ella fue creada por personas con ideales. Pero creo que nos extraviamos un poco en cuanto al ministerio de cada uno. Hemos convertido la iglesia en algo así como una ladrillera que fabrica ladrillos idénticos. En un molde de hacer galletas. "Si usted va a ser espiritual, debe actuar así, y así, y debe vestir de esta manera".

La unción real

David no fue un sacerdote, fue un rey. Él dio muerte a muchas personas en la guerra que fue una de sus actividades básicas por vocación. No obstante, fue especialmente amado por Dios. Fue ungido rey a los 16 años de edad pero se sentó en el trono muchos años después. Cuando fue ungido como rey tuvo que servir a un rey malvado, inmaduro, impaciente llamado Saúl, pero David se negó a deshonrarlo. Se sometió a su autoridad y lo honró de todo corazón. Pudo haber hablado en su contra pero no lo hizo. Sin embargo, algunos cristianos chismosean y hablan en contra de sus jefes y así esperan que Dios los prospere. No lo hará; eso va en contra de su Palabra.

Dios probó a David y lo entrenó en sus días de juventud para que aprendiera a gobernar. Su primera sumisión fue a un rey con el cual no estaba de acuerdo. Dios sabía que si este jovencito podía someterse a alguien con quien no coincidía, tendría que hacerlo por tributarle honra. Y Dios sabía que David lo iba a hacer.

Su primera prueba fue responder a un rey que tenía problemas de integridad personal además de muchos otros. David le dio honor y se sometió a él, lo que significa que pasó la prueba. Si podía someterse a un rey con tales faltas, ciertamente se podía confiar que se sometería y honraría al Rey de toda la creación, el Dios Todopoderoso. David tenía todo el derecho para desobedecer a Saúl, sin embargo decidió no hacerlo. Con eso demostró que era un hombre de honor y que un día se le podría confiar un reino.

En los libros 1 y 2 de Samuel se repite muchas veces que "David consultó al Señor...". En los Salmos vemos a David gimiendo, y lo vemos también regocijándose. Él clamó a Dios por todo. Por consejo en problemas relacionados con su matrimonio, sus hijos, la guerra, estrategias para la batalla, las finanzas y los asuntos de estado. Consultó al Señor en cada paso que dio; lo buscó en todo lo que hizo.

Y cada vez que buscó a Dios, él entregó a sus enemigos en sus manos. ¿Tiene usted enemigos? ¿Procura enfrentarlos con sus propias fuerzas y entendimiento? Si Dios puede tomar a un jovenzuelo de 16 años de edad, capaz de matar un oso y un león a mano limpia, incluso a un gigante, ¿por qué está usted tratando de luchar por sí mismo? Eso es una estupidez. No se supone que deba hacerlo.

Quizá le han enseñado que usted no puede lograr todo lo que pide, y no se supone que busque la ayuda de Dios para esas pequeñas batallas que puede librar por sí mismo. Yo lo siento, pero David la buscó para absolutamente todo. *Dios, ¿qué piensas tú? ¿Debo atacar ahora, o debo esperar? ¿Debo ir allá? ¿Debería ir al occidente, o debo comenzar en el este? ¿Qué piensas que debería hacer?* Y Dios le mostraba exactamente lo que debía hacer, y sus enemigos eran derrotados.

Él nos muestra lo que es la unción real (la unción para el mercado público), y que ella es tan "espiritual" como la unción sacerdotal (pastoral).

NO SE REQUIERE EDUCACIÓN ACADÉMICA

No hace mucho tiempo yo estaba en Belice, y el Señor puso en nuestro camino a un joven de 18 años de edad que pasó un día entero con nosotros. Es un joven que gana mucho dinero y recién había comprado su primera casa y su primer apartamento. Estaba impresionado con mis hijos y comenzó a hacerme preguntas. Yo le dije: "Realmente Dios nos ha bendecido". Me miró con mirada extraña como si jamás hubiera escuchado tal cosa antes. Para acortar la historia, al final de la tarde se convirtió en cristiano. Le dije que precisamente esa semana anterior había estado con uno de mis mejores amigos que se convirtió y fue bautizado en la piscina de mi casa pocos días después.

"¿Usted bautiza a la gente?" –me preguntó.

"Claro; cualquiera puede bautizar, –le respondí. Juan el Bautista no asistió a un seminario para aprender a bautizar. El seminario no lo hubiera devuelto…".

El joven dio muestras de que deseaba ser bautizado, a lo cual le respondí:

"Seguro; ¿en la piscina o en el mar?"

El 4 de Julio a la media noche lo bauticé en el océano. Ahora sabía que había sido bautizado en agua y de repente me preguntó:

"Bien, ¿Cuándo puedo ser bautizado en el Espíritu Santo?"

Entonces le expliqué cómo podía ser bautizado en el Espíritu allí mismo.

"¿De veras?" –exclamó emocionado.

Le dije que hiciera una oración y entonces el poder de Dios vino sobre él.

Dios me es testigo, mi hija Arika también lo es. El joven me preguntó:

"¿Qué pasó? Me siento como una persona nueva".

"¡Y lo es!" –le respondí, mientras las lágrimas corrían por mis mejillas.

Cualquier persona puede bautizar a otra. Esto es verdad en cualquier iglesia. Hemos convertido el bautismo en un acto religioso con una estructura corporativa en el que las personas tienen que graduarse y pasar una prueba y hacer todo este tipo de cosas.

Bajo las reglas y regulaciones de nuestros días, Juan el Bautista no pasaría la prueba. Desde luego, en su tiempo le cortaron la cabeza. No encajaba en el molde, no conocía a la gente adecuada ni procedía de la iglesia famosa. No tenía un certificado de ordenación. La sociedad de hoy, con sus reglas y regulaciones, también lo habría asesinado. Lo habrían llamado un falso profeta, lo habrían matado y atacado su credibilidad ignorando su unción.

Comía langostas, era un hombre extraño, un naturalista, quizá vegetariano. Un hombre sin hogar por causa del bien. Y no solamente eso, no le decía a la gente lo que deseaba sino lo que necesitaba oír. Les dijo que se arrepintieran, que se apartaran de sus malos caminos y prepararan la senda para la venida del Señor. Y le respondieron cortándole la cabeza (ver Mateo 3:1-10; 14:1-12).

La verdad es que nos hemos dormido. Que millones de gotas de sangre inocente se derraman aquí en esta nación cada año. Nuestros líderes religiosos se celan y compiten entre ellos. Nosotros también le damos cabida a los celos y a los juicios. Y mientras contendemos por causa de nuestras pequeñas diferencias doctrinales se derrama sangre inocente. El gobierno se ha torcido y la maldad campea en toda la tierra.

¿En donde están los profetas como Isaías? ¿O como Jeremías o Juan el Bautista? ¿En dónde están los voceros de Dios como Miqueas que no temen decir: "Nos hemos corrompido y hemos pecado contra Dios?" Necesitamos humillarnos y orar. Es necesario hacer algo al respecto y es tiempo de arrepentirnos.

Pero muchas veces no es eso lo que hacemos; en cambio gastamos meliflua palabrería. Decimos que Dios va a hacer esto y que hará aquello. Todo eso es grandioso pero Dios no hará nada hasta ver nuestro arrepentimiento. Es necesario leer toda la Biblia. El fondo de la cuestión es que hasta que inclinemos totalmente nuestro corazón a Dios y nos arrepintamos de nuestras malas acciones, no iremos a ninguna parte (ver 2 Crónicas 7:14).

José no fue un ministro tradicional. Yo no sé por qué, pero cada vez que se predica el mensaje de Dios se hace de tal manera que se ubica a "los grandes personajes antiguos de la fe" en un molde de ministerio tradicional dentro de cuatro paredes.

José fue un hombre de negocios. No había iglesia en su tiempo. Nosotros hemos creado ídolos falsos en nuestras Biblias. José comenzó como un pastorcito de ovejas, el menos importante de su familia a quien sus hermanos odiaban. Pero el chico estaba lleno de orgullo. Solía decir: "Dios me dio una visión. Ustedes son los perdedores y yo soy el ganador". José tuvo una visión que él sabía se haría realidad. Pero se la contó a sus hermanos y estos se disgustaron. Moraleja de la historia: "No les eche perlas a los cerdos" (Mateo 7:6). Sus hermanos se volvieron en su contra, lo arrojaron a una cisterna y lo vendieron a esclavitud. Fue llevado a Egipto como esclavo, pero allí prosperó. Usó su fidelidad y Dios le dio prosperidad. Adquirió nuevas capacidades, aprendió a trabajar, a construir, a ser jefe.

Aplicó en su vida todo lo que aprendió y mejoró. Utilizó la obediencia, y Dios lo exaltó más. Luego fue ascendido a mayordomo de la casa del gobernador. Allí aprendió a hacer negocios, a administrar el dinero, a manejar personal; aprendió principios de liderazgo y administrar inmuebles. Llegó a ser apreciado por el gobernador. José realizó su sueño y pensó que eso significaba que iba a liderar a su familia, su pequeña tribu, pero Dios tenía en mente algo más.

La mayoría de la gente espera una forma sobrenatural de aprender una nueva habilidad. Pero Dios tiene personas a su lado de quienes se espera que usted esté aprendiendo. La mayoría de la gente tiene esta oportunidad de estar en posición de aprender de otras personas que han tenido éxito en sus carreras, en sus finanzas, en la vida familiar; pero por esperar que algo sobrenatural les caiga del cielo pierden la obvia dirección de Dios. José sí aprovechó la oportunidad de aprender de quienes tenía a su alrededor.

En esta situación de esclavitud José fue acusado falsamente y enviado a prisión. Pero aun en la prisión prosperó. Aplicó allí la capacidad administrativa que había adquirido en la casa del gobernador. Aprendió más cosas, ganó simpatías y finalmente fue ascendido de esclavo a administrador.

De modo que la interpretación que José hizo de su propio sueño fue inferior a su significado real. Y recibió su entrenamiento para el ministerio en la esclavitud y la prisión. No tuvo un entrenamiento formal pero amaba a Dios, lo amaba y lo honraba con sus dones y talentos. Esto lo puso en una posición en donde pudo cambiar y preservar la vida de varias naciones.

Si usted ha sido engañado al pensar que carece de valor y utilidad en el Cuerpo de Cristo, es tiempo que acoja la verdad y use lo que se le ha dado para extender el Reino de los Cielos. Así como Dios usó a personajes de la Biblia que no tenían un entrenamiento ministerial convencional para realizar cosas increíbles, puede utilizarlo también a usted. Es tiempo de incrementar y utilizar todo lo que ha logrado para el Reino de los Cielos.

En la reunión de Capacitación Espiritual para el Servicio, abrí mi corazón a lo que usted tenía para decir y recibí palabras de sabiduría que puedo aplicar a mi vida y a mi negocio. Gracias por tomar el tiempo y hacer el esfuerzo para compartir sus experiencias y su fe con nosotros.

–Craig U.

CAPÍTULO 7

DESCUBRA SUS DONES

Volvamos a Romanos 12 y 1 Corintios 12, en donde se enumeran 15 dones del Espíritu:

De manera que, teniendo diferentes dones, según la gracia que nos es dada, si el de profecía, úsese conforme a la medida de la fe;o si de servicio, en servir; o el que enseña, en la enseñanza;el que exhorta, en la exhortación; el que reparte, con liberalidad; el que preside, con solicitud; el que hace misericordia, con alegría (Romanos 12: 6 –8).

Porque a éste es dada por el Espíritu palabra de sabiduría; a otro, palabra de ciencia según el mismo Espíritu;a otro, fe por el mismo Espíritu; y a otro, dones de sanidades por el mismo Espíritu. A otro, el hacer milagros; a otro, profecía; a otro, discernimiento de espíritus; a otro, diversos géneros de lenguas; y a otro, interpretación de lenguas (1 Corintios 12:8-10).

Vamos a mirar todos los 15 dones que según la Biblia nos da el Espíritu Santo. En este capítulo usted va a descubrir sus dones y los de otras personas. Aprenderá cómo usarlos y cómo funcionan en el mercado público.

Profecía

El don de profecía se encuentra a través de toda la Biblia, desde Génesis hasta Apocalipsis. Yo lo animo enfáticamente a leer la Biblia de principio a fin para que vea con sus propios ojos cómo obra Dios, a través de quiénes obra, y qué es lo que provoca su misericordia y su ira.

El don de profecía parece tener múltiples propósitos. Hace muchos años, en una pequeña iglesia de las montañas de California, un pastor definió la profecía como exhortar, edificar y confortar. Cuando yo escuché esa definición no tenía ningún conocimiento de la profecía y su sencillez me puso en camino de estudiarla más a fondo.

La Biblia no dice abiertamente "el don de la profecía es..." tal cosa. Sin embargo, si usted lee la Biblia de pasta a pasta el Espíritu Santo comienza a abrir sus ojos a medida que lee las palabras proféticas y le da revelación acerca de este don. Al estudiar el tema encontré que en efecto la profecía *exhorta, edifica* y *conforta*, y tiene otras funciones.

Examinemos lo que significan estas palabras para profundizar un poco más en lo que es este don. *Exhortar* significa "animar, estimular, instar, persuadir". Muchos abogados tienen el don de profecía y no lo saben. ¿Ha notado usted que los abogados pintan cuadros con sus palabras? Tienen el don de la persuasión. Esta habilidad encaja en el don de profecía. ¿Tiene usted la habilidad de persuadir? Ese es un regalo del cielo.

Edificar significa "mejorar, instruir, guiar". ¿Hace usted eso en su profesión? Muchos profesores tienen el don de profecía. Profetizar es pronosticar, predecir. A menudo los profetas ven visiones o cuadros y tienen sueños, y esas cosas que ven ocurren.

Confortar significa "consolar, aliviar en la aflicción, calmar, animar". ¿Es usted una persona que se ocupa de consolar a otros? En realidad eso es el Espíritu Santo obrando en usted, y es el Espíritu el que da la profecía. De modo que cuando usted conforta y anima a alguien está ejerciendo el don de profecía. Este don sin entrenamiento lleva a destrucción. Cuando usted no sabe quién le dio el don de profecía, quién se lo dio y qué es lo que debe hacer con él, lo usará por razones erróneas.

A través de la Biblia vemos algunas maneras en que se manifiesta la profecía por otras razones. Por ejemplo, vemos el uso de la profecía para fortalecer a alguien. La palabra *fortalecer* significa "reforzar, renovar, reafirmar, fortificar, confirmar, intensificar, vigorizar, nutrir y rejuvenecer". El profeta Elías es un ejemplo perfecto cuando después de huir temeroso tras obtener su victoria más grande el Señor lo fortaleció, y también antes, cuando el Señor envió un ave para alimentarlo para que hablara palabras de vida en una situación de muerte. También son ejemplos el caso de Gedeón y el caso del valle de los huesos secos.

También encontramos que la profecía se usó para infundir aliento. La palabra *alentar* significa "dar ánimo, estímulo, confianza o esperanza, reasegurar, inspirar, instar, apoyar, avanzar, promover". Personalmente he observado que una palabra de aliento transmite vida a personas y cambia algunas situaciones, tal como lo muestra la Biblia. Una persona que habla palabras de aliento sin duda está ejerciendo el don de profecía. Lo vemos en el libro de Números cuando el rey Balac trata de contratar a Balaam para que profetice cosas negativas contra el pueblo de Israel. Balac no era israelita pero conocía el poder de la profecía tanto como Balaam, quien tampoco era profeta de Israel. De hecho, en esa misma historia Dios habló a través del asna o burra de Balaam. Lea la historia porque es muy divertida. Escuche esto: Dios puede hablar ciertamente por medio de usted, y usted puede empezar a utilizar su don hablando palabras de aliento a la gente y dando ánimo en cualquier situación.

La *advertencia es* a menudo también parte de la profecía. Advertir significa avisar, prevenir, llamar la atención, aconsejar". Esto lo hacemos muy frecuentemente con nuestros hijos y nuestros seres queridos si vemos que están haciendo algo que es dañino para su futuro. Advertir y animar es también una forma de profecía (ver 2 Crónicas 15). Otras palabras proféticas de advertencia incluyen la corrección, como la que el profeta Natán le hizo al rey David después de su pecado con Betsabé, historia que encontramos en el libro 2 Samuel 12. En Génesis 16 vemos que Hagar, la esclava de Sarai, recibe guía o dirección cuando un ángel le dice que vuelva a su ama o señora Sarai. Los libros de Jeremías y Ezequiel están llenos de advertencias. También encontramos en la Biblia palabras de exaltación como cuando David fue ungido rey mucho antes de ascender al trono.

Hay palabras proféticas de advertencia para fortalecer la fe como en Josué capítulo uno, y de predicción y llamado al arrepentimiento, por parte de Juan el Bautista en Lucas, capítulo tres. Según Apocalipsis 19:10, el testimonio de Jesús es el espíritu de la profecía, de modo que cada vez que usted le habla a la gente acerca de Jesús, está profetizando. Si en realidad lo amamos no podemos dejar de contarle a todo el mundo lo que él ha hecho por nosotros, aunque sea en el baño de un restaurante (yo ayudé a un empleado a llegar a Cristo en un baño en Dana Point, California), o en un avión (en una ocasión ayudé a una joven judía a aceptar a Jesús en un avión; la chica se arrepintió y le pidió perdón al Señor Jesucristo por haber negado que era el Mesías), o en un bar (también pude ayudar que un hombre llegara a Cristo en un bar mientras las lágrimas de arrepentimiento le rodaban por sus mejillas).

No importa quién es usted o en dónde está; tan pronto como sienta el deseo de profetizar y empiece a hablarle a la gente acerca del Señor Jesús, el espíritu de profecía aparece y atrae a las personas hacia él.

Pensamos que solamente algunos individuos super especiales tienen este don, pero muchos operan con él sin saberlo. ¿Cree que una burra es alguien especial? Y Dios la usó para su propósito. Yo pienso que cualquiera está calificado porque esto depende de Dios, no de la persona. Es tiempo de que empiece a usarlo y a medida que lo haga recibirá más gracia porque, según Romanos 12, profetizamos de acuerdo con la medida de la fe que tenemos. Mientras más lo use, más posibilidad tiene. De modo que empiece ya.

¿Alguna vez le ha pasado eso a usted? ¿Ha tenido un presentimiento de que algo sucedería, y de repente sucedió? ¿Alguna vez, mientras conducía, tuvo el presentimiento de que iba a ocurrir un accidente, y ocurrió justo ante sus ojos? Eso es un don de profecía. La Biblia dice que use el don de profecía en proporción a su fe (vea Romanos 12:6). Pida una mayor medida de fe.

SERVICIO

El segundo don es el de servir. ¿Es usted enfermera? ¿Tiene el don de servir? ¿Sirve en el negocio de alimentos? Tiene el don de servicio. Quizás eso es algo natural en usted. Donde existe una necesidad, usted tiene el deseo natural de satisfacerla. "Me ocuparé de eso; tendré mucho gusto en hacerlo" –dice. Y realmente encuentra satisfacción en ayudar a los demás. ¿Es usted así? Ese es un don dado por el Espíritu Santo.

ENSEÑANZA

El siguiente es el don de la enseñanza y aplica a quien enseña en su casa alguna cosa. La Biblia no dice que se aplica únicamente a la enseñanza de la Palabra de Dios en la iglesia. Es un don de Dios no importa qué es lo que se enseñe. ¿Le gusta a usted enseñar? Ese es un don y un llamado de Dios. Probablemente es algo que no puede evitar, tanto que comienza a enseñar a otros en medio de las conversaciones. Eso es justamente lo que usted es. Enseñar es un llamamiento elevado. Usted transmite la sabiduría, los conocimientos y la experiencia que ha adquirido. Pasa esos elementos a alguien que no los ha aprendido y le ayuda a aumentar sus capacidades.

Animar

El don de animar se puede utilizar llamando o haciendo cumplir el destino de alguien más, o aun el suyo propio. El rey David se animó a sí mismo y le dijo a su alma que no se abatiera:

> *¿Por qué te abates, oh alma mía, y te turbas dentro de mí? Espera en Dios porque aún he de alabarle; salvación mía y Dios mío. Dios mío, mi alma está abatida en mí; me acordaré, por tanto, de ti desde la tierra del Jordán, y de los hermonitas, desde el monte de Mizar (Salmo 42:5-6).*

¿Por alguna razón ve usted lo bueno de la gente? ¿Y por alguna razón ve el lado bueno en las malas situaciones? Si es así, ese es el don de animar y alentar. El apóstol Pablo dijo: "Si el don es de animar, que anime..." (Romanos 12:8 **traducción literal**). Y esto no se aplica únicamente al servicio que usted presta en el edificio de una iglesia. Usted debe ser un animador en todas partes y en todo lo que hace. En un supermercado, en un restaurante, en el trabajo; use este don para animar al mundo. En mi opinión profesional, una persona rara vez recibe ánimo de otra. Usted será como una luz en un monte alto si anima a todos los que le rodean.

Contribuir a las necesidades de los demás

Contribuir a las necesidades de otros es un don espiritual. La Biblia dice: *"...el que reparte, con liberalidad..."* (Romanos 12:8). ¿Por qué será que tanta gente menosprecia el deseo y esfuerzo de ganar dinero? La Biblia dice que dar dinero sirve para practicar un don espiritual. Eso significa que se debe tener dinero antes de poder contribuir. Si no se tiene nada, no se puede contribuir.

Algunas personas que contribuyen son menospreciadas porque "solamente" dan dinero. "Muy bien –les dicen–. Usted da, pero ¿en qué está sirviendo?" Esto no debe ser así. Ambas cosas, dar y servir, son dones del Espíritu, y una cosa no es mejor que la otra.

Mi esposo se sentía como un mal cristiano durante su vida de negocios porque su motivación era la adquisición y el uso del dinero. Cada vez que se llamaban voluntarios para algo, él sentía ganas de decir: "No quiero hacer eso". No sentía el deseo de ayudar en ninguna de esas funciones y tenía un sentimiento de condenación por ese motivo. Finalmente un día dijo: "¿Sabes qué, Señor? Esa es la forma en que tú me hiciste, así que vas a tener que tratar conmigo. Si quieres que yo cambie, pues entonces cámbiame".

Y Dios no lo cambió. Dios lo animó aún más a hacer dinero. Y lo llevó a enfocar su atención en adquirir nuevas habilidades en computación en programación y en entender el mercado. Cuando fue liberado de esa vergüenza que habían puesto sobre él mediante ese sentimiento de condenación, comenzó a esforzarse por aumentar sus habilidades.

Luego el Señor le dio una revelación. Su llamado es ganar mucho más dinero. El Señor nos ha llamado a ganar mucho dinero de tal modo que podamos darlo a la gente que lo necesita. Se lo damos a las personas que quieren dar amor a los bebés en África; a quienes tienen orfanatos para niños que han sufrido abuso aquí en los Estados Unidos. Estamos en capacidad de dar millones de dólares a quienes tienen necesidad.

Gracias a Dios que mi esposo fue liberado de ese sentimiento negativo. De lo contrario todavía sería un hombre de Dios aburrido e inútil, y sería llamado siervo malo e inútil por no haber utilizado su talento. Ahora su meta es poder dar mensualmente un millón de dólares.

Si más cristianos dejaran de ser erróneamente juzgados y aún condenados por ganar dinero, y en cambio entendieran la Biblia y el propósito del dinero, creo que miles de millones irían a solucionar las necesidades de otros y el mundo cambiaría. Los cristianos también tendrían más influencia porque vivimos en un mundo donde el dinero tiene vital importancia. Recientemente escuché el dato de que los cristianos dan a las misiones tanto como los estadounidenses gastan en comida para perros.

LIDERAZGO

A quien tiene el don de liderazgo, la Biblia le dice que *"lo haga con solicitud"* (Romanos 12:8). No sé para qué, pero los individuos que tienen el don de liderazgo parecen sobresalir en muchas áreas. David lo hizo. ¿Es usted uno de ellos? No importa a donde vaya o lo que haga, ¿parece que siempre se destaca? Desde luego, ahora sabemos que la Biblia no dice que necesariamente usted debe liderar una iglesia.

La Biblia dice que: *"...el que preside,* [lo haga] *con solicitud..."* (Romanos 12:8). El don de liderazgo fue diseñado y dado para ejercerlo en todas partes, no solamente en la iglesia. ¿Tiene usted un don de influencia o de liderazgo? ¿Parece que siempre termina desempeñando el papel de líder? Ese es un don de Dios. El mundo necesita líderes como usted.

MISERICORDIA

El séptimo don es el de misericordia. La Palabra de Dios dice: *"...el que hace misericordia,* [que lo haga] *con alegría..."* (Romanos 12:8). ¿Tiene usted un corazón compasivo con los que sufren? ¿Con los necesitados? Cuando otros sufren, ¿sufre usted con ellos? ¿Haría cualquier cosa para rescatar o ayudar a otro? ¿Daría usted la vida por alguien? Eso es el don de misericordia. Si usted es tan compasivo como yo, tiene el don de misericordia. ¿Quiere ver restauración, y redención, y reconciliación? ¿Desea ver familias sanadas? Eso es el don de misericordia.

PALABRA DE SABIDURÍA

En 1 Corintios 12: 8 también dice: *"Porque a éste es dada por el Espíritu palabra de sabiduría..."*. ¿Le ha ocurrido esto a usted? Usted sabe que tiene este don porque cuando abre su boca para ayudar a otros pronuncia palabras sabias que animan a su prójimo. ¿De dónde provino esa palabra de sabiduría? Ese es el Espíritu del Altísimo. Cuando usted habla le salen palabras de bendición y luego piensa: *"Eso estuvo bien. Tengo que alabar a Dios."*

¿Le pasa esto? Es el Espíritu del Señor que viene sobre usted y le da una palabra de sabiduría. ¿Le ha pasado esto y la gente lo ha mandado a callar? ¿Le han rechazado lo que dice? A mí me ha ocurrido, pero la palabra pronunciada no era mía; venía de lo alto.

Muchos contadores tienen palabra de sabiduría para ayudar al prójimo. Algunos analistas e ingenieros también tienen este don. ¿Ha visto alguna vez cómo operan estas personas? Mi esposo tiene un asombroso don de sabiduría. En la oficina decimos que Hans tiene siete cerebros porque no es posible que quepa tanta información dentro de uno solo. Todo lo que piensa es increíble. ¿Le ocurre a usted? Es el don de palabra de sabiduría. Dios le dio un cerebro diferente y maravilloso.

Palabra de ciencia

Muchos consejeros operan con el don de la palabra *de ciencia*. Este don opera así: Si usted tiene palabra de ciencia puede reconocer, por ejemplo, el pasado de alguien. Es un conocimiento que no se tiene de manera natural. A eso se le llama palabra de ciencia porque es Dios quien le da conocimiento acerca de otra persona.

Usted quizá no conoce a esa persona ni sabe nada acerca de ella, pero por alguna razón usted ve algo oculto. La gente llama a eso psicología. Pero su rostro se lo dice. Dios le muestra lo que está pasando en el corazón de tal persona, con sus deseos y todo lo demás. Y cuando usted se lo dice, generalmente la persona pregunta: "¿Y usted cómo lo supo?"

Yo tuve una experiencia así en Australia. Conocí a un hombre y le pregunté: "¿Conduce usted un carro rojo? Sí, –me contestó él. ¿Cómo lo sabe?" Yo no lo conocía; nunca lo había visto antes ni sé si lo volveré a ver. Procedí a darle un mensaje de parte de Dios, y eso fue todo. Eso es lo que se llama una palabra de ciencia.

¿Le ha ocurrido eso antes? Es el Espíritu del Altísimo que viene sobre usted para entregar un mensaje, una palabra de conocimiento. Pero si usted no sabe que tiene este don, no lo usará.

Fe

La fe consiste en ser capaz de correr riesgos. Fe es ser obediente a una visión de Dios. Fe es responder un llamamiento. Fe es salir sin ninguna garantía. Fe es creer de todo corazón la Palabra de Dios. Fe es dirigirnos entusiasmados hacia el cumplimiento de un llamado y una promesa aunque no sea lógica y aunque parezca que nunca se hará realidad. Pero sobre todo, fe es creerle al Señor Jesucristo.

Dios abre un camino donde no lo hay. Él *"...escoge*[y usa] *lo necio del mundo, para avergonzar a los sabios..."* (1 Corintios 1:27). La Biblia dice: *"Te pondrá el Señor por cabeza, y no por cola; y estarás encima solamente, y no estarás debajo"* (Deuteronomio 28:13). Estamos arriba, no abajo. Él endereza para nosotros las sendas torcidas. Se requiere el don de fe para creer todo esto y actuar de acuerdo a ello.

Abraham sería considerado hoy un chiflado por la mayoría de cristianos, porque oía voces: "Vete de tu tierra y de tu parentela". Él y su padre eran ricos. Tenían siervos, vacas y ovejas. Tenía una gran riqueza. Pero obedeció y se fue de todos modos. Entonces vino una época terrible y todo comenzó a morir: las ovejas, los bebés, las mujeres y los hombres. Las cosechas se acabaron y la hambruna se extendió por la tierra (ver Génesis 12: 10). Pero Abraham siguió fiel a la Palabra de Dios. Mantuvo su fe en Dios.

Dios le dijo a Abraham: *"...de cierto te bendeciré, y multiplicaré tu descendencia como las estrellas del cielo y como la arena que está a la orilla del mar"* (Génesis 22: 17).

En Romanos 4:9 se nos dice que *"...a Abraham le fue contada la fe por justicia"* (Romanos 4:9). Eso significa que Dios "lo justificó" por creer en Él. De modo que cuando usted da pasos de fe para desarrollar su negocio, su carrera, sus inversiones, y cuando por fe habla de lo invisible y actúa como si lo que espera ya fuera un hecho, Dios se lo acredita como justicia. Dios nos justifica (nos hace "justicia") por la fe que tenemos en él. Esta es la verdadera fe. Si no fuera así, seríamos aniquilados por Dios. No hay fe en algo cómodo o fácil. Ni hay fe en lo que es normal o parte del orden establecido. Eso no es fe.

¿Es usted un empresario o empresaria? ¿Tiene el don de fe? Si usted ha tomado dinero prestado para invertir en un proyecto, eso es el don de fe. ¿Ha empezado y realizado cosas tontas que no tenían garantía de éxito? Eso se le acredita como fe. Eso se aplica, no a todas las cosas que ha hecho sino a algunas, a las que fueron inspiradas por la fe en Dios. Eso es el don de fe.

Sanidad

Dios es el sanador por excelencia. La sanidad ocurre de muchas maneras diferentes. Cuando el Señor me dio esta revelación hace años yo me derrumbé y me arrepentí en representación de toda nuestra nación por no reconocer la sanidad que viene de Dios. ¿Por qué no le damos la gloria a Dios como sanador?

Por alguna razón, ciertas sectas de la iglesia definen la sanidad solamente como un toque divino y celestial. Pero no tienen en cuenta lo que le ocurrió a Ezequías. El rey Ezequías fue enviado a un médico y éste le dio una prescripción que lo sanó y vivió 15 años más (ver 2 Reyes 20:1–7). En esta nación hemos glorificado a nuestros médicos más que a Dios al decir que ellos nos sanan. Siempre es Dios el único que sana, incluso cuando utiliza a los médicos.

Cuando los creyentes están afectados por cáncer y tienen que pasar por quimioterapia para mejorar, ven esto como un fracaso de Dios. Piensan que Dios no los sanó. Pero él es quien lo hace; él usa diferentes métodos para sanar. Así lo vemos a través de toda la Biblia. Pero a veces queremos darle la gloria al médico cuando se requiere de una cirugía para ser sanado. Los médicos se llevan el crédito cuando el método es la quimioterapia. Yo le he pedido perdón a Dios postrada sobre mi rostro en la oficina y le he dicho: "Señor, por favor perdona a toda nuestra nación que ha exaltado a quienes tú has dado el don de sanar, en vez de glorificarte a ti. Tú eres el Sanador".

Si usted fue sanado mediante el uso de medicinas modernas, piense quién inspiró a los científicos que las descubrieron. ¿Cree que sacaron la fórmula de una bolsa mágica? Estos científicos recibieron una palabra de sabiduría del Señor. No importa si ellos no le dan a Dios el crédito por ello. El fondo del asunto es que Dios los inspiró, les dio sabiduría y conocimiento para inventar medicinas e instrumentos médicos. De modo que hay sanidades divinas y sanidades físicas, o sanidades mediante la ingestión de mezclas o por la aplicación de dietas. Pero nuestro Dios, el Todopoderoso, es el autor y consumador de todas estas sanidades.

¿Ha sido sanado en alguna ocasión? ¿Sabe que fue sanado por la acción divina? ¿Tuvo alguna vez un toque de Dios y la enfermedad o el mal desaparecieron? ¡A mí me ocurrió! Tengo una historia clínica que incluye una afección cardiaca mortal. El efecto colateral era una muerte súbita, lo que significa que no tendría tiempo de recibir los cuidados de resucitación. Tengo una advertencia del médico que dice que no podía volar en avión ni permanecer en lugares elevados. Solía desmayarme tres y cuatro veces al día. Pero el Señor sanó mi cuerpo y ahora viajo en avión con mucha frecuencia. Ya no me desmayo ni tomo medicinas.

Más emocionante aún es la historia de Kimberly, una madre soltera que asistió a uno de mis seminarios en Chicago, Illinois. El Señor me guió a sacarla fuera de la audiencia, a imponer mis manos sobre ella y a atar un espíritu de muerte. Yo no tenía idea que se estaba muriendo de cáncer. Pero esa noche fue sanada completamente. Volvió a casa y tras un año de fracasos en los negocios, en tres semanas logró ganar $10.000 dólares. Luego ayudó a su hijito de siete años de edad a aceptar a Cristo. Regresó a uno de nuestros seminarios un año después y testificó que está libre del cáncer. Literalmente gritó: "¡Estoy viva todavía!" Y en ese año pudo pagar una deuda de $32.000 dólares. Cada episodio de esa historia es un milagro. Use su actividad profesional para orar por los enfermos. Dios lo sorprenderá y verá que sanan. Él lo ha hecho conmigo miles de veces. ¿Tiene el deseo de ver a sus colegas enfermos, sanados y liberados? ¿Quién cree que inspira ese deseo en usted? Es Dios, y lo hace porque espera que usted imponga manos sobre los enfermos y sanen.

PODERES MILAGROSOS

Quizá le hayan enseñado a usted que no ocurren milagros en nuestro tiempo. Si ese es su caso, eso es trágico. He conocido en mi pueblo natal a una mujer que cuando en una reunión de adoración abre su Biblia, en ese instante desciende maná del cielo.

En una de nuestras reuniones conocimos a un hombre que no creía en Dios y cuya pierna corta creció al tamaño normal a la vista suya y de su esposa. Y esto no ocurrió en un culto en la iglesia o en una conferencia cristiana; ocurrió en un seminario secular donde la gente va para aprender cómo prosperar económicamente. Los milagros ocurren en el mercado público, tal como acontecía con el Señor Jesús. ¿Desea usted la unción? Dé pasos de fe en el mercado público; la gente lo está esperando, tal como ocurrió cuando Jesús estuvo aquí en la tierra.

Como podrá imaginar, este hombre ahora cree en Dios. Testificó ante su esposa mientras las lágrimas corrían por sus mejillas: "Mi pierna creció", –dijo. ¡Eso es un milagro! No tiene que ocurrir por medio de ese evangelista super espiritual con una unción poderosa recibida de otro evangelista también super espiritual. ¿Qué le parece la pitonisa de Endor, de la cual habla 1 Samuel 28? Lea su historia, lo impactará. Ella tenía algunos poderes milagrosos. Era una bruja. ¿Estaba ella calificada? ¿Qué tan santa, recta o pura podía ser? Esta hechicera llamó a Samuel de entre los muertos para que hablara con Saúl. Quizá es el enemigo de su alma el que quiere que piense que todos estos dones difíciles y extraños no son para usted. Porque si así piensa, no buscará a Dios para que su Espíritu Santo lo use en bien de su pueblo.

DISCERNIMIENTO DE ESPÍRITUS

El siguiente don de la lista es el de discernimiento de espíritus. ¿Posee usted un "detector" de mentiras? ¿Tiene ese don? (Usted sabe cuando alguien le está mintiendo...) Esa es una inexperta versión de discernimiento. Pero usted necesita una versión avanzada y mejor presentada del don de discernimiento de Dios. Tal don nos ayuda a distinguir los espíritus, a distinguir entre Dios y el diablo, de modo que usted sabe bien quién es el que está actuando.

HABLAR EN LENGUAS DIFERENTES

Quizá usted no cree en esto pero la Biblia habla con claridad acerca del don de hablar en una lengua que no se ha aprendido (ver 1 Corintios 12: 10). Todo lo que yo sé es que algunas personas que no creían en este don, ahora lo tienen. Recientemente en un seminario de negocios que dicté en Los Ángeles, una dama de nombre Gerri contó su historia:

"En el mes de Marzo de este año estábamos en el fondo de un recinto orando por la gente necesitada y yo estaba parada detrás de una mujer. Creo que puse mis manos sobre ella y empecé a hablar en lenguas. Y dije: "¡Santo Dios! ¿Qué está pasando?" Pensé que era la cosa más extraña. Yo nunca quise ese don; jamás lo pedí, pero Dios me favoreció con él y lo he usado desde entonces. No sé cómo explicarlo; lo que sé es que esto ocurre."

Quien habla en lengua desconocida no habla a los hombres sino a Dios (ver 1 Corintios 14:2).

INTERPRETACIÓN DE LENGUAS

Cuando usted oye a alguien hablando en lenguas y de repente comprende lo que está diciendo, y lo interpreta, eso es el don de interpretación. Es algo momentáneo que Dios usa para un propósito de él.

DESARROLLE SU DON

Quisiera que usted piense seriamente en lo que le voy a decir. Los dones de Dios son irrevocables (ver Romanos 11: 29). Y puede usarlos para usted, para el enemigo o para Dios. Solamente si los usa para hacer la voluntad de Dios obtendrá fruto duradero. No sólo duradero sino eterno.

Una vez que sabemos cuáles son nuestros dones debemos hacer todo lo posible para desarrollarlos. Los dones sin ejecución tienden a desparecer. Los dones nos son dados por el EspírituSanto y por él deben ser perfeccionados, lo que quiere decir que debemos pasar tiempo con él. No son para gloria nuestra sino para la gloria de Dios. Son para equipar a los santos, a las personas, no a un edificio (ver Efesios 4:11-13). Son para edificar el Reino de los cielos, y no un edificio de "concreto y ladrillos".

Yo he visto todos estos dones en operación en el mercado público, ¡todos! Pero en cambio, no los he visto operando en la gran mayoría de las iglesias. Y esto es triste porque la Biblia dice que Dios los ha dado a ciertas personas y depende de nosotros activarlos usándolos. Comience con fe a usar lo que ya ha recibido del Espíritu Santo. Dios saldrá a su encuentro y usted quedará impactado por lo que ocurrirá. Y temerá a Dios. Tal como me ocurrió a mí.

La primera vez que hice un llamado a mis clientes para que pasaran adelante a recibir a Cristo sentí mucho temor. Pensé que me iban a apedrear, que me ridiculizarían, que me odiarían y me escribirían cartas desagradables. Pero me conmovió ver que el 85 por ciento de los asistentes vinieron corriendo a la plataforma. Hindúes, ateos, budistas y musulmanes llegaron para recibir a Jesús de Nazaret. Hubo sanidades, profecías, e incluso algunos recibieron el don de lenguas esa noche en un seminario secular en donde había personas de todo el mundo. Nuestros clientes estaban allí para aprender cómo aumentar su riqueza, cómo administrar mejor su tiempo, y cómo mejorar sus relaciones. Muchas personas del área de ventas y del mundo de los negocios estaban allí para aprender a incrementar radicalmente sus ventas, y consiguieron todo eso, ¡y a Jesús también! Su vida fue transformada.

Gracias por las Sesiones de Equipamiento Espiritual. Lo que Cristo ha hecho a través de usted ha cambiado nuestra vida para siempre. Nunca volveré a ver los negocios o las relaciones de la misma manera.

–Ángela F.

CAPÍTULO 8

CREAR UNIDAD EN UNA CULTURA DIVERSA

El enemigo tiene un plan para dividir y conquistar al pueblo de Dios. Él quiere que usted piense que no tiene nada que ofrecer al Rey de reyes y Señor de señores. Desea hacerlo creer que lo que tiene no es útil para nadie más. En mi experiencia personal he descubierto cuatro maneras en que él procura dividirnos y conquistarnos:

1. **Nos hace sentir celosos de los dones de otras personas.** Somos como acusadores de otras personas y procuramos minimizar sus dones. Nos ensañamos con ellos porque no nos damos cuenta de que nosotros *también* tenemos dones y que no los estamos usando. Con celos y condenación para otros en nuestro corazón, somos engañados al codiciar los dones de los demás sin tener en cuenta que tenemos los nuestros

propios, y que estos son más adecuados para nosotros que el don de cualquier otro. Por causa de este engaño no invertimos el tiempo en desarrollar nuestros propios dones.

2. **No usamos nuestros dones.** Quien no usa su talento es considerado "siervo malo y negligente" (ver Mateo 25: 26-30). Quienes reciben de Dios capacidad y no la usan son siervos malos y negligentes según su Palabra.

3. **Abusamos de nuestros dones por causa de la ignorancia.** Si no sabemos que nuestros dones nos vienen de Dios cometemos abusos con ellos al usarlos por razones equivocadas. Los usamos para glorificarnos a nosotros mismos en vez de exaltar a Dios y reconocer a otros.

4. **Nos sentimos inútiles y sin valor.** Sentimos que nuestra vida es una pérdida de tiempo y que estamos solos.

Ahora usted ya debe saber que está siendo usado por Dios aunque piense que no es así. Qué amoroso es nuestro Dios. Debemos trabajar juntos y presionarnos los unos a los otros. No necesitamos tratar de cambiarnos unos a otros porque todos somos partes diferentes de un mismo Cuerpo. No podemos sobrevivir sin los dones de los demás (ver 1 Corintios 12:12-26). Es tiempo de que reconozcamos nuestros dones y los usemos a plenitud a la vez que aceptamos y acogemos los dones de otras personas y las estimulamos a usarlos.

Lo que hemos hecho antes es levantar muros en la iglesia y dividirla. La Biblia dice que el Cuerpo de Cristo somos nosotros (ver Romanos 12:5; 1 Corintios 12:12; Colosenses 3:15). Nosotros representamos su cuerpo. El Cuerpo de Cristo, la iglesia, no es un edificio con paredes. Y quienes estamos en Cristo lo representamos a él, somos la iglesia; eso es lo que somos.

Quizá a usted le han enseñado, como a mí (de buena fe pero con ignorancia), que los dones de Dios son solamente para las personas super espirituales que pertenecen a la iglesia "correcta." Pensemos en esto por un momento. ¿Cuál persona en el mundo quiere hacerlo creer que usted no es especial y que no puede utilizar todos sus dones? ¿Quién desearía hacer que piense que no tiene acceso a los poderes milagrosos: profecía, sanidad, lenguas, interpretación de lenguas, sabiduría o conocimiento?

El destructor, el diablo que fue derrotado hace 2.000 años tiene una lengua mentirosa y hará lo que pueda por mantenerlo a usted inactivo en el Reino de Dios (ver Juan 8: 44). Si él puede hacerlo creer que no tiene acceso a los dones del Espíritu Santo, ciertamente usted no los usará. Y si no los usa, no constituirá una amenaza para el reino de las tinieblas.

Efesios 4:11-13, dice:

> *Y él mismo constituyó a unos, apóstoles; a otros, profetas; a otros, evangelistas; a otros, pastores y maestros, a fin de perfeccionar a los santos para la obra del ministerio, para la edificación del cuerpo de Cristo, hasta que todos lleguemos a la unidad de la fe y del conocimiento del Hijo de Dios, a un varón perfecto, a la medida de la estatura de la plenitud de Cristo.*

LAS CINCO POSICIONES (MINISTERIOS)

En el capítulo anterior definimos cada uno de los dones del Espíritu Santo. Lo que no hicimos fue definir las posiciones: apóstol, profeta, evangelista, pastor y maestro. Vamos a definirlas en esta siguiente sección con el objeto de mostrar cómo crear unidad en una cultura diversa.

Apóstol

Efesios 4:11, dice: *"Y él mismo constituyó a unos, apóstoles"*. Miremos, entonces, qué es un apóstol. Yo lo voy a decir en lo que significa en términos laicos. El texto no dice evangelistas en la iglesia, apóstoles en el seminario, o profetas en un edificio de cuatro paredes. No dice eso. Después de todo, no existen paredes ni límites. Pero de alguna manera hemos decidido que todos esos títulos son solamente para quienes están en el ministerio tradicional establecido por los seres humanos, como lo sabe la mayoría.

Permítame probarle algo. David era "la niña de los ojos de Dios", y no era un seminarista. Nunca asistió a un instituto bíblico. ¡Era un guerrero! La niña del ojo de Dios fue un guerrero, un adorador, un rey. Juan el Bautista tampoco fue un ministro convencional. No aprendió en un seminario a predicar y bautizar. Cualquiera que vive en Cristo puede bautizar o predicar. Pero nosotros hemos creado estas normas y regulaciones que no existen en la Biblia.

¿Qué es un apóstol según las Escrituras? Un apóstol es la cabeza de una organización; puede ser alguien que es pionero, que comienza algo de la nada, un líder que capacita o entrena a otros para el liderazgo. Un apóstol también puede desempeñar las funciones de evangelista, profeta, pastor y maestro con el acompañamiento de señales y prodigios.

Los apóstoles pueden pastorear, lo que significa que están en capacidad de alimentar a las personas que los siguen. Pueden darles alimento, protección, cuidado y atención. También tienen la capacidad de enseñar y equipar a otros con nuevas habilidades. Según la Biblia, un apóstol realiza señales y prodigios (ver 2 Corintios 12:12).

También puede ser el fundador de una compañía, un pionero que tiene una visión, que la pone a prueba, que colabora con otros y reúne a la gente para "cavar las trincheras" y que hace realidad la visión. Incluso, es como un contratista general. ¿Ha conocido a un contratista general? ¿Es usted uno de ellos? Eso es una unción apostólica. Un contratista es alguien que puede hacer realmente todas las partes de ese trabajo. Por ejemplo, ve un lote de terreno sucio, y dice: "Veo aquí un edificio". Elabora los planos, contrata a la gente necesaria y los pone a todos en acción hasta lograr que el trabajo se realice.

Un apóstol es alguien que empieza el fuego, enfrenta una situación, cava trincheras, comienza con nada, construye algo y luego pasa a hacer otra cosa tras haber dejado personas plenamente entrenadas y capaces de realizar el trabajo por sí mismas. Esa es una unción apostólica. Un individuo así se duplica a sí mismo en donde quiera que va. Es un líder que entrena a otros líderes.

Profeta

Los profetas son los visionarios del futuro. Son hacedores, personas que hablan de visiones, del futuro, de a dónde iremos algún día. ¿Conoce personas así? Eso es un don profético. Ellas son las que tienen visiones, comunican un mensaje nuevo, a menudo proveen corrección, se hacen presentes en sus problemas y ayudan a su restauración.

Miqueas es un excelente ejemplo de *profeta bíblico*. Durante su tiempo de ministerio los sacerdotes obraban mal y el rey se comportaba igual. Y Miqueas, un desconocido, un don nadie que no se sabía de dónde venía, carente de posesiones materiales, se presenta ante los gobernantes y les dice: "Dios los va a castigar. Ustedes están recibiendo cohecho de los ricos y no están administrando justicia a los pobres. No están obrando rectamente y si no se arrepienten y se apartan de sus malos caminos, ¡Dios los va a castigar!" Esto es lo que les dijo.

Al rey le dijo: "Si no se aparta de sus malvados caminos, si no honra ni adora a Dios en los lugares altos, él lo castigará severamente". Ese era Miqueas. El deseo de un profeta es la reconciliación y la restauración de la gente.

¿Es usted así? ¿Conoce personas así? No ostentan el título de profetas o profetizas en su tarjeta de presentación personal o en ciertas asambleas o iglesias. Muchas tienen el don y no lo saben por causa de las limitaciones que se les han impuesto.

Evangelista

Este es alguien que le gusta salvar almas. Este tipo de personas se enfocan en los resultados. No quieren las cosas para el año próximo, o para la próxima semana, las quieren ahora. Son siempre grandes promotores, siempre están rodeados de gente. Son excelentes reclutadores, exitosos en las ventas, que hacen que las cosas ocurran.

Un evangelista es obviamente una persona llamada al ministerio. El evangelista gana almas para el Reino de los Cielos. Así es como se les ha considerado, pero exactamente el mismo don opera en quienes trabajan en ventas. Ellos quieren hacer promoción, son motivadores. ¿Conoce personas así? Tienen el don de evangelismo pero no lo saben.

Pastor

Pastores son los que cuidan, alimentan y protegen a la gente de una congregación. Ellos tienen un rebaño, gente que los sigue. Quieren nutrir y proteger. A veces los administradores o gerentes son también pastores. El corazón de un pastor desea ofrecer seguridad. Quiere abrazar y amar. Así es como son. Usted los visita en su casa y le ofrecen una taza de té y le soban la espalda. Les gusta guiar a la gente a lugares mejores y más seguros, y mejorar su vida. Son más suaves y amables que los profetas. Si usted lee la historia de los profetas en la Biblia notará que a veces eran ásperos cuando reprendían y corregían. Juan el Bautista, en Lucas capítulo 3, es un buen ejemplo: "¡Generación de víboras!... Haced frutos dignos de arrepentimiento".

Maestro

Un maestro tiene una función muy importante, aunque Dios no necesariamente destaca más a uno sobre otro. El trabajo de un maestro es capacitar en la doctrina o equipar a la siguiente generación, enseñar a otros las cosas vitales y la manera como se deben hacer. Sin maestros ninguno de nosotros sabría leer la Palabra de Dios en forma adecuada. Transmiten conocimiento y sabiduría. La Biblia dice que la gente perece por falta de conocimiento (ver Oseas 4:6). Ellos pasan tradición, sabiduría y conocimiento a la generación siguiente. Ellos distinguen entre sabiduría, inteligencia y conocimiento (Ver Job 28:28).

¿Califica usted para alguna de estas cinco posiciones? Por supuesto, todos calificamos para una o dos. Lo que es infortunado es que la mayoría de las personas que ocupan estas posiciones no ha sido entrenada para tratar con la gente, algo tan vital que es razón y motivo de su vida y su carrera. Por eso es que muchas personas están heridas y se alejan de Dios. Esto es algo muy importante; por eso es que los dones sin entrenamiento llevan a destrucción.

Actuemos en unidad

Es evidente que todos nosotros tenemos diferentes funciones, diferentes dones y habilidades. Y además de todas esas diferencias, también es diferente nuestro trasfondo o el lugar y ambiente de donde provenimos. Tenemos diferente estado mental y diferentes puntos de vista, pero tenemos el mismo espíritu. Por eso es que ocurren discusiones; todos tenemos un punto de vista personal; nuestras propias agendas, y defendemos apasionadamente la forma en que creemos que se deben hacer las cosas.

Sólo en la unidad podemos apreciar los dones de las personas y ayudarles a explotarlos. Sin embargo, en la mayoría de los casos la gente menosprecia y estorba el desarrollo de los dones de los demás. Impide el crecimiento de otros lo cual no es ni justo ni correcto.

Podemos usar las fuerzas militares de los Estados Unidos como ejemplo de los diferentes puntos de vista y opiniones que tenemos. Diferentes ramas de las fuerzas armadas se especializan en diferentes funciones. Tenemos las fuerzas navales, la fuerza aérea, el ejército y los marines. La armada vigila los mares, la fuerza aérea protege los cielos y los marines ofrecen seguridad territorial. Todos han recibido entrenamiento específico en diferentes áreas. Por decirlo así, todos tienen dones del mismo "espíritu."

Sabemos que todo reino o grupo dividido entre sí no puede permanecer (ver Marcos 3: 25). Por eso necesitamos suficiente madurez para entender que todos tenemos dones diferentes. En los negocios y en cualquier papel de liderazgo (en el ministerio, en la familia, etc.), la clave está en proveer una plataforma para que los dones se expresen. Los líderes deben proveer un espacio donde los dones crezcan y se desarrollen y la gente pueda usarlos en vez de tenerlos atrapados en un lugar donde no pertenecen, como trabajar en la guardería en el caso de una persona con don de evangelista.

LOS ASESINOS DE LA UNIDAD

Hay tres cosas que hacen imposible la unidad: los celos, juzgar a los demás, y el orgullo.

Los celos

La unidad es imposible donde hay celos. No puede haber unidad en una organización donde los celos están presentes. Eso incluye celos de los dones de otros, del reconocimiento, la posición, el dinero, el cónyuge o la felicidad de los demás. Si hay celos no puede existir unidad porque los celos causan división.

Juzgar a los demás

Tampoco es posible la unidad donde se está juzgando a los demás. La acción de juzgar implica minimizar los dones, la posición o el éxito de otra persona. Y la no aceptación de ciertas personas (lo que ocurre cuando se juzga), produce animadversión, no unidad. Cuando usted no escucha a los demás, cuando insiste en ser la autoridad máxima en todo, está actuando como juzgador implacable y se está exaltando a sí mismo.

El orgullo

Donde hay orgullo es imposible tener unidad. El orgullo es esencialmente la creencia de que todo está destinado a servirle a usted. No piensa en los demás. Las personas orgullosas quieren obtener el crédito por todo, incluso por las cosas que otros hacen. Quieren hacerlo todo por sí mismas. Su sentir es: "Nadie puede hacerlo mejor que yo, de modo que soy la máxima autoridad. Siéntate y cállate. Yo me ocuparé de esos 25 asuntos mañana". Los orgullosos piensan que es función suya cambiar a los demás. Pero al único que yo puedo cambiar es a mí mismo. En vez de esforzarnos por cambiar a otros debemos cambiar nuestra manera de tratar con las insuficiencias y la incompetencia de las demás personas.

En numerosas ocasiones he observado a un líder orgulloso negar a propósito la oportunidad de que otro líder use su don, aunque sea evidente. Infortunadamente la mayoría de líderes sienten temor y hacen todo lo que pueden para impedir que alguien más surja. Tendrán que responder ante Dios por eso. Si usted ha sido reprimido, no se preocupe; Dios no permitirá que sus dones se extingan mientras los use siempre que sea posible. Él le abrirá puertas que el hombre no puede cerrar para siempre. Lo ha hecho conmigo, lo hará también con usted.

Constructores de unidad

Ahora permítame mostrarle (sin un orden particular) las actitudes que son estimulantes de la unidad:

El amor

Es imposible tener unidad en su matrimonio, su familia o su negocio, sin amor. Tres tipos de amor son necesarios para la unidad. El primero es amor por quien es la cabeza o el líder. Por ejemplo, en mi vida la cabeza es Dios, juntamente con mi esposo Hans. La cabeza de nuestra corporación es Hans.

El segundo tipo de amor es el amor entre unos y otros, un amor filial, un cordón de tres dobleces que no se rompe pronto (ver Eclesiastés 4· 12). Este amor nos permite cuidarnos mutuamente y honrarnos unos a otros. El tercer tipo consiste en tener amor por la visión, por lo que la organización representa y lo que es su objetivo.

Es necesario que ame a su líder, que ame a los demás y que ame la visión que Dios le dio. Debe buscar personas que amen su visión y que amen también lo que hace. ¿Ha notado cuánto aman los atletas olímpicos su deporte? Eso es algo grandioso.

Por eso debe buscar en su familia, en su ministerio y en su negocio, personas que amen su visión y lo que usted está haciendo. Finalmente usted les va a enseñar a amar a la cabeza quien es Dios Todopoderoso.

Aceptación

La aceptación se demuestra mediante la paciencia y la misericordia. Ser misericordiosos con los demás, apoyarnos unos a otros en tiempos de prueba y de equivocaciones, eso significa unidad. Si usted quiere tener una familia o una organización unida, debe cubrir a las personas con amor en vez de maltratarlas cuando están desanimadas. En vez de recordarles sus errores debe recordarles la posición a la que han sido llamadas. Recuérdeles que usted cree en ellas y muéstreles misericordia, aunque hacerlo parezca ilógico.

Efesios 2: 4-5 dice que el Señor es misericordioso y compasivo, amoroso y tardo en enojarse. Todo lo que tiene que hacer es leer la Biblia y verá que es cierto. El Señor debió haber aniquilado a su propio pueblo miles de veces. Yo lo hubiera hecho. Durante cuatrocientos años profanaron su nombre, no obstante Dios envió a su propio Hijo a morir por ellos (y por nosotros; y nosotros no somos mejores).

La aceptación tiene dos caras. No solamente es cubrir la espalda de los demás; es también recibir y acoger los dones de otros sin tratar de cambiarlos para hacerlos semejantes a nosotros. La práctica de la aceptación en una organización es inmensamente poderosa. Si usted alguna vez ha estado en un lugar en que le han mostrado aceptación en estos aspectos, sabe que es un lugar seguro para crecer y vivir. Todo es posible cuando la gente lo apoya y le dice: "Me encantan sus dones. Busquemos un lugar en donde podamos usarlos porque yo creo en su futuro y creo en el Dios que le dio sus dones. Él tiene un plan y un futuro para ellos a través de usted".

Todos sabemos que una organización así sería la más apropiada para uno involucrarse. Pero en vez de quejarnos por la falta de tales organizaciones debemos crear una. Yo lo hice con mis empresas.

Prodigue aceptación en su ambiente y se asombrará del tipo de producto que verá.

Trabajo en equipo

El trabajo en equipo es la oportunidad para que todos los miembros usen sus dones para el beneficio colectivo. Trabajar en equipo es a veces un reto bien grande para algunos líderes. Muchos son jugadores solitarios. Pero no pueden realizar sus sueños actuando solos. No pueden y no lo logran. No importa lo grandes que se consideren a sí mismos, no logran llegar a la cima sólo con su esfuerzo. Sencillamente no ocurre. Ninguno de nosotros puede llegar a la cima sin la ayuda de los dones de otros que, en algunas áreas son mejores que los nuestros.

Humildad

Humildad significa considerar a otros superiores a uno mismo (ver Filipenses 2: 3). Yo he escuchado predicaciones al respecto que son patéticas. Considerar a los demás como superiores no significa que usted se menosprecie ni que se apabulle para hacerlos sentir bien. Eso se llama falsa humildad. Humildad es saber que sin Dios somos nada. Es el conocimiento que sólo él nos puede satisfacer. Se necesita que usted sepa que tiene todo (absolutamente todo) porque Dios se lo ha dado. Desde esta perspectiva está en capacidad de pensar bien de otros. En esencia la humildad es una condición del corazón; la falsa humildad es orgullo.

Dar ánimo

Dar ánimo es indispensable para la unidad. Es lo que impulsa a una persona. Es convertirnos en sus seguidores y animadores. Debemos impulsar a las personas a ser lo que Dios planeó que fueran. Debemos creer en ellas aún cuando ellas no crean en sí mismas; animarlas a ir más allá de lo que creen posible, de lo que piensan que pueden hacer; más allá de cualquier cosa que hayan hecho antes. Usted puede convertirse en el gran animador de una persona y decirle: "Yo sé que puedes, sé que lo que intentas es posible por causa del Dios que vive en ti".

Cuando usted está en una organización que lo anima de esa manera, eso le permite volar alto. Tal organización es increíblemente poderosa, quizás imparable. De modo que póngase en acción y a crear una.

Honra

Es imposible tener unidad en un grupo humano sin honrar a sus miembros. En páginas anteriores mencioné el ejemplo de los militares. En las diferentes ramas de las fuerzas militares existe respeto por la cadena de mando y se honra a cada miembro en sus diferentes posiciones. En el campo militar se enseña a honrar a cada miembro. Pero para mí es evidente que la gente en la Iglesia no sabe cómo hacerlo porque esto raramente ocurre. Honrar a los demás es una enseñanza que los papás deben inculcar al niño desde su hogar.

Infortunadamente, en la Iglesia se han enseñado algunos mitos sobre la honra, lo cual es realmente triste. Así que quiero mostrarle lo que la Biblia dice al respecto.

Dios piensa que *dar honor y honra* es bastante importante. De hecho, esta palabra se menciona numerosas veces en la Biblia. Miremos algunos ejemplos:

Barac le pidió a una mujer que fuera con él a una batalla, pero en un momento de cobardía actuó con insensatez. Por un momento se olvidó de quién era Dios. Así que *Débora* –la profetiza– le dijo: *"Iré contigo; mas no será tuya la gloria de la jornada que emprendes, porque en mano de mujer venderá el Señor a Sísara"* (Jueces 4:9). Ella le dijo que no recibiría honra porque no había ocupado la posición que debía. La honra sería para una mujer que derrotaría a su enemigo. Mire usted a "una Débora en su oficina o puesto de trabajo", caminando en sus tacones, engalanada, con su cabellera bien ordenada, destacándose y diciendo: "Párate compañero, o la gloria será mía". Por alguna razón no se habla mucho de esta historia.

En la iglesia se nos ha dicho que no se debe honrar a la gente, sino a Dios. Por favor, investigue y lea los 147 textos que yo he encontrado y que hablan de este tema. Cuando le dicen que no se supone que nos honremos unos a otros, tal afirmación contradice otros doscientos pasajes bíblicos. Eso es una mentira. Las personas lo dicen porque siente temor de los orgullosos, pero estos lo son porque viven con falsa humildad.

Deuteronomio 26:19, dice: *"Él te exaltará sobre todas las naciones que hizo, para loor y fama y gloria, y para que seas un pueblo santo al Señor tu Dios, como él ha dicho"*. ¡Dios está hablando de honrarlo a usted!

En 1 Samuel 2:30, Dios dice: *"...yo honraré a los que me honran, y los que me desprecian serán tenidos en poco"*. Dios está diciendo: "Si tú me honras, yo también te honraré". Dar honra y honor es muy importante para él y para la gente. En la Biblia vemos el honor y la honra simbolizados por mantos, cintos y coronas. A José se le dio un manto de honor que lo individualizaba y distinguía de los demás. Es necesario entender la cadena de mando que existe en las organizaciones y honrar adecuadamente a los líderes.

La otra faceta es la expresión de honra mutua, entre todos los miembros de un grupo humano. La Biblia dice: "Honra a tu padre y a tu madre" (Éxodo 20:12). Debemos honrarnos los unos a los otros. La Biblia nos muestra con claridad cómo hacerlo porque Dios honró a su pueblo. Él puso un manto de honra sobre José (ver Génesis 37:3). A otros se les dio una corona o un cinto de honor. La Biblia nos muestra que ciertas vestiduras, alimentos y obsequios fueron utilizados para honrar a la gente.

Vivimos en una nación que hoy practica muy poco el dar honra. Muchos asisten a iglesias que no lo hacen. Nuestra juventud no sabe lo que es honrar. No saben cómo honrar a sus padres. No podemos robar la influencia de alguien y apropiarnos de ella. Vivimos en una sociedad cuyos miembros se despojan de su honra los unos a los otros. Honrar es dar crédito a quien se lo merece. Honrar es darle a otra persona el respeto y expresar verbalmente la forma en que Dios ve a una persona. A menudo tenemos temor de elogiar o exaltar a los demás. No queremos que "se les suban los humos" de modo que no los honramos.

Honrarnos unos a otros es honrar a Dios. Dios habla a través de personas y cuando les damos honor y honra a esas personas a través de las cuales él habla, lo estamos honrando a él. Por ejemplo, Dios le manda que honre a su padre y a su madre. Cuando lo hace así, está honrándolo a él. ¿Quiere saber qué significa honrar a padre y madre? Usted rinde honor a su padre cuando se comporta bien en su propia casa. Honra a su madre cuando trata bien a los demás.

Honrar es respetar. Es la dignidad que usted otorga a otras personas; usted les permite ser lo que son y contar su historia. Honrar es reconocer a alguien que le ayudó a llegar al sitio que no podría haber alcanzado solo.

Dar honra puede ser algo tan sencillo como obsequiar una tarjeta o como reconocer los puntos fuertes de una persona. Puede ser también darle reconocimiento a alguien que está pasando por duras pruebas. Es dar un toquecito en el hombro y decir: "¿Sabes qué? Soy consciente que estás pasando por momentos difíciles ahora, pero estoy orando por ti". Eso es dar honra; eso es dar honor. Honrar es levantar el ánimo, es edificar, es animar. Es imposible tener unidad sin estos elementos.

Interrumpir a la gente es deshonrarla, y lo es también discutir con sus padres. Negar apoyo a alguien es deshonrarlo. Esperar recibir algo a cambio de nada es deshonra. Esperar que otros hagan por usted lo que usted no está dispuesto a hacer por ellos es deshonra. Un trato en que sólo una de las partes gana, es deshonra. Pienso que un buen ejemplo es la forma en que están establecidas las fuerzas militares. Entre los militares, a uno no se le ocurriría dejar de saludar apropiadamente a su superior. Ya sea que esté de acuerdo o no con las órdenes recibidas, usted tiene que honrarlas y darle su apoyo al superior.

Obediencia

El punto final es la obediencia. Y otra vez le digo: si usted estuviera en las fuerzas armadas sabría lo que significa la obediencia. Aparte de que esté de acuerdo o no con las órdenes, sabe que tiene que obedecer. Existen cuatro clases de obediencia. Bueno, en realidad es un solo tipo; los demás son sólo "intentos" de obediencia.

La primera es la *obediencia renuente* y reacia. Obediencia renuente es cuando nos tienen que empujar para que hagamos algo. Las personas que así actúan no se explican por qué no pueden tener éxito en la vida o por qué no son bendecidas. No lo saben, no están seguras. Eso es renuencia. No hay bendición para la obediencia renuente o perezosa. De hecho, este tipo de obediencia acarrea maldición. Dios quiere que le obedezcamos de todo corazón.

La segunda es la *obediencia de mala gana* y quejumbrosa. Quienes adoptan esta actitud dicen: "Está bien, lo haré. Pero no me gusta y lo hago sin querer". Si usted tiene hijos probablemente ha tenido esta experiencia con ellos. Eso es rebelión, no obediencia, y también acarrea maldición. La obediencia renuente y de mala gana produce estrés. Se alarga y causa penalidades, dolores de cabeza y división; ese es el cumplimiento de la maldición.

La tercera es *obediencia voluntaria y gustosa*. La razón por la cual puedo hablar de estos cuatro niveles de obediencia es porque los he experimentado personalmente. Yo era mala para obedecer. Para mí la palabra *voluntaria* era como palabra maldita. Solamente obedecía con actitud de mártir. Cuando mi esposo adoptaba una actitud firme respecto a algo en que creía tener razón, yo decía: "Bien, lo haré", pero interiormente estaba gritando: "¡Nooooo!" Pero un día el Señor me redarguyó y me hizo sentir culpable mientras disciplinaba a mi hijo (a quien le pedía que hiciera algo y no obedecía voluntariamente). Entré rápidamente a mi baño y lloré porque me sentí totalmente culpable de hacer lo mismo. Obedecía pero lo hacía de mala gana y refunfuñando, y esa actitud *no* produce bendición. La bendición viene por obedecer de buena gana.

La cuarta forma de obediencia es *de total sometimiento, rendición total. Esta viene de Dios*. Aunque empecé a practicar la obediencia voluntaria, todavía sentía temor e inseguridad. El factor confianza influía en mi obediencia, todavía estaba temerosa de ser completamente obediente. Obedecía. Acabé con las quejas, abandoné la renuencia y obedecía de buena manera. Pero todavía sentía temor, y no sentía plena confianza. Finalmente llegué a un punto de total sometimiento, de rendición total en la obediencia aunque no tuviera garantía del resultado. Esa es la actitud que Cristo ejemplificó en la Cruz, un total sometimiento en beneficio suyo y mío (ver Hebreos 5:8). Hay una gran bendición adjunta a la obediencia porque honramos a Dios cuando le obedecemos sometiéndonos plenamente con total sumisión y sin ninguna condición.

Es imposible tener unidad sin este tipo de obediencia de sumisión y sometimiento absolutos. El Señor ha estado diciéndonos lo que debemos hacer. Ha hablado fuerte y claro confirmando su Palabra con grandes señales y prodigios. Él quiere que obedezcamos.

Cuando estaba en el quinto grado de la escuela elemental, mi hija Arika insistía en pedirme que le enseñara en casa (Home Schooling) para no tener que asistir a un Colegio. Yo le decía: "No puedo hacerlo. No fui suficientemente preparada para ser maestra. Yo le enseño a los adultos a tener éxito en la vida pero no puedo enseñar aritmética, ni a leer y escribir". Pero yo seguía escuchando la petición de Arika. El deseo de su corazón era dejar la escuela y aprender conmigo en casa.

Un día leí en mi Biblia la historia de Noé y la de Moisés. Y tuve la inmensa revelación de que Dios le habló con detalles sobre lo que debía hacer. Miré los detalles que Noé recibió de Dios para hacer el arca. Si él se hubiera equivocado en un centímetro, ninguno de nosotros viviría hoy. Pero prestó atención a los detalles y obedeció.

Leía cómo Moisés recibió todas las leyes y las reglas estratégicas que se esperaba que siguiera. De inmediato salté de la cama, me postré en el piso y le dije al Señor: "Dios, quiero escucharte de esa manera. Quiero oír de ti los detalles. ¡Quiero que me digas lo que debo comer en el almuerzo! Quiero escuchar cada pequeño detalle". Entonces oí una voz audible que me dijo: "Lo hago muchas veces, ¡pero tú no escuchas!" Tras reprimirme a mí misma, me levanté para ir a la iglesia, y allí escuché una voz durante el tiempo de adoración: "Enséñale en casa a Arika", y yo respondí: "Bendito seas, mi Señor. Ahora reprendo a Satanás en el nombre de Jesús por engañarme".

Dios es mi testigo de este incidente. Cuando yo dije: "Reprendo a Satanás en el nombre de Jesús", el Señor me respondió: "Yo soy Jesús, y debes confiar en mí, y enseñar en casa a Arika".

¡Qué misericordioso y compasivo es él! Durante casi un año estuvo hablándome al respecto y yo sencillamente no escuchaba no sabiendo que era su voz. En realidad, no deseaba oír esa respuesta y pretendía que no la había escuchado. De modo que la ignoré. ¿Alguna vez ha hecho usted eso? Es como cuando un niño le pide un caramelo a la madre y cuando ella le dice no, va donde el padre esperando una respuesta diferente.

A propósito, enseñar a mi hija en casa resultó ser una extraordinaria experiencia y algo que siempre recordaré. Arika ha ido a varios viajes misioneros, ya grabó un CD y ha tenido la oportunidad de desarrollar su talento musical, cosas que no hubieran ocurrido si todavía estuviera en la escuela privada. Estoy tan agradecida de que Dios me hubiera "obligado" a hacerlo. Recomiendo a muchas madres que oigan a sus hijas cuando les soliciten estudiar en la casa (Home Schooling).

¿Sabe que Dios lo ha estado dirigiendo a usted, respondiendo ciertas peticiones suyas, ubicándolo en ciertos lugares, y confirmando lo que le ha dicho? ¿Ha preferido no escuchar? Es imposible recibir una bendición a menos que obedezca en total sumisión.

> *Durante el entrenamiento dictado por usted, mi esposo Mark y yo descubrimos que estábamos adorando a un ídolo llamado temor… y debido a eso hubo un tiempo de hambruna en nuestra vida. La Palabra de Dios saltó de su boca a nuestro corazón y nos reveló por qué no hemos avanzado.*
>
> –Laura M.

CAPÍTULO 9

¿QUÉ CLASE DE SERVIDOR ES USTED?

En cierto fin de semana mi pastor predicó de la Parábola de los Talentos. Yo me hundí en mi silla porque empecé a pensar: "Señor, tú me has dado mucho, y ¿qué es lo que yo he hecho con ello?" En ese momento había estado retirada por varios años. Pensaba que nunca más volvería a dictar conferencias. Ya no estaba entrenando gente para tener éxito en el mundo de los negocios, estaba en casa dedicada a ser mamá. Un gran sentimiento de culpa se apoderó de mí y tuve que arrepentirme. Fui a casa, me postré en el suelo, y dije: "Señor, perdóname. Tú me has dado mucho y no estoy haciendo nada con lo que me has dado".

Cuando volví a casa y leí el pasaje detenidamente, descubrí algunas verdades fantásticas. Descubrí a cuál de los tres siervos me asemejaba, y en este capítulo deseo que usted haga lo mismo. Quiero que descubra no sólo cuál de los tres siervos es usted, sino también cómo puede ser ascendido de la posición en que está en este momento. ¿Desea ser ascendido?

DIOS ES SU PUBLICISTA

Lo primero que necesita saber es que Dios es su promotor, es decir, él es quien lo asciende de nivel económico y social. Necesita aprender también cómo ser tan valioso para la compañía, la organización, o cualquier institución en dondequiera ser ascendido, para que deseen conservarlo a toda costa. No se preocupe si su jefe no ve lo que usted hace. Dios le recordará a la persona indicada, que él ha ubicado en el momento y el lugar indicados, quién es la persona dedicada que tiene una buena actitud, y él abrirá camino en donde no lo hay para que usted sea quien logre el ascenso. Pero tiene que hacer su parte bien hecha.

Segundo, debe entender que el mercado le paga *por su valor*, no por su necesidad. Y lo único que determina su valor en el mercado es su capacidad y rendimiento. Proverbios 22:29 dice: *"¿Has visto hombre solícito en su trabajo? Delante de los reyes estará; no estará delante de los de baja condición"*. Así que no lleve su necesidad al mercado –se morirá de hambre–, ¡lleve su capacidad (sus dones)! Somos una generación escogida para servir a Dios, y como hijos del Dios Altísimo, él quiere que tengamos el ascenso cuando está disponible. Pero éste no llega sin esfuerzo.

Digamos que en una compañía está disponible una posición gerencial y dos personas aspiran a ella. Uno de los candidatos es cristiano y el otro no. El cristiano hace lo que se le ha enseñado a hacer: orar, pedirle a Dios que le abra la puerta, y luego se sienta a ver su programa favorito de TV. El que no es cristiano mejora su capacidad tomando clases extras y aprendiendo de las personas apropiadas para ser competente para esa posición. Dígame usted quién consigue el empleo. La respuesta es obvia y las razones bíblicas para ello se revelarán a través de este capítulo.

La mayoría de la gente da vueltas y se pregunta: "¿Qué hay de malo en la televisión?" o, ¿"Es malo que compremos la lotería"? Esa es la mentalidad de pobreza de la cual hablamos en el capítulo 2 *Fe es acción*. No es sentarse pasivamente y decir: "Oh Señor, paga nuestras deudas" o "llévanos a un vecindario diferente" o "dame un nuevo trabajo". Dios nos dice: "¡Cállate ya y ve a trabajar!" Lo dice. No con esas mismas palabras, pero lo dice en la Biblia (ver 2 Tesalonicenses 3:10).

Yo creo que Dios quiere que los cristianos prosperemos, pero también creo que debemos hacer algo para que ello ocurra. ¿Está usted esperando pasivamente que Dios lo bendiga cuando necesita hacer algo de su parte? ¿Cómo piensa que deben ocurrir las cosas? ¿Cree que de repente Dios lo va a sacar de la casa en que está y lo meterá en otra? ¿Qué se va a ganar la lotería o va a tener un golpe de suerte en el juego?

Yo estoy convencida de una cosa: *Mientras más duro trabaje, como para "su" Señor, más bendecido será*. Yo lo sé, pero la mayoría de la gente no lo hace.

No estoy diciendo que no ore. Por favor, ore y procure mejorar su capacidad. ¿Ha notado que la mayoría de las personas más ricas e influyentes del mundo no son cristianas? ¿Se ha preguntado por qué? Dios está comprometido con su Palabra, y esas personas poderosas e influyentes siguen sus leyes en este campo, en algunos casos aun sin saberlo.

Dios es su promotor

Dios ve lo que usted hace y también lo que no hace. Sabe cuándo es desobediente y cuándo es amoroso. Esa es la verdad, mi amigo. Ve cuándo actúa con espíritu de excelencia y con diligencia. Sabe para quién hace las cosas. Si todo gira alrededor de usted y de su reconocimiento personal, entonces todo es en vano. Trabaje como para él sabiendo que está ahí, a su lado, todos los días y todo el tiempo diciéndole: "¡Sí, sigue adelante! Tú puedes hacerlo. Insiste".

Tengo para compartir con usted varios puntos acerca de la promoción y los ascensos, basados en la Parábola de los Talentos que Jesús relató en Mateo 25:14-26). Al examinar las diferentes respuestas de los tres siervos veremos las respuestas correctas que nos capacitarán para lograr la posición deseada.

Sea hábil en algo

En la Parábola de los Talentos (ver Mateo 25:14-26), todos tienen un talento. Los tres siervos tienen algo para servirle a Dios. Dice el relato bíblico que el amo dio "a cada uno conforme a su capacidad" (Mateo 25:15). Todos ellos recibieron un don de Dios "conforme a su capacidad". ¿Qué nos dice eso a usted y a mí?

¿Ha aumentado usted su capacidad? ¿Puede recordar la época cuando empezó en su empleo hace muchos años? ¿Recuerda cuándo se estancaron sus capacidades? Invirtiendo tiempo, con entrenamiento, y probando y cometiendo errores, su capacidad aumentó y pudo dominar el trabajo y realizar la tarea. Como resultado, su confianza también creció. Eso nos enseña que cada uno de nosotros es responsable de desarrollar su propia capacidad.

Tal vez usted me dice: "Pero Dani, yo carezco de habilidades". ¿Qué va a hacer al respecto? ¿Darse por vencido? Si no tiene muchas habilidades necesita entrenarse y capacitarse. No importa si no sabe algo. Apréndalo. Así de sencillo. Usted puede aprender a hacer cualquier cosa que le sirva en la vida. ¿No es eso asombroso? Somos colaboradores de Cristo. Eso significa que él lleva sus 50 ladrillos, y usted lleva los suyos. Y juntos llevan toda la carga.

No solamente necesitamos adquirir nuevas habilidades sino también mejorar las que ya tenemos. Mientras más use sus habilidades y más invierta en ellas, mejores serán.

Elévese hasta el nivel de la prueba

En esta Parábola, después de haber entregado los talentos a cada siervo, el amo se fue. Para mí esto es interesante. Se fue y regresó mucho tiempo después. ¿Por qué se fue? Porque quería ver qué iban a hacer los obreros con los talentos. Creo que pensó: "Muy bien, tengo aquí tres personas. Voy a plantearles este reto y veré quién asciende". Nosotros hemos hecho lo mismo en diferentes compañías durante años. Planteamos un reto y observamos quién lo asume con éxito. Eso fue lo que hizo el amo de la parábola. Al entregar los talentos quiso ver quién saldría avante y los dejó solos en libertad.

Esto es algo importante en la sociedad co-dependiente en la que vivimos. Muchos no damos libertad a nuestros hijos, empleados, cónyuges y miembros de la iglesia con la intención de evitar que cometan errores. Pero este hombre se fue y les permitió a sus siervos hacer las cosas con libertad, por sí mismos. Les entregó los talentos y se fue para ver lo que harían con ellos.

Aproveche la oportunidad

Hablemos del primer siervo que recibió cinco talentos. Esta es mi versión personal de la Parábola de los Talentos: Dice el relato que el siervo salió de inmediato, invirtió el dinero y lo duplicó. Tomó los cinco talentos que su señor le dio, y se dijo: "Será mejor que desarrolle un negocio". Así que fue, invirtió en uno y duplicó su inversión. Ahora ya no tenía cinco, sino diez talentos.

Esa es una actitud bastante honesta. ¿Qué no hizo este siervo? No dijo: "Este amo siempre me está dando esta carga de trabajo y luego se va. No quiero que mi jefe siga recibiendo el crédito por mi éxito. Ya no quiero que esta compañía siga prosperando a costa de mis esfuerzos. Que se olviden. No voy a hacer nada". Yo conozco a cristianos y no cristianos que hacen eso y todavía esperan ser bendecidos.

Usted no puede sembrar ese tipo de semilla y luego esperar una buena cosecha. No puede hacer las cosas "como para el Señor" con una actitud como esta: "No voy a ayudar porque ellos no me han ayudado. ¿Qué han hecho ellos por mí? No hay chance de que yo pueda ascender. Toda esta situación es un cuello de botella. Toda la gente ya está en la cima y yo soy el de abajo".

Eso no es lo que el primer siervo hizo. Él estuvo agradecido por la posibilidad de salir y hacer algo, por la oportunidad que se le daba. A usted también le han dado una oportunidad de triunfar.

Desempéñese con excelencia

Dice la parábola que el primer siervo invirtió el dinero *inmediatamente*. Lo hizo diligentemente, con un espíritu de excelencia. Su objetivo no fue otro que hacer que su amo se sintiera orgulloso de él.

Confíe en su Señor

Otra cosa que el primer siervo hizo fue que confió en el carácter de su señor. Se dijo a sí mismo: "¿Sabe? Estoy aquí en este momento y tengo esta oportunidad; mejor la aprovecho de la mejor manera". ¿Puede usted decir con honestidad que ha dado a su carrera, a su matrimonio, y a las demás cosas en la vida, el espíritu de excelencia que debía darles? Si no lo ha hecho como es debido, por lo menos en parte, es porque nunca tuvo el conocimiento del Dios a quien usted sirve. ¿Conoce usted a su "amo"? ¿Cómo le sirve?

Tal vez piensa que lo que tiene en la vida lo ha logrado por sí mismo y con su propio esfuerzo. Pero no olvide que todas sus bendiciones vienen de la mano de Dios (ver Santiago 1: 17). Dios es la fuente de todo lo bueno, el dador de todo don, y es digno de confianza. Él mueve cielo y tierra para hacer que su voluntad se cumpla. Y lo hace en su vida también. Tan solo pídale con un corazón confiado y recibirá lo que pide (ver Mateo 21: 22).

No haga comparaciones

Hablemos del siervo número dos. Hizo lo mismo que el primer siervo. Salió inmediatamente y duplicó lo recibido. Tenía dos talentos, los invirtió y tuvo éxito.

Permítame decirle lo que no hizo el segundo siervo. No se quejó por no haber recibido más de dos talentos. No dijo: "A ti te dieron cinco y a mí sólo dos. Yo siempre recibo la menor parte; nunca salgo ganador". No hizo eso. No llamó a su amigo Ezequiel para decirle: "Ezequiel, estuve hoy con mi amo y qué latoso. Le dio a Shakim cinco talentos y otra vez yo salí engañado: me dio sólo dos". No lo hizo.

No fue desagradecido y no comparó lo que recibió con lo que otros recibieron. No dijo: "Entonces olvídate. Cuando tenga cinco talentos voy a hacer un buen trabajo y los voy a duplicar". A menudo nosotros pensamos así. "Cuando logre la posición de director voy a hacer mi mejor esfuerzo". "Cuando sea el gerente verá lo que voy a hacer. Me voy a hacer notar allí".

Usted *se tiene que hacer notar* antes de obtener la posición o el ascenso. Tiene que ser *confiable* primero, antes de ser ascendido del lugar en donde está. Esa es la manera en que funcionan las cosas. El siervo tampoco dijo: "Ya está. Nunca voy a ser suficientemente bueno, de modo que ¿para qué perder tiempo tratando? Nada me sale bien. Todo el mundo se me adelanta y es ascendido. Siempre voy a ser el segundo. Así que no hay caso".

Yo sé que probablemente usted no es así, pero estoy seguro de que conoce a alguien que actúa de esa manera. El siervo número dos sabía quién era el amo, de modo que salió e hizo su mejor esfuerzo. Trabajó con diligencia y con excelencia, sin mirar a los lados. No se preocupó por saber si lo estaban observando o por lo que otros estaban logrando. Con total gratitud, diligentemente y con un espíritu de excelencia, salió y se ocupó de lo que le habían dado. El amo regresó y dobló la bendición. Así es como usted recibe las promociones.

No entierre sus talentos

Miremos a mi siervo favorito (porque yo también hice eso), el número tres. El tercer siervo recibió un talento y fue y "cavó en la tierra, y lo escondió". Tengo que confesarle que yo fui así no hace mucho tiempo. Escondí mis talentos, dije que nunca volvería a hablar, que nunca más enseñaría a otros a tener éxito. Incluso vendí los vestidos y la ropa que usaba en mis presentaciones. Lo vendí todo y me quedé en mi posición de mujer cristiana que desempeña su papel de madre y esposa. Pensaba que ya no había nada mejor para mí. ¿Por qué hice eso?

El papel de esposa y madre es muy importante. Todavía lo desempeño. Todos los días, cuando mis hijos salen de la escuela paso mi tiempo con ellos. Viajo una vez al mes. Doy clases a mi hija en casa. Cocino, lavo ropa y platos. Podría preguntárselo a cualquiera que me conozca, todavía hago todas esas cosas; todavía soy mamá y esposa; esa es una función muy importante. ¿Qué me faltaba entonces?

La Biblia dice que el siervo número tres cavó un hoyo y enterró su talento. Que *"escondió el dinero de su señor"*. El dinero que tiene en su bolsillo o en su cuenta bancaria no es suyo sino de Dios. Él le ha confiado cierta cantidad y está observando cómo la usa, si la invierte sabiamente o si la malgasta.

Lo que usted posee, dinero, talento, es regalo del Señor. Y este siervo enterró el dinero del Señor. Todo lo que usted es, y todo lo que tiene, es de Dios. Cuando toma conciencia de este hecho, trata las cosas de manera muy diferente. Él lo formó en el vientre de su madre (ver Salmo 139:13). Él diseñó un plan para usted desde antes de la fundación del mundo (vea Efesios 1:4).

¿Qué está haciendo con los talentos que Dios le dio? Usted nació con dones; tiene talentos de nacimiento. Todos tenemos algo, y ese algo es de Dios. ¿Qué está haciendo con ellos? ¿Los está usando? ¿Sabe que tiene un don o talento? ¿Necesita usarlo mejor?

El tercer siervo escondió su talento porque tuvo miedo (ver Mateo 25: 25). Quizá tuvo miedo al fracaso o al rechazo. El pasaje bíblico no lo dice. La pregunta que usted debe hacerse es: "¿Por qué no estoy usando mis talentos? ¿Piensa que no son suficientemente buenos?

Leamos Mateo 25:24-25:

> *Pero llegando también el que había recibido un talento, dijo: Señor, te conocía que eres hombre duro, que siegas donde no sembraste y recoges donde no*

esparciste;por lo cual tuve miedo, y fui y escondí tu talento en la tierra; aquí tienes lo que es tuyo.

¿No cree usted que es un poco extraño que los otros dos no pensaran lo mismo acerca del amo? Creo que el siervo a quien se le dio un solo talento no agradeció en absoluto lo que recibió. Probablemente miró a los otros con enojo y dijo: "Mal amo este al que yo sirvo. Trabajo duro para él pero nunca recibo un beneficio de ello". O quizá estuvo temeroso de defraudar a su amo y tenía un problema de confianza. Tenía excusas que hicieron que su talento se quedara inactivo.

Este siervo tenía sus ideas equivocadas. De los tres, dos de ellos trabajaron con gratitud, excelencia y diligencia a fin de complacer a su señor. Pero este tenía su prejuicio contra el amo, y dijo: "Eres hombre duro y tuve miedo. Aquí tienes lo que es tuyo". ¿No es la cosa más extraña? ¿Por qué tenía un punto de vista completamente diferente al de los otros dos?

¿Tiene usted un prejuicio similar contra Dios? ¿Piensa que no importa lo duro que trabaje, o lo mucho que se esfuerce, las cosas no van a funcionar para usted? Eso es lo que el tercer siervo pensó. Él creía que su amo era un hombre injusto. No conocía el carácter de su señor. ¿Lo conoce usted? Si realmente conociera el carácter de su Señor, abocaría la tarea con todo lo que tiene. El temor no encajaría en la ecuación. Temor al fracaso o al rechazo, temor al hombre no harían parte de ella si en realidad conociera el carácter de su amo.

Los dos primeros conocían al amo. Estaban seguros que se sentiría orgulloso de ellos y los bendeciría. El último no lo conocía y por temor fue a esconder su talento.

Pase la prueba

Los tres fueron probados para la promoción. Dos asumieron riesgos y ganaron. El tercero no pasó la prueba. A mí me duele el corazón cuando veo que mis hermanos y hermanas no son todo lo que pudieran ser. Cuando veo a la gente poniendo obstáculos en su vida aunque sirven a un Dios tan glorioso que quiere que tengan éxito y brillen. Él quiere que el mundo lo vea. Quisiera proclamar: "¡Miren lo que he hecho con mi hijo! ¡Noten lo que hice con mi hija! Eso es lo que Dios hace para glorificarse a sí mismo".

¿Ha rechazado usted su don?

Quizá usted tiene el talento para cantar y no lo está usando porque piensa: "No soy suficientemente bueno". Dé un paso de fe y crea que es el Espíritu de Dios quien usa su lengua para que sea suficientemente bueno; que él puede hacer camino donde no lo hay.

Yo rechacé inicialmente mi don de capacitadora intrépida. La iglesia no me permitía hablar por mi apariencia. La presidenta de un ministerio femenino me dijo: "¿Sabes Dani? A las damas no les gusta mucho tu pelo suelto flotando al viento y… eres excedida". Entonces recapacité: ¿Pedí yo a Dios ser así? Cuando usted estaba en el vientre de su madre, ¿ordenó el tamaño de su nariz? Yo no lo hice. Regresé a casa después de hablar con esta mujer y dije: "Está bien, Señor. ¿Quieres que cambie todo lo que soy? ¿Quieres que me corte el cabello y que no use maquillaje?

Empecé a orar al respecto y lloré y le dije: "Señor, ¿Quieres que haga estas cosas?" Y agregué: "Quítame la osadía, Señor". Durante cinco años le pedí a mi Dios, el Creador de los cielos y la tierra que tomara el don que me había dado que es la intrepidez, la osadía. Quería que Dios me la quitara porque ofendía a los cristianos.

Pero él me dijo: "Yo te di esa intrepidez y tú la usarás para mi gloria. Te di ese cuerpo y lo usarás también para gloria mía". Esto es lo que me dijo: *"Así como Ester fue entrenada para un tiempo como el suyo, te he entrenado a ti para un tiempo como este. Debes ser como yo quise que fueras cuando te hice, y te conformarás a la imagen de Cristo, no a la imagen de los hombres"*. Por alguna razón Romanos 8: 29 ha sido torcido para hacernos creer que conformarnos a la opinión de otros cristianos está bien. Pero dice que nos conformemos a la imagen de Cristo, no a la imagen de las personas que procuran *ser* como Cristo.

Examinemos algunas razones por las cuales la gente a veces rechaza los dones que Dios le ha dado.

¿Conoce usted a su Dios?

La primera razón es una mala comprensión de la naturaleza de Dios. Necesitamos derivar de la Biblia nuestro entendimiento del carácter de nuestro Dios. Demasiadas personas han creído la enseñanza deciertos púlpitos que afirma que "pobreza equivale a humildad" y que no se espera que tengamos éxito. Eso es una mentira y en ninguna parte de la Biblia se dice eso.

¿Todo gira en torno suyo?

Otra razón por la que algunas personas rechazan su don es porque algunas lo usan para su propia gloria y reconocimiento. Eso hice yo por algunos años. Usé mis dones para obtener fama y eso estaba mal. Le digo que eso me produjo arrepentimiento. La Biblia dice que cuando usted hace cosas para obtener reconocimiento humano, ya tiene su recompensa y no recibirá ninguna de parte de Dios (ver Mateo 6:1).

No busque su propia gloria porque no es tan gratificante como usted cree. Yo conozco mucha gente que está vacía interiormente. Poseen fama y fortuna, no obstante son totalmente infelices. Más bien debemos ser humildes y proveer un buen ejemplo con nuestras riquezas y fama. ¿Está usted usando sus dones y talentos para la gloria de Dios?

¿Teme usted al hombre?

¿Ha escondido su talento porque teme el rechazo o siente vergüenza? ¿Lo ha ocultado por temor al hombre? Por el resto de su vida Dios continuará procurando que usted cumpla con el propósito para el cual fue creado. Lo mejor es que ceda ahora. Hablo en serio. La Biblia dice: *"Porque muchos son llamados, y pocos escogidos"* (Mateo 22:14). Usted fue escogido para hacer algo grande.

¿Menosprecia usted su don?

Algunos esconden sus talentos porque tienen dudas. No creen que sean funcionales y temen correr el riesgo de usarlos o suponen que no son realmente importantes. Pero eso es menospreciar el don de Dios. Algunos dicen: "Lo mío no es nada especial; yo no soy gran cosa". Tal vez usted produce arte hermoso pero piensa: "No es gran cosa. Después de todo, no puedo hacer nada con mi pobre talento".

¿Tiene usted talento con las matemáticas pero lo subestima o lo compara con el don de alguien más? Permítame decirle algo: Cualquiera que sea su don, Dios quiere que lo desarrolle, que lo haga más grande. Él le dio sus habilidades; si tiene un cerebro privilegiado él se lo dio y quiere que lo desarrolle. Si le dio talento para los negocios, Dios se lo concedió y desea que lo multiplique.

Lo que tenga, cualquier don o talento, fue Dios quien se lo dio. No lo menosprecie o subestime porque eso fue lo que hizo el tercer siervo: cavó en la tierra y lo enterró. Si eso no es menospreciarlo, no sé entonces qué pueda ser. Es posible que de vez en cuando usted haya cavado huecos y escondido su talento.

Arreglando cuentas

La última parte de la Parábola de los Talentos dice que el amo regresó y "arregló cuentas con sus siervos" (Mateo 25:19). Volvió para arreglar cuentas con cada uno de ellos. Leamos el pasaje otra vez: *"Después de mucho tiempo vino el señor de aquellos siervos, y arregló cuentas con ellos"*.

Y al primer siervo le dijo: *"Bien, buen siervo y fiel; sobre poco has sido fiel, sobre mucho te pondré; entra en el gozo de tu señor"* (Mateo 25: 21). Y lo mismo dijo al segundo siervo (ver Mateo 25: 23).

Y también les permitió conservar sus talentos. Ellos los recibieron y los invirtieron; los dos primeros los duplicaron y el amo se los dejó todos. Pero note que ellos trajeron las ganancias al Señor.

No se quedaron con ellas ni las gastaron. Se la llevaron al amo y le dijeron: "Aquí tiene" y el amo dijo: "Quédense con ello. Todo es de ustedes". Ambos siervos dijeron lo mismo y ambos recibieron la misma respuesta. Esto me muestra que nuestro Dios es justo. Él dio un don a todos los siervos.

¿Alguna vez ha creído usted que Dios no es justo? Yo he sentido lo mismo. Cuando vemos un accidente en el que una madre y su bebé mueren, estamos tentados a pensar: "No es justo". Pero no conocemos todas las circunstancias y tampoco sabemos el resultado final, el gran cuadro que incluye todas las cosas, terminado. Una cosa sé: mi Dios es justo. Más que justo. En el caso de los tres siervos, no solamente les dio el dinero para comenzar sino que les permitió conservar lo producido.

A ambos siervos les permitió quedarse con el doble. No les dijo algo como esto: "Bueno, escuchen compañeritos... No creo que estén listos para quedarse con las ganancias, de modo que ¿por qué no van y lo intentan otra vez?" No; él les dijo: "¡Quédense con las ganancias!" A ambos les dijo: "Buen trabajo. Bien hecho; bien buen siervo y fiel. Entra en el gozo de tu señor".

Ahora vamos con mi favorito. Al siervo que recibió un talento, el amo le replicó: *Siervo malo y negligente..."* (Mateo 25: 26). Esto me recuerda el pasaje bíblico que dice que: *"La riqueza del pecador está guardada para el justo"* (Proverbios 13: 22).

El amo lo llamó siervo malo y negligente. Cuando hablamos de maldad generalmente pensamos en asesinato, pornografía, o algo por el estilo. Pero este versículo nos dice que la negligencia es maldad a los ojos de Dios. No usar su talento es maldad. No duplicar la ganancia es maldad. Si no usa su talento, si no trabaja, si no prospera con lo que ha recibido y en el lugar donde está, se le considera malo. Eso es lo que dice el pasaje. Leámoslo:

> *"Respondiendo su señor, le dijo: Siervo malo y negligente, sabías que siego donde no sembré, y que recojo donde no esparcí. Por tanto, debías haber*

dado mi dinero a los banqueros, y al venir yo, hubiera recibido lo que es mío con los intereses. Quitadle, pues, el talento, y dadlo al que tiene diez talentos. Porque al que tiene, le será dado, y tendrá más; y al que no tiene, aun lo que tiene le será quitado. Y al siervo inútil echadle en las tinieblas de afuera; allí será el lloro y el crujir de dientes" (Mateo 25: 26-30).

Esta Escritura afirma con claridad que no usar sus talentos, los dones que Dios le dio, es ser malo.

¿Desea ser castigado por Dios? ¿No? Yo tampoco. Él dice: *"Porque al que tiene, le será dado, y tendrá más; y al que no tiene, aun lo que tiene le será quitado"* (Mateo 25: 29). Dios gusta de quienes trabajan duro y bendice a quienes laboran diligentes con un espíritu de excelencia. ¿Desea usted un ascenso o una promoción? Pues es mejor que empiece a invertir sus talentos sin temor, sin dudas, sin confusión, cosas que el tercer siervo tuvo.

Dios nos puso sobre esta tierra y nos está probando con la posibilidad de ser promovidos. ¿Es usted uno de los que recibió cinco talentos? ¿Recibió dos? ¿Recibió uno solo? No mire a Dios como lo miró el siervo que recibió un talento. No piense: "No me dieron suficiente", porque el mismo proceso de promoción funcionó para los tres, y la evaluación es según nuestra capacidad.

Yo he pasado los últimos veinte años mejorando mis capacidades. Mi esposo y yo hemos invertido miles de dólares en material de estudio y aprendizaje. ¿Ha hecho usted algo similar? Cuando usted incrementa sus habilidades y su capacidad, le muestra a Dios que ha duplicado lo que le dio. Y la Biblia dice que entonces él le dará más, y le permitirá quedarse con lo que le había dado. Este mensaje es para que usted diga: "Señor, estoy de acuerdo contigo. Te voy a hacer sentir orgulloso de mí".

Yo quiero que usted sea como los dos primeros siervos. Cada uno le dijo al Señor: "Mira lo que he hecho: esto es lo que me diste;

hice lo mejor que pude con ello". No siga comparando sus talentos con los de otras personas. Deje de mirarlos para determinar el valor del suyo. Debe ser agradecido y decir: "Gracias Señor, voy a cuidarlo y a invertirlo, y a hacer mi mejor esfuerzo". ¿Me promete que hará lo mejor que puede?

¿Sabía que Dios le dio a usted al menos dos talentos? Mantenga su mirada puesta en Dios. No cuestione nunca por qué está donde está. Es el mismo proceso de promoción. Si es diligente y trabaja con espíritu de excelencia, él ve lo que usted hace y sus dos talentos se convertirán en cuatro, y si continúa, los cuatro se volverán ocho, y luego dieciséis, y treinta y dos, y después sesenta y cuatro…

¿Ha perdido usted su rumbo por mirar los talentos de los demás y pensar: "Ellos son mejores que yo; jamás llegaré a donde ellos están"? Ya no más. Esa es una mentira del mismísimo infierno. No se compare con quien tiene cinco talentos, y siga adelante.

No haga comparaciones. Cuide lo que Dios le dio. *"Fíate del Señor de todo tu corazón, y no te apoyes en tu propia prudencia. Reconócelo en todos tus caminos y él enderezará tus veredas"* (Proverbios 3: 5-6). Un día va a alzar la vista y va a exclamar: "¡Caray! No me imaginaba que iba a llegar hasta aquí".

¿Tiene usted cinco talentos? Le espera una trampa llamada la *zona de comodidad*. Caerá en ella si compara sus resultados con los de otras personas y ve que está muy adelante de ellas y permite que esos resultados sean su medida. Lo que logran los demás no puede ser su medida porque eso lo atrapa en una rutina y en una zona de comodidad. Quizá alguna vez comparó sus resultados con los de otros y pensó que no tiene que trabajar tan duro porque ellos van muy atrás. Evite la zona de comodidad como evitaría una plaga.

Debe tomar sus cinco talentos que Dios le ha confiado y trabajar con espíritu de excelencia cada día. No mire a un lado o al otro sino enfoque su atención en Dios, y dígale: "Mi Dios, esta vez lo voy a hacer mejor. Contigo voy a llegar más alto esta vez". No caiga en la trampa de enterrar su talento como el siervo que recibió sólo uno.

No; él le ha dado bastante. Es tiempo de hacer que el Padre celestial se sienta orgulloso de usted. Le confió mucho; muéstrele que al confiar en usted, hizo una buena inversión.

¿Cuántos talentos cree usted que tenía yo? Yo no nací con cinco. Nací con un talento y ese era *un espíritu de excelencia*. Dí lo mejor de mí en la cancha de básquetbol; eso era todo. Yo no nací con todos los dones ni con todos los talentos. Nací con el deseo de dar lo mejor de mí. Si esta mujer que pasó la mayor parte de su vida debajo de una roca pudo levantarse, usted también puede. El mismo Dios que me elevó a mí puede elevarlo a usted.

> *El poder de trabajar con integridad y excelencia es lo que yo he estado buscando. Yo sabía que tenía que haber un camino mejor en el que las personas recibieran honra y no abusos, y usted nos lo mostró. Gracias por escuchar su llamado.*
>
> –Kai D.

CAPÍTULO 10

SEIS PRUEBAS: ¿ESTÁ USTED LISTO?

Tal como lo hemos establecido en capítulos anteriores, Dios nos ha dado dones particulares según lo que él quiere que hagamos. Cada uno de nosotros tiene una combinación y expresión singular de dones, y nadie es mejor que otro. Cada mes puedo ver centenares de personas dedicando su vida a hacer lo correcto. La gente se está levantando en defensa de lo que es correcto y viviendo en concordancia con ello.

En este capítulo quiero que miremos seis pruebas que encontramos en la historia de José en Egipto, las cuales determinan si estamos listos para utilizar nuestros dones. Miremos pues, Génesis capítulo 37. Esta es una historia acerca de negocios, de exaltación, y de pruebas en la exaltación, durante y después de la exaltación. Esta historia contiene una revelación, la hoja de respuestas para la prueba.

Génesis 37: 2 – 11, dice:

> *Esta es la historia de la familia de Jacob: José, siendo de edad de diecisiete años, apacentaba las ovejas con sus hermanos; y el joven estaba con los hijos de Bilha y con los hijos de Zilpa, mujeres de su padre; e informaba José a su padre la mala fama de ellos.*
>
> *Y amaba Israel a José más que a todos sus hijos, porque lo había tenido en su vejez; y le hizo una túnica de diversos colores. Y viendo sus hermanos que su padre lo amaba más que a todos sus hermanos, le aborrecían, y no podían hablarle pacíficamente.*
>
> *Y soñó José un sueño, y lo contó a sus hermanos; y ellos llegaron a aborrecerle más todavía. Y él les dijo: Oíd ahora este sueño que he soñado: He aquí que atábamos manojos en medio del campo, y he aquí que mi manojo se levantaba y estaba derecho, y que vuestros manojos estaban alrededor y se inclinaban al mío.*
>
> *Le respondieron sus hermanos: ¿Reinarás tú sobre nosotros, o señorearás sobre nosotros? Y le aborrecieron aun más a causa de sus sueños y sus palabras.*
>
> *Soñó aun otro sueño, y lo contó a sus hermanos, diciendo: He aquí que he soñado otro sueño, y he aquí que el sol y la luna y once estrellas se inclinaban a mí.*
>
> *Y lo contó a su padre y a sus hermanos; y su padre le reprendió, y le dijo: ¿Qué sueño es este que soñaste? ¿Acaso vendremos yo y tu madre y tus hermanos a postrarnos en tierra ante ti? Y sus hermanos le tenían envidia, mas su padre meditaba en esto.*

La historia continúa en Génesis 37: 12 – 14, de esta manera:

> *Después fueron sus hermanos a apacentar las ovejas de su padre en Siquem. Y dijo Israel a José: Tus*

hermanos apacientan las ovejas en Siquem: ven, y te enviaré a ellos. Y él respondió: Heme aquí. E Israel le dijo: Ve ahora, mira cómo están tus hermanos y cómo están las ovejas, y tráeme la respuesta. Y lo envió del valle de Hebrón, y llegó a Siquem.

Prueba número uno

¿Servirá usted a otras personas, incluso a aquellas con quienes no esté de acuerdo?

José fue el penúltimo de los hijos en una tribu grande y gozaba de la simpatía de su padre quien le regaló una hermosa túnica de colores. Sus hermanos lo odiaban porque sabían que no iban a ser los herederos de los bienes y fortuna de su padre. Lo hostilizaban pero el padre lo protegía aún más.

¿Se ha encontrado alguna vez en una situación en la que alguien más era tratado mejor que usted? José sabía que los hermanos lo odiaban, pero Dios lo amaba. Si usted le cuenta a alguien la visión que Dios le ha dado, y los planes y propósitos que sabe él ha plantado en su interior, quizá "esté echando perlas a los cerdos".

José disfrutaba del favor de su padre y de Dios. Sus hermanos también; todos eran príncipes de la misma tribu. Sin embargo, los otros hermanos miraban más *lo que no tenían*, que lo que tenían. Se fijaron en lo que su joven hermano poseía: la túnica de colores. Los demás hermanos eran príncipes; eran ricos; tenían derecho a una herencia. No obstante, no estaban satisfechos con eso por causa de la envidia.

Entonces José les contó su sueño y dice el relato bíblico que los hermanos "lo aborrecieron aún más por causa de sus sueños y sus palabras". ¿Por qué tenía que contar sus sueños a sus hermanos si sabía que lo odiaban? Eso no lo podemos saber exactamente. Es posible que haya querido ganar aceptación, probar su posición, demostrar que era igual, si no mejor que ellos. Eso sería pura inmadurez y muchos lo hacen a diario. Lo hacemos con el cónyuge, con el jefe, con los amigos en la iglesia, con los colegas de trabajo, con muchas personas en diferentes lugares.

Muchos tratan de probar su autoridad, dedemostrar quiénes son, pero todo lo que consiguen es provocar celos y envidia en sus hermanos y hermanas, que es precisamente lo que José hizo. Provocó la envidia de sus hermanos por causa de su orgullo tratando de probar que era algo que deseaba y creía que llegaría a ser.

Tiempo después de haber contado sus sueños, José fue y encontró a sus hermanos apacentando el ganado. Éstos lo vieron venir desde lejos y le dijeron: *"Aquí viene el soñador...matémoslo..."* (Génesis 37:19-20). Los hermanos conspiraron para matar a su hermano menor. Pero Rubén, el mayor de ellos, intervino y dijo: *"No derramen sangre..."* (Génesis 37:22). En un esfuerzo por librarlo, sugirió que lo arrojaran en una cisterna. Luego Judá, otro de los hermanos, propuso que lo vendieran a los comerciantes ismaelitas, y los demás asintieron.

Así que después de haberlo tenido en la cisterna lo vendieron a los ismaelitas por 20 monedas de plata. Luego tomaron su túnica de colores, la despedazaron, y tras sacrificar un cabrito la empaparon en su sangre y se la enviaron a su padre. Jacob reconoció la túnica y creyendo que su hijo había sido devorado por una bestia salvaje, se cubrió de cilicio y guardó luto por él. Vivía afligido pues algo había muerto en su interior. Su hijo favorito había desaparecido (ver Génesis 37:23-25).

De modo que José, el hijo favorito, el de la túnica de colores, el heredero escogido de ese reino particular, se encontró en Egipto como esclavo. La lección es que Dios usa todas las cosas para su propósito final. José tuvo sus visiones y a los pocos días fue arrojado a una cisterna, atado como un esclavo y vendido a Egipto.

Antes de continuar con la historia tengo que preguntarle algo: ¿Puede ver cómo los celos y la envidia conducen a una conspiración perversa? ¿A un asesinato? En el caso de Caín y Abel causaron un homicidio (ver Génesis 4:1-12). Llevaron a destrucción y a más mentiras, engaño y robo. Yo no quiero seguir adelante hasta que usted "limpie la casa". Si usted ha batallado contra la envidia y los celos, si siente envidia cuando ve que otras personas tienen éxito u obtienen favor, entonces tiene celos arraigados en su interior. Si el cuadro anterior lo describe a usted, quiero invitarlo a que haga esta oración en este mismo instante:

> *Padre celestial, por favor perdóname por sentir envidia del éxito y el favor que disfrutan otras personas. No quiero y no me gusta ser así. De modo que, en este mismo instante, ordeno que el orgullo, los celos y la envidia, salgan de mí. En el poderoso nombre de Jesús declaro que he cortado con ustedes. Ya no tienen poder ni autoridad sobre mí. En el nombre de Jesús, amén.*

Cuando la envidia trate de surgir o de adherírsele otra vez, diga: "Cállate y vuelve al infierno que es donde debes estar. Ya no tienes parte en mí; ya no soy una persona envidiosa. Soy una nueva criatura".

La envidia y los celos sólo traerán la destrucción de su visión, sus sueños y sus metas. La envidia dice: "Tengo que sacar a esa persona de en medio para tener lo que ella tiene". La envidia quiere destruir a alguien más para que usted pueda tener lo que esa persona tiene. Pero si consigue lo que ella tiene, no será duradero por causa de su mala siembra. Lo que siembre con envidia, lo cosechará con envidia

Volvamos al caso de José:

> *Llevado, pues, José a Egipto, Potifar oficial de Faraón, capitán de la guardia, varón egipcio, lo compró de los ismaelitas que lo habían llevado allá. Mas el Señor estaba con José, y fue varón próspero; y estaba en la casa de su amo el egipcio. Y vio su amo que el Señor estaba con él, y que todo lo que él hacía, el Señor*

lo hacía prosperar en su mano. Así halló José gracia en sus ojos, y le servía; y él le hizo mayordomo de su casa y entregó en su poder todo lo que tenía (Génesis 39:1-4).

El Señor Dios dio éxito a José, y él sigue siendo quien nos da éxito a todos. Si usted no le está sirviendo, ¿cómo espera tener éxito? Tal vez estará pensando: *La gente sí logra éxito sin el Señor, todo el tiempo.* Tiene razón, y es porque los principios producen resultados, pero la Biblia dice: *"Si el Señor no edificare la casa, en vano trabajan los que la edifican"* (Salmo 127:1). Si no quiere vivir en vano es mejor que viva con él. Si no lo hace, el éxito será pasajero.

En Génesis 39 descubrimos que Dios no solamente le dio éxito a José, sino que *"todo lo que él hacía,* el Señor lo hacía prosperar en su mano" (versículo 3). El libro de Génesis se encuentra en el Antiguo Testamento que fue escrito en Hebreo, y en el idioma hebreo la palabra *todo* significa eso: "todo".

Es obvio que José dio honra a quienes lo rodeaban y trabajó diligentemente y con excelencia. Y aprendió de ellos también. Eso es colaborar con Dios, hacer las cosas "como para el Señor" y a su manera, siguiendo sus normas. Si José se hubiera comportado como los demás esclavos, empleados, o trabajadores, no hubiera ganado el favor de nadie. Tengo una pregunta para usted: ¿Qué tipo de trabajador es usted?

Cuando su señor (el presidente de la compañía en que trabaja, su superior, su jefe, quienquiera que sea) vea que Dios está con usted y que le ha dado éxito, le prodigará su favor y su simpatía.

Leamos otra vez:

Y vio su amo que el Señor estaba con él, y que todo lo que él hacía, el Señor lo hacía prosperar en su mano. Así halló José gracia en sus ojos, y le servía; y él le hizo mayordomo de su casa y entregó en su poder todo lo que tenía (Génesis 39:1-4).

Seis pruebas: ¿Está usted listo?

Comenzó como esclavo pero prosperó tanto que fue ascendido a administrador de la casa de su amo.

La esposa de Potifar notó que José era un hombre agradable y muy atractivo, se enamoró de él y urdió un plan para seducirlo. Un día, cuando estaban solos en casa ella le dijo: *"Ven, duerme conmigo"*. Pero él le respondió: "Lo siento. *Mi señor no se preocupa conmigo de lo que hay en casa, y ha puesto en mi mano todo lo que tiene...y ninguna cosa me ha reservado sino a ti, por cuanto tú eres su mujer"* y se fue (ver Génesis 39:6-10). Esto demuestra que él honraba a quienes le rodeaban, tanto como a su Dios.

Posteriormente ella trató de seducirlo otra vez. Él se negó, y ella cogió sus vestidos y él huyó de la casa mientras ella pedía ayuda a gritos. Luego lo acuso de tratar de violarla. Mintió esta perversa y engañadora mujer.

Justo cuando José parecía haber alcanzado el éxito ocurrió la acusación de esa mujer, pero El Señor lo libró porque era un hombre obediente a Dios. ¿Piensa usted que le hubiera sido fácil resistir tal tentación? Pero como resultado de su lealtad a Dios y a su amo, fue arrojado en prisión injustamente (ver Génesis 39:11-20).

José había tenido una visión de que tendría el liderazgo de toda su familia, pero en cambio se halló esclavo en un palacio en Egipto. En sus sueños, a él le servían. Su padre y sus hermanos se inclinaban ante él (como las espigas en el sueño). Pero antes de ser ascendido al lugar de gobernador, Dios necesitaba entrenarlo y enseñarle algunas cosas. La primera prueba fue que de ser un hijo consentido de Jacob pasó a ser esclavo en tierra extraña, sirviendo a un extranjero que ni siquiera adoraba al mismo Dios.

Pero José se humilló y sirvió. Yo lo sé porque la Biblia dice que Dios lo prosperó (Génesis 39:3). Quizá usted piense que fue algo sencillo, que él se sentó en su silla y de pronto le ocurrió todo eso. Pero así no es como ocurren las cosas. Si usted lee su Biblia de pasta a pasta encontrará una fórmula para el éxito. José no dijo: "Bueno, ¿quién es esta gente, después de todo? Tan solo una manada de paganos. Ni siquiera sirven al Dios Altísimo. Son un puñado de egipcios que consideran al Faraón como su dios en la tierra. No son dignos de mi trabajo ni de mi obediencia. ¿No sabe usted quién soy yo? ¿No sabe que soy José, el hijo de Jacob?".

Pero no; no hizo eso. Él aprendió a servir a alguien que ni siquiera compartía las mismas creencias espirituales. Cuando era joven dijo: "Soy el mejor; soy el favorecido; soy el hijo escogido". Él no tuvo que salir del rebaño porque su papito lo quería a su lado. Pues bien, Dios le dijo: "Vamos a tener que cambiar algunas cosas". De modo que José terminó de sirviente. Mi pregunta es: "¿Servirá usted a la gente sin importar el lugar donde esté?".

José pasó de la casa de Potifar directamente a la prisión. Adivine qué pasó mientras estuvo en prisión. La Biblia dice que *"...El Señor estaba con José y le extendió su misericordia, y le dio gracia en los ojos del jefe de la cárcel"* (Génesis 39:20-21). De favorito pasó a ser esclavo, y de esclavo a prisionero favorecido. Sirvió a criminales en la cárcel de Egipto, a personas que adoraban dioses falsos. Eso no debe haber sido muy divertido sino todo lo contrario, muy humillante.

Esa fue la primera prueba para José. Al convertirse en esclavo, al pasar de ser el niño mimado a un prisionero, aprendió a servir a los incrédulos. ¿Cuál es su actitud cuando lo que sueña parece tan lejano? José tuvo una visión y luego, casi inmediatamente se encontraba a años luz de ella pues no podía estar más lejos de alcanzarla. Pero Dios lo hizo exitoso como esclavo y lo hizo conocer dentro de la cárcel porque José tenía la actitud de una persona que va a ser un líder. No dejó de servir al Dios verdadero ni de honrarlo. No cesó de trabajar con un espíritu de excelencia. No dijo: "Bueno, olvidémoslo, no va a funcionar. ¿Para qué intentar?".

No anduvo como un holgazán. No, él prosperó donde Dios lo plantó. Quizás usted tenga una visión. Quizás piense: "Quiero ser exitoso. Quiero crear algo dinámico". Tiene que actuar ahora mismo como si ya fuera esa persona exitosa.

Todo lo que estaba en las manos de José, él lo hacía como si estuviera liderando a un pueblo. Eso es ser líder. Cualquiera sea el éxito que Dios le haya dado hasta ahora, usted debe tratarlo como si fuera aquello que usted está deseando alcanzar, y como si ya lo hubiera recibido. Eso es lo que hizo José. Él tuvo una visión; la visión había quedado muy lejos, y él era un esclavo en Egipto. Pero aun así sembró sus dones de obediencia, siendo esclavo y prisionero, como si ya fuera el líder de la nación.

Lamentablemente, ahí es donde la mayoría de las personas fallan. Creen que cuando llegan a cierto nivel de éxito, ahí termina todo. No se trata de "un cierto nivel de éxito". Se trata de la preparación para llegar más lejos. José estaba siendo entrenado, como esclavo, para liderar una nación. Como esclavo, criminal y siervo, estaba siendo entrenado para liderar la nación más poderosa de aquellos tiempos: Egipto.

Prueba número dos

¿Dará lo mejor de sí, sin importar lo insignificante y aburrida que parezca su tarea?

La segunda prueba de José era ver si se esforzaría más de lo posible. Y él lo hizo. Donde fuera, y en lo que fuera, José hacía lo mejor que podía. La Biblia dice que somos colaboradores con Cristo (ver 2 Corintios 6:1). Usted hace su parte, Dios hace la suya. Somos colaboradores con Cristo. El que siembra escasamente cosecha escasamente (ver 2 Corintios 9:6).

Así que José hizo su mejor esfuerzo. No hubo lloriqueo, queja, murmuración, auto compasión, orgullo, ego, ni "pobre de mí". No culpó a nadie. No hubo vergüenza. Sabía quién lo había enviado, y dijo: "Está bien, supongo que serviré en una cárcel".

¿Ha estado en situaciones en las que termina quejándose y llorando, incluso culpando a Dios? ¿Se encuentra ahora en una situación que no le agrada? Quizás esté culpando a Dios o a otras personas por esa situación.

Esto es lo que usted necesita entender: Dios lo tiene exactamente dondequiere, y donde lo tiene es dondequiere enseñarle algo. La prueba número uno, otra vez, es aprender a servir aun en los comienzos más humildes. La prueba número dos es esforzarse y dar lo mejor de sí, como si ya estuviera viviendo el sueño de su vida.

En medio de una prueba o un desastre, o cuando las cosas no salen como espera, necesita ver, creer y caminar hacia su sueño como si ya fuera una realidad. Eso es lo que hizo José. Prospere donde está plantado ahora. Trate su vida, su carrera o su empresa como si ya fueran el éxito que desea. ¿Hará su mejor esfuerzo aun cuando el sueño parece más distante que nunca?

Hubo una casa en la que viví durante cinco años; era un departamento de unos 600 metros cuadrados. Cuando lo compré, era mi sueño. Yo tenía 21 años. En un año pasé de no tener techo, a vivir en ese hermoso apartamento de 250 mil dólares. Luego de unos años me cansé de él y quise mudarme, pero el precio había caído tanto que si lo vendía perdería muchísimo dinero.

Así que, tenía que esperar a que el precio subiera. Solía murmurar yquejarme del inmueble todo el tiempo. No lo arreglaba. No lo decoraba. No le hacía nada, porque pensaba: "No me gusta estavivienda. Me tiene cansada". Luego el Señor habló a mi corazón a través de la historia de José. Me habló fuerte y claro, y me dijo: "Si lo tratas como al gran apartamento de tus sueños, entonces esa otra vivienda vendrá algún día".

¿Cómo se le va a confiar una casa más linda y mejor si no cuida la que tiene ahora? Estará usted pensando… "Oh, cuando consiga esa casa la voy a tener reluciente. La tostadora va a estar relumbrante, no habrá una sola miga". ¿Piensa de esta manera? ¿Tiene esta mentalidad *"cuando lo logre…"*?

No; usted debe tratarla como si ya fuera esa su casa. ¿No le gusta su auto, y por eso, no lo limpia? Está lleno de tierra, de mugre, tiene partes rotas; simplemente no le importa. Dios mira cómo cuida lo que él ya le dio, y decide si pasará al próximo nivel o no.

Es imposible que Dios lo promueva si no cuida lo que ya le dio. Esto cuenta tanto para su casa como para su cónyuge. Muchas esposas y esposos dicen: "Ojalá mi esposa fuera así", "Ojalá mi esposo fuera de esta manera". Yo solía hacer eso con mi esposo, Hans. Pensaba...: "No debo casarme con un joven en bancarrota que no habla con nadie de ninguna manera. ¿Cómo terminé casándome con él? Se suponía que me casaría con un multimillonario que no necesitara mi dinero".

Esto es lo que Dios me dijo: "¿En serio? ¿Cómo tratarías a esa persona?" "Lo mimaría. Nos divertiríamos todo el tiempo. Lo esperaría con una comida espectacular lista para cuando él llegue del trabajo. Me maquillaría para él todo el tiempo". Y Dios me dijo: "No, no lo harías. Lo tratarías como tratas a Hans ahora mismo porque no sabes hacerlo de otra manera". Esto es lo que el Señor me mostró. Me dio una visión de mi marido frente a miles de personas, hablando, enseñando y entrenándolos con poder. Dios me mostró esta visión de mi marido siendo todo lo que yo deseaba de un esposo, y Dios me dijo: "Tan pronto como lo trates como si fuera ese millonario, él lo será. Deja de tratarlo como el "hombre del depósito" (en ese entonces Hans trabajaba en un depósito).

Trate a su esposo o esposa como si ya fuera lo que espera que él o ella sean. Véalo como lo ve Dios. "Hable vida" a su situación en lugar de "hablar muerte". Como José estaba rodeado por la visión de Dios, no dejaba de decir: "No me importa que esté preso. Voy a tomar lo que tengo ahora y voy a practicar aquí mismo". Practicó con los esclavos; practicó con los criminales que estaban en aquella cárcel.

Volvamos a nuestra historia de José. Lo que sucedió luego fue que un panadero y un copero cayeron presos en la misma cárcel. Estaban acusados de robarle al Faraón, el rey. José tenía el don para interpretar sueños. El copero y el panadero oyeron que José interpretaba sueños y le pidieron que interpretara los suyos. A través de su interpretación, José reveló que el panadero era culpable y le cortarían la cabeza y que el copero era inocente y sería restituido a su puesto. Y sucedió exactamente como él dijo. José le dijo al copero: "Por favor, acuérdate de mí". Pero el copero se olvidó de él (ver Génesis 40).

Dos años más tarde el Faraón era atormentado por sus sueños día y noche. Ninguno de los síquicos, videntes y magos pudieron discernir el significado. Nadie tenía la habilidad de interpretar el sueño, porque venía del Dios Todopoderoso. El copero se había olvidado de José, hasta que Dios lo trajo a su mente.

-Quizás, mientras usted está trabajando, piensa: "Nadie está mirando lo que hago. ¿Por qué voy a *caminar la segunda milla* si de todas maneras nadie me presta atención? ¿Sabes qué? Jamás se me reconoce por lo que hago".

En este caso usted está intentando servir a las personas equivocadas. Está buscando el reconocimiento y el ascenso en el departamento equivocado y no está golpeando en la puerta correcta. Está buscando en los lugares equivocados. José dijo: "Por favor, acuérdate de mí", y el copero se olvidó. Ahí estaba el copero, en presencia de Faraón, y veía que nadie podía interpretar los sueños; entonces Dios le hizo recordar las palabras dc José.

El copero fue ante Faraón y le dijo: "Conozco a alguien que sabe cómo interpretar sus sueños". Faraón le dijo: "Tráiganme a ese hombre". José fue a servir a Faraón e interpretó los sueños con exactitud. En esencia, el sueño era un mensaje financiero de que habría siete años de abundancia que servirían para prepararse para siete años de hambruna. Y debido a la interpretación que hizo José, Faraón lo puso como segundo al mando de la nación (ver Génesis 41).

¿Se encuentra usted en un período de hambruna en este momento? ¿O está en un período de abundancia? Si está en abundancia, es para que se prepare para la escasez. Cuando está en escasez, se prepara para la abundancia. ¿Está desabastecido ahora que está pasando por esta escasez? Lo que hace en el momento de escasez determina cómo será su período de abundancia. Y lo que hace durante la abundancia determina cuánto mal traerá la escasez.

Egipto se convirtió en la nación más poderosa de la época después de un período de hambruna. Egipto hizo dinero durante la escasez. El favor de Dios sobre José hizo próspera a esa nación. Las demás naciones morían de hambre y venían de lejos para comprar grano, comerciar por grano, hacer lo posible para conseguir algo de grano.

Cuando el hambre llegó, la familia de José oyó desde tierras lejanas que alguien en Egipto tenía alimento. Por eso Jacob (Israel) envió a sus hijos con regalos y dinero: "Por favor, vayan y consigan alimentos". Fueron a Egipto y tuvieron que comprarle grano a José. Pero no le reconocieron porque tenía aspecto de egipcio. Estaba tatuado, usaba una peluca y un vestido y tenía collares de oro. ¡Es cierto! Dios tomó a una persona del pueblo escogido, la puso en el mercado pagano e hizo que pareciera pagano. Hizo que hablara el idioma de ellos y que participara de sus costumbres.

Sé lo que está pensando: *¿Quiere decir que Dios tatuó al muchacho, que le puso aretes en las orejas y le dijo que usara un vestido blanco con faldón de oro?* Piense en cómo miramos a los jóvenes de hoy, completamente tatuados, con agujeros en sus orejas. Entonces decimos sin entender: "Eso no es de Dios; necesitan a Jesús".

Pero quizá Dios los haya puesto allí de manera estratégica para llevar las almas perdidas al Reino de los Cielos. Dios lo hizo antes, y lo está haciendo ahora. Quítese esa "caja de religiosidad" que tiene en la cabeza. ¿Cómo va a ayudarles si actúa como algo que ellos no quieren ser?

Pero volvamos a José. Después de que interpretara los sueños, el Faraón le dijo: "Tú estás a cargo de todo el reino ahora. Tú serás quien administre los siete años de abundancia y proveas para los siete años de escasez".

Recuerde que José pasó de ser hijo mimado a esclavo en el pozo, a ser acusado falsamente y a servir a criminales en la cárcel, y ahora llegó a ser el segundo al mando de una nación entera. Faraón lo puso al mando de todo. A cargo de su casa y de toda la nación. Confió todo en las manos de José.

La Biblia dice que cada vez que José era promovido se debía a que Dios lo prosperaba y le daba éxito. No piense ni por un segundo que el éxito que tiene viene de usted. Viene de Dios.

Somos colaboradores con él; cualquier cosa que usted da, él la duplica. Si da adecuadamente, Dios le triplicará. Si mejora en dar, él le cuadruplicará. Si mejora más todavía, Dios le multiplicará por cien. ¿Quiere que lo asciendan? ¿Siente que está bajo esclavitud? Entonces prospere en el lugar en que está plantado.

Cuide las pocas monedas que tiene y recibirá más. ¿Siente que está en la cárcel, con un guardia que lo vigila? ¿Siente que está en un calabozo? Entonces prospere donde está; trate ese lugar como un hermoso jardín y será promovido y saldrá de allí. Si se le pueden confiar cosas pequeñas, y si las trata como si fueran su sueño, entonces Dios verá que es diligente y lo promoverá. Él es quien exalta al humilde (ver Mateo 23:12).

Prueba número tres

¿Usará y desarrollará sus dones en medio del desastre y de las circunstancias desalentadoras?

La tercera prueba era si José utilizaría sus dones en medio del desastre y el desánimo. Sin lugar a dudas, José tenía todo el derecho del mundo para estar desanimado. Pero no se sentó a llorar y a angustiarse. No se quedó acostado boca arriba llorando sus desdichas. En cambio, dijo: "Esto es lo que tengo; bien, con esto voy a honrar a Dios".

¿Y usted? ¿Utilizará sus dones incluso en las circunstancias negativas? ¿Los usará aun cuando la visión parece estar extremadamente lejos?

Prueba número cuatro

¿Se esforzará tan pronto aparezca la oportunidad, incluso si las circunstancias no son las ideales?

La prueba número cuatro era si José se pondría a trabajar de forma inmediata. ¿Qué habría pasado si no hubiera interpretado los sueños del copero y del panadero? Siempre que se presenta la oportunidad; la pregunta es: "¿Puede reconocerla?" La mejor definición de suerte es *"estar en el lugar correcto, en el momento correcto y aprovecharse de ello"*.

Muchas personas leerán este mismo libro que usted está leyendo, verán la oportunidad, la reconocerán, avanzarán e irán tras ella. ¿Será usted una de esas personas? El éxito no está en probar. Alguien va a entrar en acción; ese alguien puede ser usted. ¿Se pondrá a trabajar cuando se presente la oportunidad? ¿Utilizará lo que tiene?

¿Leerá este libro y hará lo que sucedió cuando el copero y el panadero vinieron a José y le dieron la oportunidad de usar sus dones? Él estaba en una situación miserable. Pero logró mantener su mente activa conectándose con Dios, buscándole y utilizando sus dones.

Durante el desánimo, muchas personas dicen: "No puedo hacer esto. Voy a abandonar este asunto; de todas maneras, no funciona". ¿Alguna vez lo hizo? Nunca más; usted necesita obedecer a Dios. Cada vez que enfrenta un tiempo de desánimo o decepción, quiere decir que se encuentra frente a un ascenso. Cuando atraviesa un momento de desánimo, desventaja y decepción, lo están poniendo a prueba para ser promovido.

Eso es lo que muestra esta historia. Pero solo el dos por ciento de la población dice: "Bueno, las circunstancias no son las mejores; sin embargo, ¡haré lo mejor que pueda!" El otro 98 por ciento de la población sólo lloriquea.

¿Pasará la prueba con honores? ¿Sabe cómo es amar a Dios "sobre todas las cosas"? Él le dejará tomar la prueba otra vez. Si no pasa la prueba en la que está ahora, tendrá que tomarla una y otra y otra vez. ¿Está cansado de repetir la misma prueba una y otra vez? Él le perseguirá por el resto de su vida.

Es mejor dejar de hacerse el tonto, tomarlo en serio, moverse, incorporar habilidades nuevas y alcanzar el éxito, porque ese es su destino. José no culpó a nadie, no criticó, no condenó; él no hizo ninguna de esas cosas. Sólo dijo: "Está bien, aquí estoy, debo tener éxito sin importar a dónde vaya. No importa lo feo que se vea allí, voy a dar lo mejor de mí, aquí".

Prueba número cinco

¿Verá la mano de Dios en medio de las circunstancias y perdonará a quienes le hayan hecho mal?

La prueba número cinco llegó luego de que José encontrara el éxito. Era el segundo hombre más poderoso de aquella parte del mundo. Tenía una esposa egipcia y dos hijos. La hambruna había llegado y sus graneros estaban llenos. Mucha gente de todo el mundo estaba llegando a ellos, comprando grano y enriqueciéndolo. Todo parecía magnífico, pero de repente se aparecen sus hermanos para comprar alimentos.

José los reconoció pero ellos no lo reconocieron a él. Al final él se reveló a ellos con humildad. Leamos ese pasaje que es profundo. Antes de que empiece a leer piense lo que debe haber cruzado por la mente de los hermanos de José cuando se dieron cuenta quién era él ahora.

Ellos lo habían vendido como esclavo y engañaron a su padre al respecto. Ahora, años después estaban mendigando alimento de un hombre que parecía ser egipcio. Pero de repente el hombre se quita su peluca y les habla en su lengua nativa, diciéndoles: "Yo soy José". Imagine la culpa con la cual habían vivido todos estos años. Piense cual no sería su temor al darse cuenta de que el hermano que habían vendido como esclavo tenía ahora poder sobre su vida. Imagínelos recordando los sueños de José y diciéndose: "¡Oh no!".

Y dijo José a sus hermanos: Yo soy José; ¿vive aún mi padre? Y sus hermanos no pudieron responderle, porque estaban turbados delante de él.

Entonces dijo José a sus hermanos: Acercaos ahora a mí. Y ellos se acercaron. Y él dijo: Yo soy José vuestro hermano, el que vendisteis para Egipto. Ahora, pues, no os entristezcáis, ni os pese de haberme vendido acá; porque para preservación de vida me envió Dios delante de vosotros. Pues ya ha habido dos años de hambre en medio de la tierra, y aún quedan cinco años en los cuales ni habrá arada ni siega. Y Dios me envió delante de vosotros, para preservaros posteridad sobre la tierra, y para daros vida por medio de gran liberación.

Así, pues, no me enviasteis acá vosotros, sino Dios, que me ha puesto por padre de Faraón y por señor de toda su casa, y por gobernador en toda la tierra de Egipto. Daos prisa, id a mi padre y decidle: Así dice tu hijo José: Dios me ha puesto por señor de todo Egipto; ven a mí, no te detengas. Habitarás en la tierra de Gosén, y estarás cerca de mí, tú y tus hijos, y los hijos de tus hijos, tus ganados y tus vacas, y todo lo que tienes. Y allí te alimentaré, pues aún quedan cinco años de hambre, para que no perezcas de pobreza tú y tu casa, y todo lo que tienes (Génesis 45: 3 – 11).

José sabía quién los había enviado. Él no culpó a nadie, no demostró deseo de venganza, enojo, amargura, resentimiento o falta de perdón para ninguno. Dios había usado a sus hermanos para promover al joven José, para que se cumplieran aquellos sueños, para ser no sólo el gobernante de su propia tribu sino de la nación más poderosa del mundo en su tiempo.

La visión que usted tiene, lo que usted puede ver, es mucho más pequeña que la realidad de lo que llegará a ser. La Biblia dice que: *"Cosas que ojo no vio, ni oído oyó, ni han subido en corazón de hombre, son las que Dios ha preparado para los que le aman"* (1 Corintios 2: 9). ¿Conoce usted a Dios? ¿Lo ama? Si está siendo probado en este mismo momento, usted tiene una opción: pasar la prueba o fracasar. ¿Reconocerá en esos momentos de prueba que fue Dios quien lo envió?

Es posible prosperar durante una hambruna si usted es sabio durante la época de cosecha. Si es sabio durante la plenitud prosperará durante la hambruna. ¿Está usted cansado de soportar hambre durante la escasez? Yo le pregunto una cosa: Cuándo llegue el momento, ¿perdonará a todos aquellos que no merecen que se les perdone? José lo hizo. Ciertamente sus hermanos no merecían su misericordia ni su perdón.

Prueba número seis

¿Se apropiará del crédito de su éxito, o hará lo correcto y se lo dará a Dios?

La prueba número seis es sorprendente. Allí José demostró un nivel de liderazgo que supera a la mayoría de las personas que he visto o con las que he trabajado a lo largo de toda mi vida (con la posible excepción de una o dos personas). José no se llevó ningún crédito de su éxito. Por lo tanto dijo: *"No fueron ustedes quienes me enviaron aquí, sino Dios..."* (Génesis 45:8). Antes de esto, cuando José se encontró con el Faraón por primera vez, el Faraón le dijo: *"...he oído decir de ti, que cuando oyes un sueño puedes interpretarlo"* (Génesis 41:15). José respondió: *"No puedo hacerlo. Pero Dios dará a Faraón la respuesta que desea"* (Génesis 41:16).

En cada oportunidad que tuvo para usar sus dones José declaró su fragilidad y dijo: "No puedo hacer nada sin Dios, pero él me dio un don, y lo usaré". Cuando usted llega al lugar de promoción, hay otra prueba esperándole. ¿Dará la gloria a Dios o se la llevará usted y dirá que lo logró por sus propios medios? ¿Le dará el crédito a aquel que lo equipó, que lo puso en los lugares indicados, que abrió las puertas, que le dio favor, que hizo que las cosas ocurrieran?

¿Está aprobando?

La primera Carta de Pablo a Timoteo habla de las características de un supervisor. Dice que para que una persona califique para el liderazgo debemos observar su familia. Si sus hijos y su esposa lo honran y él puede gobernar su casa, entonces es capaz de liderar a otras personas. Sin embargo, si no puede liderar a su propia familia, entonces definitivamente no puede liderar a nadie más (ver 1 Timoteo 3:4-5).

Así también es como José calificó para llegar a ejercer el liderazgo. Si José no hubiera podido gobernar una casa y ser líder en la prisión, no podría haber liderado una nación.

¡Nuestro Dios es maravilloso! Vea lo poco que tuvo que hacer José. Recibió unas migajas y Dios trajo la gran cosecha. José sólo tenía que ser fiel con lo poco y aprender algunas lecciones en el proceso, y Dios lo promovió. ¡Eso es grandioso!

También usted, si desea pasar las pruebas, debe usar lo que tiene, con todas sus fuerzas, con excelencia. Necesita dejar de buscar la aceptación de los hombres. Necesita dejar de intentar que los demás le tengan envidia, de intentar demostrar que merece ser aceptado. Necesita preocuparse por la aceptación de Dios, y solamente la de Dios. Dios ya lo aceptó. No importa lo que los demás digan o piensen.

Debe dejar de intentar demostrar que se lo merece, y que tiene algo muy importante. Deje de intentar demostrarlo; usted ya lo tiene. Debe mantener la visión dentro de la prisión. ¿Cómo cuidará de los regalos que Dios le hadado (las relaciones, el dinero, las posesiones, las responsabilidades, la influencia, la familia, etc.) que Dios le ha dado? Si Dios puede confiarle cosas pequeñas, él las multiplicará en grande.

¡Qué Dios tan maravilloso! Nos da el "libro de instrucciones" de antemano. ¿Ha fallado en alguna de estas pruebas? ¿Ha fallado en las seis? Yo sí. La buena noticia es que puede tomarlas otra vez. Pídale a Dios que le perdone por las cosas en las que falló; y aproveche para perdonarse a usted mismo. Y luego prepárese para el próximo ascenso de su vida.

> *¡Dani, esto es lo que me faltaba y estaba buscando! ¡Dios te bendiga!*
>
> -Michael C.

CAPÍTULO 11

CONVIÉRTASE EN UNO DE LOS ESCOGIDOS DE DIOS

Dios nos dio una promesa, y dice que podemos probarlo al respecto. Yo la probé, y es verdad. Está relacionada con la riqueza y la abundancia.

No sé dónde se encuentra usted en este momento de su vida. No sé cuál es su situación con Dios. Pero si piensa intentarlo sin él, tendrá desafíos muy duros. No digo que con él no tendrá desafíos, porque los tendrá, pero es mucho más fácil cuando tiene al Dios con "D" mayúscula de su lado.

¿Suele sentirse abrumado por lo que siente en su interior y por lo que desea hacer? Dios tiene una palabra para usted. En Mateo 22:14 (NVI) dice: *"Muchos son los invitados, pero pocos los escogidos"*. (La versión Reina-Valera 1960 dice: *"Muchos son llamados, y pocos escogidos"*.)

Elegir el equipo

¿Está un poco confundido por esta Escritura? A mí me pasó lo mismo la primera vez que la leí. Permítame desmenuzarla para que le quede más clara. Piense en las pruebas para jugar baloncesto. Muchos son llamados. Hay un llamado, hay una invitación para las pruebas, pero sólo unos pocos son escogidos.

Comparemos a dos de los chicos que se presentan. Uno es el jugador estrella del año anterior, y dice: "Tengo a este tonto en mis manos. Ni siquiera necesito esforzarme. Mira a mi rival; lo tengo controlado". El otro chico está presto. Compró zapatillas, shorts y playera nueva; está listo para jugar con todo el corazón. Dribla, es inseguro en los lanzamientos, comete faltas, no puede recorrer la cancha pivotando bien el balón. Pero se esfuerza, está deseoso y dispuesto a aprender. ¿A quién escogerán? Averigüémoslo.

En 1 Samuel 16 Dios le dijo a Samuel que fuera a la casa de Isaí para ungir por rey a uno de sus hijos. Samuel entra en la casa y ve a este hombre enorme, corpulento y hermoso, y dice: "Ese muchacho tiene aspecto de rey, debe ser él. Es el hijo mayor, es fuerte y apuesto. Pero Dios le dijo a Samuel: *"No mires a su parecer, ni a lo grande de su estatura, porque yo lo desecho; porque Jehová no mira lo que mira el hombre; pues el hombre mira lo que está delante de sus ojos, pero Jehová mira el corazón"* (1 Samuel 16:7).

Dice la Biblia que David fue el elegido aunque era un muchacho menos aparente. ¿Y en el equipo de baloncesto? ¿Eligen al chico fanfarrón y tozudo que piensa que tiene todo controlado? ¿Eligen al que no necesita ayuda alguna y que dice: "No me digan que debo hacer"? ¿O eligen al muchacho que no tiene habilidad pero sí un gran corazón? Sí, eligen al chico de gran corazón. Muchos son llamados pero pocos escogidos. Los elegidos son aquellos que tienen necesidades, que están dispuestos a aprender, que tienen pasión y que están dispuestos a hacer lo necesario.

Muchos son llamados, pero pocos escogidos. Vaya grupo este de los 12 discípulos. Si yo fuera Jesús, probablemente no los habría elegido. Piénselo. Algunos de los 11, o todos, lo negaron, dudaron de él, no le creyeron, le fueron infieles y lo abandonaron en la peor hora de sufrimiento en la Cruz. Jesús estuvo tres años con ellos, y cuando llegó el peligro, huyeron. ¿Usted los elegiría?

Está claro que Dios no elige como nosotros elegimos. Él conocía el corazón de los discípulos. Podemos ver esto a lo largo de toda la Biblia. Así es cómo funciona: muchos son llamados. Dios abre el proceso de selección. Se forma un equipo. Luego ese equipo comienza una temporada de preparación que les permitirá ganar.

PREPÁRESE PARA GANAR

¿Ha sido llamado a ser líder? Una cosa determina si fue elegido para liderar: su corazón. Una cosa determina si va a liderar: la preparación. Permítame mostrarle cómo prepararse para ejercer liderazgo.

El rey David tuvo que prepararse de muchas maneras antes de sentarse en el trono. David se preparó como guerrero. Era guerrero y adorador de Dios, y se convirtió en un rey muy exitoso. Parece ser una fórmula bastante buena. David sabía cómo hacer que las cosas se lleven a cabo. Estaba totalmente entregado, completamente rendido al Dios Altísimo, y consultaba al Señor en cada cosa.

David era "la niña de los ojos de Dios" como dijimos antes, a pesar de haber cometido adulterio y homicidio (ver 2 Samuel 11-12; Sal. 17:8). Dios prometió establecer su Reino a través de David para siempre (ver 2 Samuel 7:16). Jesús fue descendiente de David, y su Reino aún está sobre la tierra hoy. Soy parte de ese Reino. Si es seguidor de Cristo, usted también es parte de ese Reino. Su Reino ha permanecido por miles de años y permanecerá para siempre.

Muchos son llamados, pocos escogidos. La preparación de David para llegar a ser un rey guerrero comenzó cuando era un muchacho, un pastor de ovejas que peleaba contra osos y leones (ver 1 Samuel 17:34-37). La preparación involucraba servir y sujetarse a otro rey (ver 1 Samuel 16:14-23). David sirvió y se entregó a la visión de otra persona antes de que la suya se cumpliera. Fue ungido como rey a los 16 años de edad, pero pasó años de preparación antes de convertirse en rey.

¿Siente que la idea de cumplir el destino de Dios le abruma? Eso sucede porque piensa que usted debe hacer que se cumpla. En su estado actual, usted no puede hacer que se cumpla. Usted se encuentra en la etapa de David niño pastor. Desde luego que su destino parecerá inmenso y poderoso. Cuando Samuel lo ungió como próximo rey, es probable que David se sintiera intimidado y se preguntara cómo podría llegar a suceder. Quizás haya pensado: *"¿Por qué yo? ¿Por qué no uno de mis hermanos?* Pero Dios tenía un plan, y sentó a David en el trono exactamente en su tiempo y a su manera.

Veamos la preparación de Jonás. Me identifico con él de forma muy personal cada vez que vuelvo a enredarme en la panza de algún pez tonto. Dios le dijo a Jonás que fuera a Nínive a dar un mensaje. Jonás se rebeló: "Me largo de aquí; me voy a Tarsis". El Señor tenía una tarea para que Jonás realizara. Pero él se evadió de lo que debía hacer porque pensó que era algo diferente de lo que en realidad era (ver Jonás 1:1-2). Quizás usted se está escapando de lo que fue llamado a hacer. Déjeme decirle algo. Dios lo perseguirá por el resto de su vida. Él persiguió a Jonás, y Jonás terminó siendo tragado por un pez gigante hasta que se arrepintió y obedeció a Dios (ver Jonás 2).

Vemos a muchos escogidos de Dios que han tenido períodos de preparación a lo largo de todas las Escrituras. Ester fue preparada por Dios (ver Ester 1:9,12). Cada uno de los héroes bíblicos fue preparado través de la oposición, los conflictos y las pruebas. ¿Está atravesado conflictos, pruebas o tribulaciones, como les dicen? A través de estas cosas, los líderes de Dios fueron preparados para lo que había de venir.

Si fue llamado a liderar personas, hay diferentes áreas en las que antes debe recibir preparación. Déjeme ayudarle con algunas.

Aprenda a tratar con las personas

Si no trata con las personas de forma correcta, no querrán seguirle. No querrán escucharle. No querrán obedecer a Dios ni sujetarse. No querrán que usted los dirija. Si no sabe cómo tratar con las personas, no hay nada que pueda decir que haga que le sigan. De hecho, el trato que tiene ahora puede hacer que los demás se alejen de usted.

Muchos serán llamados, pero pocos se esforzarán, aprenderán, y serán equipados para tratar con las personas. Muy pocos invertirán en esto. Muy pocos se sujetarán a Dios en esta área.

En el trato con los demás, es obvio que sacar lo mejor de ellos es un arte. No es fácil. La Escritura dice que nos amemos unos a otros (ver Juan 13:34). ¿Sabe verdaderamente qué significa esto? No estoy hablando de un amor superficial. No estoy hablando de amar a quienes es fácil amar. ¡Estoy hablando de amar a aquellos que lo vuelven loco con lo que dicen y hacen!

Sé que la Biblia dice que nos amemos unos a otros, pero es un desafío para mí. Debo apoyarme en Filipenses 4:13, que dice: *"Todo lo puedo en Cristo que me fortalece"*. Necesito apoyarme en esta Palabra a diario para amar a otras personas. Si no sabe lo que significa amarnos los unos a los otros, recuerde esta Escritura. Necesita a Cristo para amar a las personas.

Necesitamos a Cristo para que nos ayude a amar a otros, porque hay personas que pueden ser malas, manipuladoras y ofensivas. Esas personas murmuran y juzgan. ¿Ve qué fácil es que las personas lo odien? Sin Dios, esto es una causa perdida. El amor, en realidad, es un fruto del Espíritu de Dios (ver Gálata. 5:22). Sin el Espíritu Santo no hay amor.

En 2 Juan 1:6 dice: "Y este es el amor, que andemos según sus mandamientos…" Su mandamiento es andar en amor. Vemos la definición de amor en 1 Corintios 13:1-8:

> *Si yo hablase lenguas humanas y angélicas, y no tengo amor, vengo a ser como metal que resuena, o címbalo que retiñe. Y si tuviese profecía, y entendiese todos los misterios y toda ciencia, y si tuviese toda la fe, de tal manera que trasladase los montes, y no tengo amor, nada soy. Y si repartiese todos mis bienes para dar de comer a los pobres, y si entregase mi cuerpo para ser quemado, y no tengo amor, de nada me sirve.*

Permítame agregar mi propio comentario: "Y si llego a ser millonaria y dirijo un grupo grande de personas, pero no tengo amor, nada tengo.

> *El amor es sufrido, es benigno; el amor no tiene envidia, el amor no es jactancioso, no se envanece; no hace nada indebido, no busca lo suyo* (1 Corintios 13: 4 – 5)

> *...no se irrita, no guarda rencor; no se goza de la injusticia, mas se goza de la verdad. Todo lo sufre, todo lo cree, todo lo espera, todo lo soporta. El amor nunca deja de ser...*(1 Corintios 13: 5 – 8).

Gálatas 5: 13, dice: *"Porque vosotros, hermanos, a libertad fuisteis llamados; solamente que no uséis la libertad como ocasión para la carne, sino servíos por amor los unos a los otros"*. El primer paso para tratar con la gente correctamente y para ser su líder es aprender a amarla.

Aprenda a manejar los conflictos y las pruebas

Si usted tiene el propósito de ser líder tiene que aprender a manejar los conflictos y las pruebas. Necesita entender su propósito. La mayoría de la gente se asusta y flaquea. Pero Hebreos 12:10–11, dice:

> ...[Dios nos disciplina] *para lo que nos es provechoso, para que participemos de su santidad. Es verdad que ninguna disciplina al presente parece ser causa de*

gozo, sino de tristeza; pero después da fruto apacible de justicia a los que en ella han sido ejercitados.

Santiago 1:2-6 dice que deberíamos considerar gozo puro los momentos en que sufrimos pruebas dolorosas. Dice que la prueba de nuestra fe desarrolla la perseverancia y que la perseverancia debe terminar su obra para que podamos estar completos, sin que nos falte nada.

Sea sincero. ¿Suele usted perder el control en el tiempo de la prueba? ¿Suele preocuparse, culparse o culpar a otros por las pruebas? O quizás maldice al diablo por las pruebas. A veces es el diablo, pero otras veces es Dios que le está disciplinando. Si está enfrentando las consecuencias de su pecado necesita arrepentirse y soportarlo. No haga lo que hace la mayoría, que no acepta la responsabilidad y culpan, o glorifican, al diablo. Le acreditamos al diablo cosas que ni siquiera pensó hacer. Cuando aceptamos nuestra responsabilidad y nos arrepentimos, Dios se glorifica en nuestra humildad. ¿Cómo saber si es la disciplina de Dios? Depende de si usted está enfrentando las consecuencias de sus propias decisiones o de sus propios problemas o no. Otras pruebas sin duda nos capacitan. Todas las pruebas, sin importar de dónde vienen, sirven para exponer aquello que está en nosotros que necesita ser fortalecido, para que así podamos aprender y crecer.

Si no es el diablo, entonces debe ser Papá Dios. En el pasado, recibí dos tipos diferentes de disciplina: en mi salud y en mi bolsillo. Sufrí un ataque cardíaco a los 24 años, un colapso nervioso a los 25 y una afección cardiaca mortal a los 30. Usted se preguntará: "¿Dios le hizo eso?" No, básicamente me lo hice yo misma. Fueron las consecuencias de mis malas decisiones.

¿Alguna vez les dio unas nalgadas a sus hijos? Las Escrituras dicen:

"El que detiene el castigo, a su hijo aborrece; mas el que lo ama, desde temprano lo corrige." "No rehúses corregir al muchacho; porque si lo castigas con vara, no morirá. Lo castigarás con vara, y

librarás su alma del Seol" (Proverbios 13:24 y 23:13-14). ¿En serio creo esto? Totalmente. Tengo cinco hijos, y déjeme decirle que las nalgadas dan resultado, no hay duda. No los lastimo como a mí me lastimaban, pero de seguro les doy una palmada en el momento en que es necesario. Desde luego que lo hago con amor. Se los explico y los corrijo para que tengan un corazón lleno de arrepentimiento. Tengo un sistema de castigo, y lo sigo. Lo reconocen cuando notan esa mirada en mis ojos. Ellos saben: ¡Es hora de obedecer! Es un temor reverente y saludable. No es el tipo de temor que yo le tenía a mi padrastro. Ese era un miedo detestable. Como madre, no quiero que ellos tengan ese tipo de temor.

Y eso es lo que hace el Papá del Cielo con usted. En Hebreos 12 nos dice que no nos disgustemos por la corrección. *"Porque el Señor al que ama, disciplina, y azota a todo el que recibe por hijo"* (Hebreos 12:6).

¿Es usted alguien que nunca puede salirse con la suya? Yo también. De hecho, es parte de mi nombre; el nombre que se me profetizó toda mi vida significa "Dios es mi juez"; eso significa Daniela. Quiere decir que la rienda es corta. ¿Tiene rienda corta? Por ejemplo, ¿le sucede que no puede acelerar sin recibir una multa? Eso es una rienda extremadamente corta. No puede mentir. No puede decir una mentirilla. No puede decir una mentira piadosa. Eso es tener rienda corta.

Ser un buen líder significa acoger los conflictos y las pruebas como una disciplina útil de parte de nuestro Padre. Significa ver el fruto de la disciplina en su vida en lugar de quejarse por las dificultades.

Aprenda a sujetarse a otros

Sujetarse a sus líderes y responder ante ellos es crucial para cualquiera que quiera liderar. Si no puede sujetarse al hombre, no se sujetará a Dios. La Biblia dice que debemos sujetarnos los unos a los otros (ver Efesios 5:21), así de sencillo. Si anda solo como un renegado haciendo lo que quiere y no tiene a quien rendirle cuentas, entonces, no tiene a nadie en quien confiar, está tratando de lograrlo solo, y se encuentra en problemas. Se está dirigiendo hacia un precipicio. No estoy diciendo que cualquiera puede cumplir ese rol; eso también puede ser desastroso. Necesita a alguien que tenga en mente lo mejor para usted.

La manera en que sigue a sus líderes determinará la manera en que otros lo seguirán a usted. Si es el tipo de persona que dice: "No necesito seguir a nadie", no debería sorprenderle tener un montón de gente a su alrededor que tampoco sigue a nadie. Los demás lo seguirán de acuerdo a cómo usted siga a otros.

Aprenda a dominar la lengua

Mientras se prepara para el liderazgo necesita aprender a dominar la lengua. Al leer este libro está siendo equipado con un nivel muy poderoso de liderazgo. Lo más crucial es convertirse en un líder *eficaz*, y eso se logra controlando las palabras que dice.

Proverbios 18:21 dice: *"La muerte y la vida están en poder de la lengua, y el que la ama comerá de sus frutos"*. Si habla muerte sobre las personas, con declaraciones como: "Son un montón de holgazanes que no aprenden, no están dispuestos ni siguen las instrucciones", lo único que hace es envenenar su cosecha. La vida y la muerte están en poder de la lengua, y comerá el fruto de lo que dice.

Quizás piensa: "Todo lo que tengo en mi empresa son diez holgazanes". Si así es cómo trata a los diez, Dios no le confiará ni 20 ni 10.000. Si habla muerte sobre 100, eso le descalifica para liderar 1.000. La manera en que trata a los que hoy tiene determinará si caerá en el casillero que dice: "Cobre $200" o si caerá en el que dice "Vaya directo a la cárcel", y a intentar una y otra vez. ¿En dónde está usted?

Aprenda a elegir la fe por sobre la duda

Debe decidir creer antes que dudar. Debe elegir actuar antes que dilatar las cosas. No puede sólo intentar vencer. Debe tomar cartas en el asunto y decir: "Voy a hacerlo". Cuando prepara su mente para hacerlo y acompaña con su boca, sus pies comienzan a moverse en la dirección que debe ir. No puede decir algo como "no logro motivarme". Levántese y muévase. Si abre su boca y comienza a declarar y luego sigue lo que dice, el éxito llega. No necesita leer un libro sobre la dilación. No necesita leer algún libro sobre el temor y la oposición y cómo vencerlos. Sólo comience a hablar "vida verdadera" de Dios. Póngase de acuerdo con la vida. Póngase de acuerdo y actúe, porque sus pies siguen lo que su boca dice.

Aprenda a sujetarse a Dios

La primera vez que escuché la palabra *sujetarse*, la escuché de esta manera: "Sujétese a su esposo". Sujetarse no significa lo que usted piensa. La palabra *sujetar* significa respetar y honrar. Déjeme compartirle un ejemplo de mi matrimonio.

Hans y yo, incluso en momentos en los que nos peleábamos, nos amábamos profunda y apasionadamente. Aun hoy nos amamos así. Puede preguntarles a nuestros amigos o a cualquier empleado de nuestra empresa. En verdad, nos amamos con pasión. A veces esa pasión se transforma en una pelea, pero siempre termina en algo divertido. Eso es lo importante. Más tarde, cuando aprendí que *sujetarse* significaba respetar y honrar, lloré y dije: "Oh, lo amo apasionadamente. Pero detesto estar cerca de él, y la manera como hace las cosas. Detesto esto, detesto aquello". Y al mismo tiempo tenía ese amor profundo y apasionado. Entonces me di cuenta: "No respeto ni una pizca de este hombre, no honro ni siquiera una parte de él".

Trataba a mis clientes mejor de lo que lo trataba a él. Respetaba a mis clientes y a los desconocidos más de lo que respetaba a mi esposo. La Biblia dice: *"Las casadas estén sujetas a sus propios maridos..."* (Efesios 5:22). Se necesitaba el obrar de Dios para que yo hiciera eso; era necesario un verdadero milagro.

Así que ahora que sabemos lo que quiere decir *sujetarse*, necesitamos aplicarlo a nuestra relación con Dios. Job 22:21-22 dice: *"Vuelve ahora en amistad con él, y tendrás paz; y por ello te vendrá bien. Y pon sus palabras en tu corazón. Si te volvieres al Omnipotente, serás edificado; alejarás de tu tienda la aflicción".*

¿Siente un llamado a liderar? Si no ora, usted es un tonto. Él es quien trae a las personas a su lado. Si no le pide a él, no confiará en usted para que tenga una buena influencia sobre los demás. Sé que eso es algo que yo no quiero arriesgar. Estamos tan bendecidos de que Dios haya puesto cientos de miles de clientes en nuestras manos. Ese es un nivel de influencia bastante grande.

Primero, yo tenía que ser confiable. Fallé algunas veces al principio pero luego descubrí algunas cosas. Me di cuenta de que no puedo hacer nada separada de él. Así que me sujeté a él, buscándole y preguntándole en oración. *¿Qué hago ahora? ¿Dónde quieres que vaya? ¿Cómo quieres que haga esto? Dame una señal, dame una confirmación. No voy a hacer nada sin ti. No quiero estar en ningún lugar que tú no estés.* Esa es mi oración cada vez que voy a hacer un seminario. *Dios, si tú no estás ahí, no me subiré a esa plataforma.* Primero Dios.

No siempre viví de esa manera. Solía depender de mí misma y de mi talento y habilidad para tener éxito en la vida. Ya no hago eso, porque lleva a la destrucción. Si no va a la fuente de su talento, se le agotará. Entonces estará en la cima, pero vacío, como estaba yo sin poder funcionar, sin poder hablar, sin querer usar mis dones en lo más mínimo.

Dios es quien pone el deseo, y también quien lo quita. Quizás se pregunte: *¿Cómo es posible que esta persona que habla vida y ánimo y que prepara a otros caiga en depresión?* Lo hacía en mis propias fuerzas y con mi talento, confiaba en mi habilidad, confiaba en mi experiencia personal para convertirme en millonaria, y se secó. ¿Usted ha fracasado alguna vez? No es divertido, ¿cierto? Sin importar lo que intente o lo que haga, parece que las cosas no marchan.

Ese es el momento en que sabe que se está apoyando en sus propias fuerzas y no en las del Dios Altísimo. Si está liderando personas o siente que fue llamado a hacerlo, y no se sujeta a Dios ni ora a diario, es un tonto. Si quiere llegar al lugar al que desea ir, entonces tiene que empezar a sujetarse y a postrarse ante su Dios a diario. Separados de él, usted y yo no podemos hacer nada.

¿Estuvo alguna vez en una situación en la que alguien le obligó a sujetarse? Eso no fue divertido. Dios no le obliga a sujetarse; le da la opción. Puede parecer una opción difícil, pero sujetarse a Dios trae tantos beneficios que usted ni se imagina. Cuando elegí sujetarme, comenzaron a ocurrir milagros en mi vida.

Hay muchas personas heridas, pero hay un avivamiento que está surgiendo en el mercado. Hay una renovación del Espíritu de Dios que está penetrando los muros, cruzando los límites, y las fronteras, llegando a las personas y las razas. Dios necesita un ejército; está formando un ejército que saldrá y peleará la buena batalla de la fe, que representará su nombre y lo glorificará. Eso no significa que al salir tendrá una credencial de ministro. Yo tengo una, y es solo un trozo de papel en la pared.

Significa que usted tiene la misma autoridad en Cristo que yo. Es la misma autoridad y el mismo poder. Tiene acceso a la misma Biblia, los mismos principios. Depende de usted. ¿Se sujetará a él? ¿Se rendirá por completo sin importar el resultado? ¿Puede hacerlo? El tiempo lo dirá.

Aprenda a pedir milagros

Ore por milagros sobre su pueblo. Usted tiene un pueblo, al igual que Moisés tenía uno. Tal como David lo tenía. Tiene un pueblo al igual que Abraham, Isaac y Jacob. Israel tenía un pueblo. Eso es lo que usted tiene. Quizás tenga cinco personas, pero tiene un pueblo.

Necesita empezar a buscar a Dios de todo corazón, en total rendición, sin condiciones, no a medias tintas, no con un compromiso a medias, no solo cuando necesita a Dios. Necesita entregarse por completo. Haga lo necesario para ser elegido. Cuando llega el tiempo de selección, asegúrese de ser quien tiene el corazón correcto y la ética laboral adecuada. Asegúrese de estar listo para que lo elijan.

> *Puedo implementar lo aprendido con mi familia: ¡mis siete hijos y mi esposo!*
>
> —Tami G.

CAPÍTULO 12

EL ARMA SECRETA

¿Ha sido usted llamado para ser bendecido financieramente? A menudo la gente habla de conseguir riqueza sin encarar primero por qué están viviendo en pobreza. Pero yo quiero guiarlo a la prosperidad abocando la avaricia y su contraparte: la generosidad. Proverbios 15: 27 (NIV), dice: *"Un hombre avaro causa problemas a su familia..."* Este versículo nos dice que la clave para romper con la pobreza es dar.

Yo no le voy a dar toda la información acerca de dar y luego predisponerlo a que me envíe dinero. No necesito su dinero. No soy ni pastora ni misionera. Soy una mujer de negocios y mi dinero no proviene de ofrendas. Por favor, no interprete esto como orgullo. Yo hago alarde de mi Dios, quien es fiel a su Palabra y sus principios. Jamás he solicitado una ofrenda. He sido enviada a dar a los necesitados, no a tomar algo de ellos.

Dicho lo anterior, hablemos ahora de "dar." Es posible que usted le esté robando a Dios semanal, mensual y anualmente, al quedarse con los diezmos y las ofrendas. Y al mismo tiempo, de forma insensata, espera tener éxito en su carrera, en su familia, y en su ministerio. Eso no va a suceder.

Los ricos entienden el concepto y lo viven. Es la Ley de Dios, es igual a la ley de la gravedad. En 2 Corintios 9:6 dice: *"El que siembra escasamente, también segará escasamente; y el que siembra generosamente, generosamente también segará"*. Un hombre codicioso trae problemas a su casa. Al final tendrá pobreza. ¿No odiaría amasar una fortuna y luego perderlo todo? Eso sería lamentable ¿verdad?

La importancia de dar

Lo cierto es que la mayoría de las personas no dan nada de las muchas cosas que pudieran dar. Solo el dos por ciento de la Iglesia realmente diezma. ¿No es triste? Es por eso que están en bancarrota. Lucas 6:38 dice: *"Dad, y se os dará; medida buena, apretada, remecida y rebosando darán en vuestro regazo; porque con la misma medida con que medís, os volverán a medir"*. Necesita subrayar esto en su Biblia y colgarlo en la pared.

Desde que Hans y yo damos en el Reino de los Cielos (para que la provisión en el nombre de Jesús toque a los pobres y necesitados, a las viudas, a los niños, y a los perdidos), hemos pasado por períodos buenos y malos, pero nunca jamás pasamos necesidad. Para mi jubilación, rechacé un ingreso anual de 750 mil dólares. Eso provocó un impacto tremendo en mí y en mi familia. Pero durante ese tiempo el ingreso fue apretado y remecido. Cuando se presiona algo, ¿no pareciera ser más pequeño? Cuando el bote de basura está lleno, lo presiona para que parezca menos; y entonces puede poner más.

Quizás usted esté atravesando por esa situación ahora. Quizás en este momento esté en la etapa de presión (pero solo en el caso de que usted esté dando). Si no está dando, está recibiendo una disciplina financiera. Si no está sembrando, recibe disciplina por no sembrar. Si sus finanzas no crecen es porque no está dando. Esa es una causa. Otra razón es que no está trabajando bien. Si no está trabajando, sus ingresos no aumentarán. Es así de simple. Recuerde, eso sería perseguir una fantasía.

Otro de mis pasajes favoritos es Malaquías 3:10, que tiene esta promesa:

> *Traed todos los diezmos* [el 10 por ciento de sus ingresos] *al alfolí y haya alimento en mi casa; y probadme ahora en esto, dice el Señor de los ejércitos, si no os abriré las ventanas de los cielos, y derramaré sobre vosotros bendición hasta que sobreabunde.*

Dios está diciendo que si le da el 10 por ciento, puede probarle. Si da generosamente y obedece la Palabra de Dios, el Señor dice: "*Pruébame en esto. La apretaré, la remeceré y haré que rebose. Pruébame en esto. Si siembras en buena tierra, segarás una buena cosecha. Pruébame en esto. Bendeciré todo lo que emprendas si cuidas de los pobres*".

No se trata de una iglesia. Se trata de dar donde hay buenos frutos. Un verdadero "alfolí"o un granero que produce frutos, no es como un nido de holgazanes que calientan bancos, ocupan un lugar temporal y se van como vinieron. Quienes ayudan a los pobres serán bendecidos. Quienes les dan la espalda tendrán muchas maldiciones sobre sus cabezas. Una organización en la que vale la pena sembrar es aquella que ayuda a los pobres. La Biblia habla de dar generosamente a los pobres y a los necesitados.

El diezmo tiene que darse en el nombre de Jesús, y donde sea que entregue ese diezmo, debe hacerlo en el nombre de Jesús. Sí, puede ser en cualquier lado. Debería prepararse para tener éxito, porque siempre recibirá aquello para lo que está preparado.

DÉ CON UNA BUENA ACTITUD

No solo es importante dar, sino dar con la actitud correcta. Cuídese de no guardar malos pensamientos. *Dios ama al dador alegre* (ver 2 Corintios 9:7). Si obedece de forma voluntaria recibirá bendición. Si lo manipulan para que dé, entonces la ofrenda es inútil. Dé en obediencia a Dios, no por la manipulación del hombre. No dé a regañadientes; el Señor bendecirá lo que haga de todo corazón. Deuteronomio 15:10 dice: *"Sin falta le darás [al necesitado], y no serás de mezquino corazón cuando le des; porque por ello te bendecirá el Señor tu Dios en todos tus hechos, y en todo lo que emprendas".*

Dice que Dios le bendecirá en *todo* lo que emprenda. En el hebreo significa exactamente eso. Pero si no emprende nada, Dios no lo puede bendecir. Dios ya tiene una bendición esperándole. Si no emprende nada, no la recibirá.

DÉ O SIEMBRE EN BUENA TIERRA

Mateo 13:4-9 explica la siembra y la cosecha y los diferentes tipos de tierra. Antes hablamos de los cuatro tipos de tierra: tierra dura (barro), tierra rocosa, tierra con espinos y tierra fértil. Solo un tipo de tierra es fértil. Solo una tierra tiene promesa, y la promesa es una retribución de 30, 60 y ciento por uno. Eso es un suelo fértil. Si ha estado sembrando en tierra dura, rocosa o con espinos, su inversión no se ha reproducido. La única manera de conseguir la bendición de 30, 60 y 100 en lo que siembra es sembrando en tierra fértil.

¿Cómo reconoce usted la tierra fértil? Una persona o un ministerio que es tierra fértil da como fruto la salvación de las almas. Debe preguntarse: *¿A dónde va el dinero? ¿Qué fruto se está produciendo?* Quizás usted asiste a una iglesia muerta que no ha crecido en 25 años. Está sembrando en ese terreno y no le está produciendo fruto porque es terreno pedregoso y no crece nada allí. Nada crece en la arena.

Un buen terreno produce buen fruto (ver Mateo 7: 15 – 20). Los lugares o ministerios a los cuales usted les da deben estar enmarcados en la Gran Comisión, deben ir por todo el mundo predicando el Evangelio, ganando almas, echando fuera demonios, sanando a los enfermos, abriendo los ojos a los ciegos y los oídos a los sordos, limpiando leprosos y liberando a los cautivos (ver Mateo 28: 19 – 20).

Estoy metiéndome en terreno peligroso en donde puedo herir ciertas susceptibilidades. Pero miremos lo que dice Mateo 25:31 – 46.

Quiero que vea quién es justo a los ojos de Dios. Se va a sorprender.

Cuando el Hijo del Hombre venga en su gloria, y todos los santos ángeles con él, entonces se sentará en su trono de gloria, y serán reunidas delante de él todas las naciones; y apartará los unos de los otros, como aparta el pastor las ovejas de los cabritos. Y pondrá las ovejas a su derecha, y los cabritos a su izquierda.

Entonces el Rey dirá a los de su derecha: Venid, benditos de mi Padre, heredad el reino preparado para vosotros desde la fundación del mundo. Porque tuve hambre, y me disteis de comer; tuve sed, y me disteis de beber; fui forastero, y me recogisteis; estuve desnudo, y me cubristeis; enfermo, y me visitasteis; en la cárcel, y vinisteis a mí. Entonces los justos le responderán diciendo: Señor, ¿cuándo te vimos hambriento, y te sustentamos, o sediento, y te dimos de beber? ¿Y cuándo te vimos forastero, y te recogimos, o desnudo, y te cubrimos? ¿O cuándo te vimos enfermo, o en la cárcel, y vinimos a ti?

Y respondiendo el Rey, les dirá: De cierto os digo que en cuanto lo hicisteis a uno de estos mis hermanos más pequeños, a mí lo hicisteis. Entonces dirá también a los de la izquierda: Apartaos de mí, malditos, al fuego eterno preparado para el diablo y sus ángeles. Porque tuve hambre, y no me disteis de comer; tuve sed, y no me disteis de beber; fui forastero, y no me recogisteis; estuve desnudo, y no me cubristeis; enfermo, y en la cárcel, y no me visitasteis. Entonces también ellos le responderán diciendo: Señor, ¿cuándo te vimos hambriento, sediento, forastero, desnudo, enfermo, o en la cárcel, y no te servimos? Entonces les responderá diciendo: De cierto os digo que en cuanto no lo hicisteis a uno de estos más pequeños, tampoco a mí lo hicisteis. E irán éstos al castigo eterno, y los justos a la vida eterna.

Por favor, compare el concepto de Dios y el concepto humano de lo que es la justicia. Notará que existe una importante diferencia. No se trata de la frecuencia con que asiste a la iglesia, o en cuál actividad está participando, o para cuál causa está consiguiendo dinero; de la forma de vestir o de hablar, o de qué hace uno para su subsistencia. Hemos estado enfocados en *construir edificios* y crear programas en vez de cuidar de los pobres. Nos hemos convertido en grandes organizadores pero en muy pobres distribuidores.

Preferimos comenzar una organización sin ánimo de lucro que comprar algunos víveres y distribuirlos. Estamos tan atrapados por el aspecto administrativo de servir a los pobres que de alguna manera el acto sencillo de alimentar a alguien ha desaparecido. En este pasaje de la Escritura Dios llama justos a quienes cuidan de los necesitados.

El fondo del asunto es que nuestra salvación se refleja en nuestra acción de dar, es decir, a dónde va lo que damos, y a quién. Esto da miedo e infortunadamente, hay muchos lugares donde jamás escuchará que se predique esto, porque hay un conflicto de intereses con el programa de la iglesia local. Los justos, según Dios, son aquellos que dan a los pobres. Note que las ovejas y los cabritos lo llamaban "Señor". Ambos eran sus seguidores, o al menos eso creían. ¿Qué fue lo que determinó quiénes calificaban para que él los considerara su pueblo? La ofrenda, y a quién se la habían dado. La ofrenda determinó si eran bendecidos o maldecidos.

Los justos se ocuparon de aquellos que Jesús tenía en su corazón: los hambrientos, los sedientos, los extranjeros, los necesitados, los enfermos y los presos. Note que no dice que los justos son aquellos que construyen edificios de iglesias, que forman organizaciones sin fines de lucro o que levantan ministerios. ¿Quiénes fueron echados al fuego eterno por no haberse ocupado de los necesitados? Los cabritos; pensaban que eran su pueblo; de hecho, le llamaban "Señor". Pero note la sorpresa tan desagradable que se llevaron.

Después de todo, nada es suyo

Esta es la gran verdad, y no me moveré de esta verdad. Usted no es dueño de nada. Dios no necesita su dinero. No tiene nada que ver con que usted dé dinero. *Tiene todo que ver con la condición de su corazón.* En el capítulo anterior dijimos que *"muchos son llamados, pero pocos escogidos"* (Mateo 22:14). El hecho de que usted sea escogido está totalmente relacionado con la actitud de su corazón.

De todas maneras, Dios es dueño de todo. Sólo desea iluminar la condición de su corazón. El tacaño recibirá su porción de pobreza. Si es tacaño y no da, y si se llama un hijo de Dios y no da el diez por ciento, está amontonando maldiciones sobre su cabeza. Confíe en lo que le estoy diciendo. Yo lo aprendí a los golpes. Pensaba que todo lo que tenía era mío, y cuando llegaba el momento de las ofrendas no estaba feliz de poner miles de dólares en la cesta. No me gustaba. No fue hasta que mi corazón cambió que fui bendecida en forma plena y sorprendente, y cada día más. Quedo atónita al ver la cantidad de dinero que tenemos y el privilegio de dar cada mes en el nombre de Jesús; no en el de *DaniJohnson.com*. No puedo evitar caer de rodillas una y otra vez.

Usted no es dueño de nada. Sus hijos son un préstamo. Su auto es prestado. Su casa, su cuerpo, su cónyuge los tiene como préstamo. Sus amigos también están prestados. No es otra cosa que la prueba de vivir en esta tierra; es una preparación para ver qué hace con lo que tiene y determinar si está listo para el siguiente paso.

Si su hijo de 10 años viniera y le dijera: "Papá, mamá, tengo un sueño. Quiero manejar un auto de carreras que desarrolle 240 kilómetros por hora". ¿Le daría las llaves? ¡No! No está preparado.

Su Padre Celestial hace lo mismo con usted. Las riquezas y el éxito no estarán en sus manos si es tacaño. La manera más rápida de destruir la maldición de la pobreza es dando y dando generosamente y con un corazón alegre. El Padre no le pondrá en su destino salvo que esté preparado. Si debido a esto, usted está pasando un mal momento, eso es algo entre usted y Dios. Debe arreglarlo ahora.

Gracias por su programa basado en la fe el cual ha impactado no sólo mi empresa, sino también mi vida.

-Becky W.

CAPÍTULO 13

EL FUEGO REFINADOR

Quiero revelarle un secreto, un atajo que encontré en las Sagradas Escrituras. De hecho, es un atajo enorme que me ha permitido ganar una gran cantidad de dinero, me ha ahorrado dinero y me ha salvado de cometer errores gigantescos. Nos ha ayudado a abrir puertas que ningún hombre puede cerrar y a cerrar puertas por las que no debíamos traspasar. Es un secreto para recibir protección, para la prosperidad, para la reducción de las deudas; un secreto para absolutamente todo. ¿Le gustaría saber un secreto así?

Cuando tenía 18 años me alejé de Dios y de la iglesia. Entonces dije: "Dios, si tengo que ser como las personas de la iglesia, entonces no quiero tener nada que ver contigo". Tenía toda la razón para sentir que no podía confiar en las personas que hacían parte de una religión organizada. Sin embargo, a la larga entendí que estaba juzgando a esas personas y que tenía que pedir perdón por los pensamientos que tenía contra ellos. Ahora amo a la iglesia con todo el corazón y tengo pasión por ayudar a las personas a superar cualquier herida o rechazo que hayan sufrido. Deseo ver personas exitosas, no personas que van en cualquier dirección.

Las personas de la iglesia tienen tantos problemas como los demás. Nadie es perfecto. Por eso hay personas como yo que resultan heridas. Pero Dios tiene la solución para nuestros problemas. Él quiere que su iglesia sea pura y llena de amor, no que sea motivo de dolor. Él tiene un proceso para nosotros, para moldearnos y refinarnos. La pregunta es si lo acogeremos o huiremos de él. ¿Queremos pasar el resto de nuestra vida luchando sin llegar a ningún lugar, o preferimos rendirnos y encontrar el éxito y la realización personal?

Muchas personas luchan con el temor al futuro y lo que éste les deparará. Se preocupan, se preguntan; en resumen, no están seguros a dónde van. Dios no quiere que estemos inseguros. Si no está seguro de su futuro, Dios quiere que abra bien sus ojos para ver dónde tiene que ir y qué debe hacer. A estas alturas, por lo que ha leído en este libro, ya sabe que Dios quiere que tenga éxito. Dios quiere construir su Reino, y va a usar reyes y sacerdotes para hacerlo, y eso lo incluye a usted.

Pero conocer y caminar en esta visión para su vida significa que *debe rendirse al propósito de Dios de purificarle*. Ése es mi secreto. En la medida en que dejé de aferrarme a mis cosas y acepté la corrección y la *purificación de Dios para mi vida*, Dios me lanzó a un éxito que jamás podría haber alcanzado por mi cuenta. Este es un proceso por el cual todos pasamos, pero si lo acogemos y lo aceptamos de buena gana, nuestro beneficio será mucho mayor.

PURIFIQUE SU VIDA

Quisiera hablarle de un proceso de refinamiento que, lo sepa o no, usted está atravesando. Dice en 2 Timoteo 2:20-21:

Pero en una casa grande, no solamente hay utensilios de oro y de plata, sino también de madera y de barro; y unos son para usos honrosos, y otros para usos viles. Así que, si alguno se limpia de estas cosas, será instrumento para honra, santificado, útil al Señor, y dispuesto para toda buena obra.

¿Le gustaría ser usado con un propósito honroso? Purifique su vida. No importa si usted es oro, madera o barro, puede ser usado con un propósito noble. Ese es el propósito de Dios, no el suyo. Puede ser parte de una obra grande y buena. ¿Quiere ser parte de algo maravilloso que marca la diferencia? La mayoría de nosotros quiere. Usted está a punto de serlo, y no se ha dado cuenta de ello.

En 2 Timoteo dice que si nos limpiamos, nuestro Señor nos usará con un buen propósito. Timoteo habló sobre la plata y el oro. Algunos somos plata y otros somos oro. Para que el oro y la plata sean preciosos necesitan ser refinados. La palabra *refinado* significa: "más fino o más puro, libre de impurezas". ¿Le gustaría estar libre de impurezas, libre de escoria?

Según el diccionario, *escoria* significa "capa de impurezas que se forma sobre la superficie del metal fundido, material de desecho, algo sin valor, basura". Cuando la plata se purifica, la escoria es lo que sale a la superficie. El diccionario define *refinar* como "purificar, clarificar, librar de imperfección, aspereza, crudeza; hacer más delicado o precioso". En otras palabras, las joyas que usamos en el cuerpo están refinadas. Si no están refinadas, se vuelven de color verde –o gris oscuro en algunos casos, si hablamos de la plata. Eso significa que no fue refinada. No se le quitaron todas las impurezas.

El refinamiento es un proceso que básicamente produce pureza. Se deshace de la basura para que lo mejor, lo invaluable, lo precioso pueda surgir. La mayoría de las personas tienen miedo del proceso de refinación. Sienten terror de mirarse a sí mismas. Temen mirar lo que necesita ser cambiado. Prefieren ignorarlo y andar por la vida en total esclavitud, sin alcanzar la libertad y la plenitud de lo que fueron llamadas a ser.

Sin embargo, 2 Timoteo nos muestra que para que podamos ser usados de manera honrosa debe darse un proceso de *refinamiento*. Para lograr lo que desea, el refinamiento debe suceder. ¿Qué es lo que estoy diciendo? ¿Ha vivido un infierno? ¿Ha pasado momentos difíciles? Ése es el proceso de refinamiento.

¿Ha fallado una y otra vez? ¿Ha pasado por muchas pruebas financieras de parte del Señor? No es un accidente. ¿Hizo mucho dinero y lo perdió todo? No es un accidente. Será refinado para que la próxima vez que gane dinero, no lo pierda. Durante la recesión ganamos recursos; así es cómo funciona. Sin embargo, eso sólo sucede si fue refinado en el proceso anterior.

Voy a hablar sobre el barro por unos momentos. Isaías 45:9 dice: *"¡Ay del que pleitea con su Hacedor!... ¿Dirá el barro al que lo labra: ¿Qué haces?"* Isaías 64:8 dice: *"Ahora pues, Señor, tú eres nuestro padre; nosotros barro, y tú el que nos formaste; así que obra de tus manos somos todos nosotros"*. Jeremías 18:6 dice: *"... He aquí que como el barro en la mano del alfarero, así sois vosotros en mi mano..."* En 2 Corintios 4:7-9 dice:

> *Pero tenemos este tesoro en vasos de barro, para que la excelencia del poder sea de Dios, y no de nosotros, que estamos atribulados en todo, mas no angustiados; en apuros, mas no desesperados; perseguidos, mas no desamparados; derribados, pero no destruidos.*

¿Alguna vez se sintió perplejo y confundido? La desesperación viene de las profundidades del infierno, pero si camina en la voluntad de Dios, no estará en desesperación. Si mantenemos nuestra mirada en el propósito final, no tendremos por qué perder la esperanza durante los procesos en que Dios nos moldea y refina.

SOMÉTASE AL REFINAMIENTO

Nos vamos a sentir muy incómodos mientras hablamos del barro, la madera, el oro, la plata y el proceso de refinamiento. Quiero que se imagine que es una masa de barro y que está en las manos del Maestro. Ahí está usted, y ahí está él con su torno. Usted es su trozo de barro y él está tratando de darle la forma de lo que debe llegar a ser. Tal vez ha sido pinchado, retorcido, estirado y amasado. El proceso de refinamiento es muy incómodo. La vasija tiene que pasar por el fuego para convertirse en una hermosa pieza de arte. Por lo tanto, el Maestro se sienta y lo pincha, lo aprieta, lo estira y lo corta en rebanadas y lo parte en dos. Durante este proceso muchos lloriqueamos, sollozamos, nos quejamos y gritamos.

Es lo mismo que amasar pan. Imagine que usted es ese pobre pedacito de masa. Quizás ya haya pasado por este tipo de refinamiento. Pero si no es así, está a punto de pasarlo. Ahora permítame decirle por qué.

Una vez que la vasija toma la forma que el Maestro quiere, la lleva al fuego para refinarla. El fuego purifica. Es por eso que muchas personas no se sujetan al fuego de Dios. No es que lo malo sea tan grave, es que vivimos la mentira que dice: "No quiero hablar de eso. No quiero enfrentar esas cosas. Prefiero vivir esta mentira. Así es más cómodo". Queremos más una falsa comodidad que la santidad de Dios.

Entonces Dios nos refina haciéndonos pasar por el fuego que purifica lo malo, y luego nos ubica en el estante. ¿Lo mandó Dios al banquillo alguna vez? Cuando Dios lo manda al banquillo, usted siente que se da la cabeza contra la pared, sin importar a dónde se dirija. La vasija que necesita refinamiento debe estar en el banquillo por algunos días, y luego sale para volver a pasar por el fuego.

¿Es así su vida? Siente que lo han pinchado, apretado, estirado y lo han cortado en rebanadas y lo han partido en dos. Luego se ve hermoso, y piensa: *Listo. Lo logré. Llegué.* Entonces Dios lo sienta y le dice: "Cállate y espera porque aún no he terminado contigo". Llegado el momento, lo vuelve a poner en el fuego, y lo calienta aún más que la primera vez. Pero entonces queda listo para ser usado.

¿Está dispuesto a prescindir de la basura? ¿Está listo a decir: "Está bien, Señor, pásame por el fuego, estoy cansado de mi escoria, basta de impurezas, estoy cansado de lo malo,de la basura; no puedo seguir de esta manera?" ¿Está listo para eso?

Cinco áreas de refinamiento

Existen cinco áreas que necesitan ser refinadas en su vida para que tenga un éxito rotundo en el mercado, para que lleve el favor de Dios, para que él lo posicione para la promoción, para que sea exaltado, etcétera. Antes que pueda tener todas estas cosas debe humillarse ante Dios y sujetarse a su fuego purificador.

Infidelidad

Proverbios 13:15 dice: *"... el camino de los transgresores es duro"*. Todos sabemos que una vida dura no es agradable. Proverbios 11:6 dice: *"...los pecadores serán atrapados en su pecado"*. Quizás piense que la palabra *infiel* significa "adúltero". Ciertamente, *infiel* incluye ese significado, pero yo estoy hablando de algo diferente. Estoy hablando de *ser infiel a su llamado*, de ponerle condiciones a su compromiso con el éxito. *Poner condiciones* significa: "Si todo sale bien, lo haré. Si algunas personas me dicen que sí, seguiré. Mientras la compañía no haga ningún cambio, me quedaré". Eso es vivir con condiciones.

La fidelidad es lealtad persistente. Fidelidad significa que usted sabe a quién está sirviendo, por qué está allí, y qué está haciendo; significa mantenerse comprometido con la visión de Dios para su vida sin importar lo que suceda. No sé usted, pero yo estoy aquí para servir a Aquel que me creó. Estoy aquí para hacer lo que sea que quiera que yo haga. Si quiere que me ponga una toga marrón y cante en ruso (y créame, nadie quiere oírme cantar), entonces lo haré. Estoy dispuesta a hacer lo que sea. Si quiere que sea pobre o si quiere que sea rica, lo acepto. No me importa. Todo lo que sé es que donde él esté, allí es donde yo quiero estar, y estaré satisfecha.

La verdadera vida no se trata de condicionar su compromiso, condicionar su amor por sus hijos, condicionar su amor por su cónyuge. Se trata de una actitud incondicional. ¿Es incondicional con las personas a su alrededor? Para ser usado con poder en el lugar donde está, no puede ser infiel. Debe ser fiel (ver 1 Corintios 4:2). Si es fiel a Dios, Dios le es fiel.

Por ejemplo, si no está diezmando, si no está dando el diez por ciento del total; no está siendo fiel a Dios (quién le dio todo lo que tiene). Esa es sólo un área. En el mercado, si piensa llevar la bandera de Dios, tener su favor y verle hacer caminos dónde no los hay, y abrir puertas que el hombre no puede abrir, entonces, más le vale que le sea fiel. Más vale que le sea fiel a su cónyuge y a sus hijos, y más vale que sea fiel en servirle a él primero, y solo a él. No sirva al dinero o a la codicia. Sólo hay uno que merece el primer lugar: ¡Dios! Si quiere vivir una vida de éxito, debe vivir con fidelidad hacia Dios y hacia quienes le rodean.

Ingratitud

La definición de la palabra *ingrato* es "no ser agradecido por los favores". Si busca la palabra *ingrato* en un diccionario, le dará una gran cantidad de sinónimos. Entre otros los siguientes: *ofensivo, desagradable, malvado, horrible, repugnante, odioso, antipático,* y *vil.*

La ingratitud fue lo que mantuvo a los hijos de Israel en el desierto por 40 años. La ingratitud lleva a la murmuración y a la queja. Cuando los hijos de Israel murmuraron y se quejaron contra el Dios Todopoderoso provocaron su enojo y él quiso matarlos a todos (ver Números 11:1). Él detesta la ingratitud.

Quiero que mire su vida en este momento y si hay algo de ingratitud en ella, dígale a Dios: "Señor, ayúdame; muéstrame en qué estoy siendo desagradecido. ¿Espero de la gente más de lo que debo? ¿Tengo expectativas de mí o de mi negocio que no debería tener?" Tal vez usted cree que debe haber una vía, una manera, y cuando no la hay se siento un poco disgustado. No debemos estar siempre mirando lo malo, lo equivocado, lo que no funciona con suficiente rapidez.

Es imposible que sea bendecido por Dios si no agradece lo que recibe de él. ¿Cómo puede darle otra bendición, otro favor?

Codicia

Romanos 13:9, dice:

> *No adulterarás, no matarás, no hurtarás, no dirás falso testimonio, no codiciarás, y cualquier otro mandamiento, en esta sentencia se resume: Amarás a tu prójimo como a ti mismo.*

En otras palabras, la codicia consiste en desear algo que tiene otra persona y que tiene derecho a poseerlo. Muchas personas codician el éxito de los demás. Codician el cuerpo de otros, su figura o su apariencia; el reconocimiento de que gozan, sus casas, sus cónyuges. El césped siempre es más verde del otro lado de la cerca pero requiere del mismo esfuerzo para cortarlo. Esa es la verdad. Si no puede mantener su césped cuidado, ¿qué le hace suponer que podrá cuidar el del vecino? La codicia es un problema grave en el mercado público en nuestros días y lo es también para los cristianos.

Suena algo así como: "Quiero estar en su lugar. Quiero su auto. Quiero su casa. ¿Cómo es posible que ellos reciban todo el reconocimiento? ¿Cómo puedo obtener ese reconocimiento? Quiero que me admiren como a ellos." Lucifer cayó del Cielo porque quería ser igual a Dios, él codiciaba la gloria de Dios. Por eso su plan de ataque contra cada uno de nosotros es lograr que deseemos ser como los demás. Eventualmente, eso nos llevará al mismo lugar a donde lo llevó a él, a las profundidades del infierno.

La codicia es el estado de ansiedad de nunca estar satisfecho con lo que se logra, nunca estar satisfecho con los resultados por los que trabajó con tanto esfuerzo. Yo viví con eso toda mi vida. El primer millón que gané no significaba nada para mí. Sentía que "no era gran cosa". No era tan bueno como pensé que sería. Así que pronto fui consumida por mi siguiente objetivo: lograr otro millón. Mi lema era: "Debo hacerlo mejor, más rápido, con un mayor esfuerzo".

Idolatría

La carta de Pablo a los Colosenses 3:5 dice: *"Haced morir, pues, lo terrenal en vosotros: fornicación, impureza, pasiones desordenadas, malos deseos y avaricia, que es idolatría"*. Aquí la Palabra nos dice que la avaricia es idolatría. La definición de la palabra griega para *idolatría* es:

"Adoración a ídolos, imágenes o cualquier cosa hecha con las manos o que no sea Dios. Apego o veneración excesiva. Veneración, el más alto grado de respeto; reverencia, respeto con un cierto grado de asombro; emoción, entusiasmo por la dignidad y superioridad de una persona debido a su santidad. Utilícese para todo aquello que está al borde de la adoración".

La idolatría es la adoración a los ídolos, es la devoción o reverencia excesiva a alguien o algo.

Yo tuve que ser liberada de la idolatría porque era algo frecuente en mi vida y ni siquiera lo sabía. Nuestra cultura actual exalta al hombre, en especial a los deportistas y atletas profesionales, a las celebridades, a los músicos y a las estrellas de cine. Tenemos adolescentes con imágenes de mujeres semidesnudas en sus cuartos, a quienes adoran porque son delgadas o hermosas o ricas o populares. Literalmente se inclinan ante ellas. Durante mi adolescencia, yo tenía en mi habitación un afiche tan grande de Larry Bird que iba desde el piso hasta el techo. Una de las paredes estaba totalmente cubierta con Larry Bird; tenía todo lo relacionado con los Boston Celtics. Yo idolatraba a esos basquetbolistas.

La idolatría en los Estados Unidos es enorme, y del mismo modo está creciendo alrededor del mundo. Idolatramos a las estrellas de cine, a los conferencistas, a los pastores, a nuestros cónyuges. Convertimos en ídolo a cualquiera que parezca ser mejor que nosotros y lo tenemos en la más alta estima. Pero esa posición de estima le pertenece solamente a Dios. Él está decidido a limpiarnos de toda idolatría.

Avaricia

La Biblia dice claramente que la idolatría lleva a la avaricia (ver Ef. 5:5; Col. 3:5). Idolatrar las posesiones nos lleva, naturalmente, a querer tener más y más cosas. La avaricia sabe cómo adherirse a nuestra nuca y hacernos ir más rápido y más fuerte: "Debo tener más. Debo tener más. Debo mejorar." "¡Más, más, más! ¡Más rápido, más rápido, más rápido!" ¿Alguna vez luchó con eso? Así era yo.

Si desea ser guiado con poder en el mercado, si verdaderamente va a librar una guerra y tomar el botín, más le vale adorar al Dios con "D" mayúscula, y no al dios con "d" minúscula. El dios con "d" minúscula se llama "deseo".

Si está obsesionado con las cosas–el dinero, la fama, su profesión, o cualquier cosa similar–va camino a la destrucción total. Lo sé porque yo misma anduve por ese camino. En dos oportunidades perdí todo lo que tenía debido a la idolatría y la avaricia. Me tenían atada al cuello y no lo sabía. Por eso fui enviada para advertirlo.

Usted está siendo preparado. Debe lidiar con estas cosas. Yo tuve que hacerlo porque el deseo de mi corazón era cambiar e impactar las vidas de millones de personas alrededor del mundo, defender lo que es correcto, ir en pos de la visión, animarles a ser todo aquello que Dios les llamó a ser. Sin embargo, si dejo que el dinero me domine con facilidad, éste me guiará por un camino que, en lugar de ayudar a los demás, me llevará a la destrucción total.

Prepárese para tener éxito

Esas son las cinco áreas básicas en las que necesita purificación. Si desea tener éxito, debe imperiosamente ser libre de la infidelidad, la ingratitud, la codicia, la idolatría y la avaricia. La Biblia dice en Efesios 5:5-7:

El fuego refinador

Porque sabéis esto, que ningún fornicario, o inmundo, o avaro, que es idólatra, tiene herencia en el reino de Cristo y de Dios. Nadie os engañe con palabras vanas, porque por estas cosas viene la ira de Dios sobre los hijos de desobediencia. No seáis, pues, partícipes con ellos.

Dios es celoso por su bien. Él quiere que usted tenga éxito. Que sea bendecido y deslumbrado por lo que hará para usted. Le ama mucho más de lo que puede imaginar. Ya que es un Dios de amor, él desea que usted esté preparado para ser y hacer lo mejor que pueda, y logre lo que su corazón desea.

Él lo hizo por mí. ¡Lo hará también por usted!

Antes de conocer a Dani, yo era una recién divorciada, adicta al trabajo que no valoraba a Dios, ni a mí misma, ni a las demás personas. Pero después de conocer y poner en práctica los "Primeros Pasos Hacia el Éxito" de Dani Johnson, pude pagar deudas personales por un total de $12.000 dólares en un lapso de seis meses. Y lo mejor de todo: volví a casarme con mi ex esposo. Mi vida ahora es mucho más alegre que antes, y mi confianza está en excelente nivel ¡todo el tiempo!

–Kristin H.

CAPÍTULO 14

LAS ARMAS DE NUESTRA GUERRA

El temor es un arma que el enemigo utiliza contra nosotros, especialmente con el dardo de la ansiedad. Cuando usted está batallando contra las preocupaciones, es la mano del enemigo la que está lanzando dardos de fuego en su contra. Sin embargo, como lo dice la Biblia, "nuestra lucha no es contra sangre y carne, sino contra principados, contra potestades, contra los gobernadores de las tinieblas de este siglo, contra huestes espirituales de maldad en las regiones celestes" (Efesios 6:12). Eso quiere decir que no combatimos las preocupaciones con sangre y carne.

Combatimos las preocupaciones con fe, no fe en nosotros mismos sino en Dios. Jesús vino para vencer al mundo. Murió en una cruz, fue sepultado y resucitó al tercer día. Él venció el pecado y la muerte. Él tiene el control y puede pagar el crédito de su hipoteca. Puede doblegar a su adolescente respondón. No importa qué problemas esté enfrentando usted. Los problemas cardíacos son de fácil solución para Dios. La pregunta crucial es: ¿Está usted usando sus propias armas carnales o usa las armas divinas para la guerra?

Luche con fe

La fe es un arma tespiritual. La confianza en Dios es un arma que se puede usar contra la mano del enemigo. Cuando usted confíe en él se moverá con fe. Obviamente, David no luchó con su propia fuerza sino con la fortaleza del Señor (ver 1 Samuel 17: 45 -46). Isaías 41: 10, dice: *"No temas porque yo estoy contigo, no desmayes porque yo soy tu Dios que te esfuerzo. Siempre te ayudaré, siempre te sustentaré con la diestra de mi justicia"*. Eso es lo que Dios le dice a usted. Tal vez usted está mirando el último cobro de su tarjeta bancaria pensando: "Es demasiado grande". Pero aún si se trata de una cantidad muy grande, él abre camino donde no lo hay. ¿Por cuánto tiempo va a permitir usted que las preocupaciones, el temor y la ansiedad sean armas usadas en contra suya? La decisión es suya.

Mateo 9: 18 – 30, dice:

> *Mientras él les decía estas cosas, vino un hombre principal y se postró ante él, diciendo: Mi hija acaba de morir; mas ven y pon tu mano sobre ella, y vivirá. Y se levantó Jesús, y le siguió con sus discípulos.*

> *Y he aquí, una mujer enferma de flujo de sangre desde hacía doce años, se le acercó por detrás y tocó el borde de su manto; porque decía dentro de sí: Si tocare solamente su manto, seré salva.*

Pero Jesús, volviéndose y mirándola, dijo: Ten ánimo, hija; tu fe te ha salvado. Y la mujer fue salva desde aquella hora. Al entrar Jesús en la casa del principal, viendo a los que tocaban flautas, y la gente que hacía alboroto, les dijo: Apartaos, porque la niña no está muerta, sino duerme. Y se burlaban de él. Pero cuando la gente había sido echada fuera, entró, y tomó de la mano a la niña, y ella se levantó. Y se difundió la fama de esto por toda aquella tierra.

Pasando Jesús de allí, le siguieron dos ciegos, dando voces y diciendo: ¡Ten misericordia de nosotros, Hijo de David! Y llegado a la casa, vinieron a él los ciegos; y Jesús les dijo: ¿Creéis que puedo hacer esto? Ellos dijeron: Sí, Señor. Entonces les tocó los ojos, diciendo: Conforme a vuestra fe os sea hecho. Y los ojos de ellos fueron abiertos.

Aquí vemos que la fe es un arma decisiva contra la enfermedad y la muerte. Jesús levantó personas de entre los muertos y dijo: "Tu fe te ha sanado, tu fe te ha restaurado". La gente pensó que la hija del jefe principal de la sinagoga estaba muerta, pero Jesús dijo: "Oh no, no está muerta, sino duerme". Imagine la vergüenza posterior de quienes se rieron del Mesías. Debemos vivir por fe.

Abraham nos da otro ejemplo de fe. Romanos 4 y Hebreos 11 mencionan algunos hechos de fe en la vida de Abraham. Él ya era de 100 años cuando tuvo a Isaac, el hijo que Dios le había prometido. El pasaje dice que Abraham no consideró su edad o la esterilidad de la matriz de Sara ¡quien ya tenía 80 años! A ellos Dios les prometió un hijo, y de este hijo nacería otro, y los descendientes de éste último serían innumerables. Esa fue la promesa dada a Abraham. ¿Piensa usted negativamente en sus circunstancias actuales para determinar su futuro? Si es así, ése es un plan de ataque del enemigo. La verdad es que debe caminar por fe y no por vista. La Palabra dice que Abraham ni siquiera consideró sus circunstancias. No podemos mirar nuestras circunstancias para determinar nuestro futuro, porque nos provocarán temor. Abraham no lo hizo. Ni siquiera lo consideró.

Tenía 100 años y aún tenía relación conyugal con su anciana esposa, con la esperanza de tener un niño. Hacía unos buenos 60 ó 70 años que estaban casados y ella jamás había quedado embarazada. Pero Abraham sabía que Dios lo había prometido, y le creyó por fe.

Por cierto, como nota al margen: para Dios el sexo tiene muchísimo valor. Si quiere saber lo que Dios piensa sobre el sexo, lea *El Cantar de los Cantares*. Le cuento que es un tema caliente. Él quiere que usted tenga relación sexual con su cónyuge, y que sea con su cónyuge solamente. Esa relación tiene la bendición de Dios.

Entonces, ¿considera usted sus circunstancias para determinar su futuro? Mejor decida avanzar y mantener los ojos puestos en él. Dios dice: "Yo te llamé. Sé el plan que tengo para ti. Es un plan de éxito, de prosperidad, de salud". Dios pregunta: "¿Estarás de acuerdo conmigo? ¿O estarás de acuerdo con tu adversario? ¿Con quién estarás de acuerdo?" De esto se trata.

No se le ocurra considerar sus circunstancias para determinar si hará algo o no. No considere sus circunstancias para determinar si lo logrará. Ni para determinar si usted se lo merece, si es lo suficientemente bueno o si tiene el talento necesario. Todas esas cosas se quemarán.

Solo considere a Dios, que es fiel, que le llamó, no por accidente sino con el claro propósito de que entre en el mercado y libre una guerra contra lo que el enemigo le robó. Vaya y recupere lo que Dios le prometió, porque si no lo toma, otros lo harán. Ellos lo sembrarán en pornografía, sexo ilícito, y pornografía infantil. Lo sembrarán en mayor endeudamiento y más ídolos. Pero usted lo utilizará para el Reino de Dios.

No permita que los imposibles determinen lo que usted hará. El ejército israelita estaba formado por hombres adultos. En la historia de David y Goliat, Goliat dijo: "Voy a matarlos. Vamos, tráiganme a alguien." Y la Biblia dice que "Saúl y su ejército estaban aterrorizados de la valentía de David". Ellos consideraron las circunstancias peligrosas pero David no lo hizo. Él dijo: "De ninguna manera. ¿Sabes qué? Acabas de insultar a Dios y vas a pagar por eso" (ver 1 Samuel 17).

Ataque sin titubear, y con las fuerzas y las armas del Dios Altísimo, no con armas de carne y sangre, luche con las fuerzas espirituales de la fe. Camine por fe y no por vista (ver 2 Corintios 5:7). La Biblia también dice que cualquier cosa que pidamos creyendo la recibiremos (ver Mateo 21:22). También dice en Mateo 7:7: *"Pedid, y se os dará; buscad, y hallaréis; llamad, y se os abrirá."*

Santiago dice que la fe sin obras es muerta (ver Santiago 2:14-26). La fe es acción. Es por eso que debemos pedir, buscar y llamar, que son acciones. La fe verdadera va acompañada de acciones. Existen muchísimas personas que en sus momentos de oración le piden a Dios: "Por favor, líbranos de las deudas. Por favor Señor, líbranos de las deudas. Oh, Señor, por favor líbranos de las deudas." Piden, pero no creen realmente ni actúan conforme a esa fe. Dios quiere que pidamos y tengamos fe y luego actuemos de acuerdo a esa fe. La fe sin acción está muerta, y el fruto de la acción son los resultados. La mayoría de las personas hablan de fe pero no tienen resultados que demuestren su fe. Es hora de que cerremos la boca y mostremos nuestra fe actuando y con resultados.

CONFIANZA ÍNTIMA

El rey David confiaba en Dios. Él tenía fe total. Podía confiar en Dios porque lo conocía, y esa intimidad le ayudó a caminar por fe y no por vista. Salmos 92:5-6 dice: *"¡Cuán grandes son tus obras, oh Señor! Muy profundos son tus pensamientos. El hombre necio no sabe, y el insensato no entiende esto".* Cuando conozcamos a Dios sabremos cuán bueno y digno de confianza es. ¿Lo conoce? ¿Confía en él? ¿Dice usted: "Dios, tú me trajiste aquí, me diste el deseo de tener éxito, me diseñaste para tener éxito; oh, Señor, confío en ti; creo que estoy destinado para el éxito?" ¿Lo sustenta luego con sus acciones? Dé los pasos necesarios para tener éxito. Deje de hablar y de pensar, solamente, en tener éxito; genere resultados.

Esto no quiere decir que el camino no tendrá baches o que las cosas no serán difíciles. Será difícil, se lo aseguro. Como mencionamos antes, las luchas le entrenarán y equiparán para ser mejor, para que pueda recibir más.

Unos de mis pasajes favoritos es Juan 15. Allí Jesús dice:

> *Yo soy la vid, vosotros los pámpanos; el que permanece en mí, y yo en él, éste lleva mucho fruto; porque separados de mí nada podéis hacer. El que en mí no permanece, será echado fuera como pámpano, y se secará; y los recogen, y los echan en el fuego, y arden. Si permanecéis en mí, y mis palabras permanecen en vosotros, pedid todo lo que queréis, y os será hecho* (Juan 15:5-7).

Puede ser que usted tenga temor de pedir. Quizás tenga miedo de que Dios no le dé lo que pide. Eso es una mentira del mismísimo diablo. Satanás quiere que crea que Dios no le dará lo que pide, porque si cree que él lo hará, entonces usted pedirá y recibirá. Una de las principales armas de Satanás se llama engaño. Él hará todo lo posible para que usted desvíe su atención del Dios Altísimo. Hará todo lo posible para distraerle y hacer que su mente ceda al temor, a la preocupación y a la ansiedad. Si pone su atención en esas distracciones no alcanzará aquello para lo cual fue puesto en esta tierra. Sin embargo, si cree en lo que Juan 15 declara, su fe será un arma usada contra el reino de las tinieblas.

David no solo no tuvo temor de pedir, tampoco titubeó. No dude. Tenga fe. Confíe en el Dios Altísimo. Si permanece en él, él permanecerá en usted. Y la fuerza de Cristo que habita en usted es más fuerte que aquel que está en el mundo (ver 1 Juan 4:4). Dios, que es más fuerte que usted, es más fuerte que el endeudamiento, el sufrimiento, la muerte y la enfermedad. Él es más fuerte que sus hijos respondones, más fuerte que su jefe, más fuerte que su gobierno o que los políticos.

La pregunta final es: ¿Conoce usted al Dios que adora? ¿Lo conoce como David lo conocía? ¿Confía en él así como confiaba David? ¿Tiene fe como David? ¿Conoce al Creador del universo? ¿Conoce al Creador de los Cielos y de la Tierra? ¿Conoce al Dios con "D" mayúscula, no al dios con "d" minúscula? ¿Conoce al Maravilloso Consejero, al Dios Todopoderoso, a aquel que es tardo para la ira, grande en misericordia y compasivo? ¿Conoce al Dios Misericordioso? ¿Conoce a aquel que partió el Mar Rojo? ¿Conoce al Sanador, al Proveedor, a la ayuda que siempre está en los momentos de necesidad, al Redentor, al Majestuoso, al Santo, al Rey que entregó su vida por usted y por mí? ¿Conoce al Rey de reyes y Señor de señores? ¿Conoce a aquel que le fortalece en el tiempo de necesidad? ¿Conoce a su Escudo, su Protector, su Consolador y su Refugio? ¿Lo conoce?

Si no es así, necesita conocerlo.

El poder de la lengua

La legua es un arma poderosa que puede ser usada para bien o para mal, para vida o para muerte. Proverbios 18:21 dice que la vida y la muerte están en poder de la lengua y que comeremos el fruto de lo que decimos.

Santiago 3:3-6 compara a la lengua con un freno, una pequeña pieza de metal que controla a un gran caballo. De la misma manera, un barco es una nave enorme que se controla con un pequeño timón. Santiago describe a la lengua como un fuego maligno, como un mundo de maldad entre los miembros del cuerpo. La lengua corrompe a la persona en su totalidad e incendia todo el curso de la vida. Santiago dice: *"...pero ningún hombre puede domar la lengua, que es un mal que no puede ser refrenado, llena de veneno mortal"* (Santiago 3:8). Afortunadamente, con Dios todo es posible (ver Mateo 19:26). Separados de él no podemos ponerle freno a la lengua. Pero con las fuerzas de Dios, si la lengua está sometida a él por completo, podemos domarla.

Muchas personas hablan palabras de muerte sobre su trabajo, sobre su vida, sobre sus negocios, y no logran entender por qué no experimentan el crecimiento. Mateo 12:36-37 dice: *"Mas yo os digo que de toda palabra ociosa que hablen los hombres, de ella darán cuenta en el día del juicio. [37]Porque por tus palabras serás justificado, y por tus palabras serás condenado"*. Seremos responsables por cada palabra ineficaz y estéril. *Estéril* significa "algo que no produce fruto". Tuve una mejor comprensión de esto a través del libro *Cómo Ganar la Batalla de la Lengua* de Morris Cerullo.

Hablamos todo el tiempo. La pregunta es, ¿está usted hablando vida o está hablando muerte? ¿Habla bendición o maldición? ¿Habla palabras que no tienen valor, palabras ociosas, vanas, que no benefician a nadie? ¿O habla la Palabra de Dios que beneficia a todos?

Yo hablo la Palabra de Dios todo el día, a veces al corregir y reprender, a veces cuando animo a los demás y los llamo a algo mucho mayor que lo que están haciendo. Para mí, lo más difícil es hablar la verdad de Dios con amor y misericordia. Tengo que frenar mi lengua literalmente, con la ayuda del Espíritu Santo, porque no puedo hacerlo sola.

Morris Cerullo es un ministro del evangelio y conferencista que ha viajado alrededor del mundo y ha afectado positivamente a millones de personas. Le recomiendo el libro *Cómo Ganar la Batalla de la Lengua*. Es un libro muy ameno lleno deverdades. Una de las cosas que el señor Morris menciona en su libro es que los neurólogos han demostrado que el centro del habla del cerebro tiene control total sobre todos los nervios del cuerpo. Tiene el control absoluto de su vida.[1]

Quiero decirle algo. No es cuestión de compromiso, de intentar tener éxito en su negocio, de tratar de ser un buen líder, de procurar ser rico. No es cosa de compromiso alguno. O lo hace o no lo hace, y eso lo determina su boca, porque sus acciones siguen a sus palabras.

Santiago 3:9-12 dice:

Con ella bendecimos al Dios y Padre, y con ella maldecimos a los hombres, que están hechos a la semejanza de Dios. De una misma boca proceden bendición y maldición. Hermanos míos, esto no debe ser así. ¿Acaso alguna fuente echa por una misma abertura agua dulce y amarga? Hermanos míos, ¿puede acaso la higuera producir aceitunas, o la vid higos? Así también ninguna fuente puede dar agua salada y dulce.

Para Dios, el uso que usted haga de la lengua es algo serio. Fuimos creados a su imagen. Él con su boca nos trajo a existencia. Habló y fueron creados los cielos y la tierra. El hombre y todo lo que está arriba y debajo de la tierra fue creado. Fuimos creados a su imagen, pero no fuimos instruidos en cómo utilizar la lengua para crear. La usamos para destruir. Esto debe cambiar, porque cuando se nos da mucho, mucho se nos demanda. Hoy es tiempo de frenar la lengua.

DISCERNIR LAS VOCES

La vida y la muerte están en poder de la lengua. Permítame decirle cómo y con qué palabras le habla el enemigo, así podrá reconocer su voz.

Él habla a través de la condenación, la confusión, el juicio y las críticas. Habla a través del temor, la culpa y la vergüenza. El enemigo habla a través de la desesperanza, el resentimiento y la culpa. Habla a través del tormento y la intimidación.

Cuando usted siente que alguien le intimida, lo que el adversario está intentando hacer es evitar que usted abra su boca con confianza y declare "vida." La intimidación también suele ser causada por las circunstancias, como las de su empresa, su matrimonio, su ministerio, la crianza de sus hijos. Recuerde que todo aquello que lo detiene, frustra sus planes, se interpone en su camino, o destruye, viene del infierno.

El enemigo también habla a través de la depresión, la opresión, y el orgullo. Déjeme decirle cómo funciona el orgullo (por esto es importante que conozca la Biblia). El orgullo es un pequeño susurro muy bonito que dice: "Eres grandioso. Eres muy bueno en todo lo que haces. Sólo mírate. Deberías tener un reconocimiento mayor que el que tienes. Eres tú quien debería estar en esa plataforma. ¡Eres tan bueno...! No hay nadie como tú. No hay nadie mejor que tú en todo la compañía. Eres el mejor". Pero eso es orgullo. Menospreciarse también es malo cuando se usa para llamar la atención. En cada ocasión en que usted es el centro de atención, está siendo orgulloso.

Por otro lado, el enemigo también habla a través de la falsa humildad. La falsa humildad dice: "No soy tan bueno en realidad. No, no soy bueno en absoluto. Oh, gracias, gracias. Hice lo mejor que pude, pero no soy tan bueno". Eso es falsa humildad. Así habla alguien que entendió que no está bien decir: "Sé que soy maravilloso", y descubrió como decir lo mismo con otras palabras.

Cuando alguien le da una palabra de aliento y "proclama vida" sobre usted, debe recibirlo con humildad. "Muchas gracias por esa palabra de aliento", y déjelo ahí. No menosprecie la palabra de aliento ni la rechace diciendo: "Oh, no fue nada"...para parecer humilde. En cambio, recíbala; es una palabra de vida declarada sobre usted. La humildad verdadera está en el corazón y es en el corazón donde usted recibe aliento. No deje que el enemigo le robe esa palabra de aliento.

El enemigo también dice: "Todo es injusticia. Nada te sale bien". Él habla a través de la injusticia. Él le mostrará que promovieron a alguien más y no a usted. Le dirá que le tocaba a usted ser promovido, y no a los demás. La vida siempre será injusta porque el enemigo habla a través de la injusticia.

El enemigo también habla a través del intelectualismo y la falsa razón. Cuando Dios dijo: "Noé, constrúyeme un arca", el enemigo probablemente dijo: "¿Qué cosa es un arca?". En ese entonces, las masas de agua no eran conocidas. No tenían botes. Pero Noé no se desanimó y dijo: "Déjame buscar algo de información al respecto".

Él no buscó la palabra *arca*. No fue a estudiar la palabra "diluvio" ni dijo: "Bien, según mis cálculos no ha llovido en... veamos... nunca. Según mis cálculos no hay necesidad de hacer un arca. Por cierto, ¿qué tamaño debe tener?". No, Dios le dijo: "Noé, constrúyeme un arca", y Noé obedeció. El enemigo quiere que usted use la razón para rechazar la obediencia, la acción y la fe.

Él demonio habla a través de la ansiedad y el estrés; él habla a través de la duda y del "No puedes". Él habla a través del "No eres lo suficientemente bueno". Él habla a través de la dilación, de la apatía y la inactividad. A través de las distracciones y de la pasividad. Habla a través de la indiferencia. "No me interesa. ¿Para qué hacerlo?". Habla a través de la pesadez, la autocompasión y la venganza. Habla en la lujuria. Habla en la codicia y habla suave al odio. Sólo por mencionar algunas maneras como nos engaña.

El Padre Celestial también le habla, y usted, obviamente, quiere reconocer y escuchar Su Voz. Permítame hablarle de la voz de nuestro Rey, el Dios Altísimo. Usted necesita conocer su voz. Jesús dijo: *"Mis ovejas oyen mi voz, y yo las conozco, y me siguen"* (Juan 10:27). Usted, en su espíritu, conoce la voz de Dios, y su espíritu desea oírle fuerte y claro. Pero la mayoría de nosotros hemos escuchado al adversario por mucho tiempo y hemos aceptado todo lo que dice, en lugar escuchar a Dios y aceptar sus palabras. Esto es muy grave para oír la voz de Dios.

Si ha estado escuchando al lado equivocado, permítame activar sus oídos para que pueda escuchar a Dios. El Padre Celestial habla a través de la gracia, a través de la misericordia y de la esperanza. Él habla vida. Su Padre habla a través del amor y la paz, y de la fidelidad. Él le exhorta a que tenga auto-control. Habla a través del gozo, y gozo abundante. Habla a través de la paciencia, de la bondad, de la amabilidad y la benignidad. Habla fe. Habla ánimo.

Él dice: "Tú puedes hacerlo; creo en ti. ¡Ahora ve!" Al enemigo también le gusta usar la palabra ve, pero su mandato es diferente: es presión, intimidación y engaño. Esa no es la voz de nuestro Dios.

Lo más amoroso que el Padre Celestial habla es un mensaje que redarguye y causa conciencia de culpa, lo cual también llamamos *convicción de pecado*. El diablo no es capaz de crear nada, pero es el gran falsificador. En lugar de convicción, trae condenación. La condenación nos rebaja. "Idiota, estúpido, eres un inútil, más vale que no vuelvas a levantarte". Eso es condenación.

Pero la convicción de pecado nos dice: "Te has equivocado. Necesitas corregir eso." La convicción le hace avanzar para corregir lo que necesita ser corregido, y en ese proceso, usted es edificado. La condenación, en cambio, derriba su orgullo delante de Dios. Así que, su Papá habla para producirle esa convicción que conduce a la libertad. Nunca sienta temor de ir ante el trono de la misericordia y la gracia y confesar: "Dios, escudriña mi corazón. Conoce mis caminos. Hay algo en mí que tiene que cambiar, enfrentémoslo ahora." Su Espíritu de convicción nos levanta, no nos rebaja. Deje de someterse a la condenación. La próxima vez que ella quiera levantarse devuélvasela al enemigo.

Es sumamente importante aprender a discernir la diferencia entre la voz de Dios y la voz del diablo porque usted imitará aquello que oye. Si escucha las palabras de muerte del enemigo, usted hablará muerte hacia las circunstancias que le rodean. Pero si oye las palabras de vida de Dios, estará lleno de vida y con su boca activará esa vida dondequiera que vaya.

Dirigir la Lengua

Usted necesita *dirigir su lengua* con propósito. Debe saber lo que habla. Mi héroe más grande de la Biblia junto con el Señor Jesús es David, y en Salmos 17:3 escribió: *"...He resuelto que mi boca no haga transgresión"*. Resueltamente dirigió su lengua (en lugar de que ella le controlara), y con ella alabó a Dios con poder, e impactó a las naciones.

Si ha tenido problemas con su lengua necesita atesorar esta advertencia en su corazón. He visto cómo la lengua destruye compañías, familias, 20 años de relación matrimonial, y más. No hay nada tan destructivo como la lengua. Es una cosa tan pequeña, pero un arma tan poderosa. Es hora de utilizar esa arma a su favor en lugar de usarla en su contra. Es hora de utilizarla contra el enemigo y no a favor del enemigo.

El reino del Rey David aún existe en este planeta a través de sus descendientes. Ha reinado durante 3.000 años y reinará por la eternidad. ¿Le gustaría tener un reino así? Entonces dele propósito a su vida como lo hizo David. Él fue un guerrero, un adorador y rey que decidió: *"...He resuelto que mi boca no haga transgresión"* (Salmo 17:3). Una de las cosas en las que centró su atención fue asegurarse de que su lengua estuviera de acuerdo con lo que habló su Padre del Cielo y no con su adversario.

Si lee los Salmos, verá momentos en los que David dice: "Ayúdame, Dios. Voy a morir". Cuando usted está ante el trono de Dios, diga todo lo que quiera. "Dios, tengo miedo, no sé si lo lograré, pero pongo mi confianza en ti y tú prometiste que yo sería como un árbol que brota todo el año y que sus hojas siempre están verdes. Tú lo prometiste. Así que, confío en ti".

Usted necesita hacer algo para dominar su lengua. Necesita hablar aquello que edifica y fortalece; lo que construye, no lo que destruye. Debe hablar con propósito. Aunque no parezca lo correcto, aunque desentone, de todas maneras, hágalo. La vida y la muerte están en el poder de su lengua.

Cuide su mente

La mente (el entendimiento) es un área muy importante en la guerra espiritual. En el Nuevo Testamento la palabra griega *nike* aparece 17 veces. *Nike* quiere decir "ya vencedor". No significa que será vencedor; no es que podría llegar a ser, no es algo futuro; *nike* es algo que usted es en este momento. Significa "ya vencedor, ahora mismo".

Para resumirlo, esta palabra significa "usted ya es vencedor". Recuerde que Dios plantó un deseo en usted, el cual muestra un propósito que luego señala su destino, el cual ya está en usted. Esto está relacionado con lo que usted habla, y con hacer que lo que usted expresa concuerde con la verdad. Usted necesita proteger la libertad de su mente de las mentiras que el enemigo quiere poner en su boca.

La Biblia dice: *"Estad, pues, firmes en la libertad con que Cristo nos hizo libres, y no estéis otra vez sujetos al yugo de esclavitud"* (Gálatas 5:1). No regrese al yugo de la esclavitud. Resista al enemigo y él huirá (ver Santiago 4:7). Permanezca firme en la fe. Eso es lo que la Palabra dice.

En primer lugar, usted necesita buscar a Dios en oración, que es un arma muy poderosa. Búsquelo a él primero, en todo tiempo. Él se deleita en aquellos que lo buscan con diligencia. Cuando verdaderamente lo haya buscado sentirá un gozo inmensurable. No se le puede comparar con nada, y me refiero a absolutamente nada.

Santiago dice que ningún hombre puede domar la lengua, salvo **que la rinda al Espíritu Santo**. La oración es una parte importante para ello. Permítame enseñarle cómo orar. No quiero asumir que usted sabe cómo orar.

Si va a preparar un ejército victorioso contra el reino de las tinieblas en el mercado, entonces más le vale que sea una persona de oración. Ore con este método que sugiero acá.

Le daré cuatro pasos para mantenerse al abrigo del Espíritu Santo y guardar su relación con Dios, el cual está en su mente. Existen cuatro pasos dentro de la oración, porque lo que usted dice con su boca tiene una influencia poderosa para determinar si pensará vida o muerte.

Paso Nº 1: Ore Alabanzas

Primero, creo que debe comenzar con alabanza, adoración y acción de gracias. Todo eso es vida, así que debería ser lo primero. En Salmos 34:1 David dice: *"Bendeciré al Señor en todo tiempo; su alabanza estará de continuo en mi boca".* Su tiempo de oración debe comenzar con alabanza, adoración y agradecimiento. No importa si lo hace durante un minuto o cinco o 20 minutos. De hecho, no importa si eso es lo único que hace en ese momento. Usted estará aspirando vida. La boca habla por lo que rebosa del corazón (ver Lucas 6:45), y si usted puede alabar y actuar con acciones de gracias y adoración al Dios Todopoderoso, entonces tendrá vida, y solamente vida.

Por supuesto, eso no quiere decir que no habrá desastres a su alrededor. Pero cuando hay alabanza en sus labios usted sabe que existe un Salvador, un Redentor, un Reconciliador, alguien que es Fiel. Su Consolador, su Torre Fuerte es su seguridad. Así que no tiene preocupaciones, ansiedades o temores, sólo confianza en Dios.

Filipenses 4:6 dice: *"Por nada estéis afanosos..."* Esta es la manera en que conservará su libertad. Si suele estar de acuerdo con la ansiedad, el estrés, la frustración y la preocupación, memorice lo que le voy a decir: *No se preocupe.* No es una sugerencia; es un mandato. No se preocupe por nada.

Esta es la respuesta: *"Por nada estéis afanosos, sino sean conocidas vuestras peticiones delante de Dios en toda oración y ruego, con acción de gracias"* (Filipenses 4:6). Esa es la respuesta para el estrés, la preocupación, la ansiedad y la frustración. En lugar de preocuparse, agradezca a Dios y dígale sus necesidades. Él es fiel.

Paso Nº 2: Ore Confesión

La segunda área de la oración es la confesión o declaración de las verdades bíblicas. Confiese con su boca que Jesucristo es El Señor. Una vez más, esto es solo una guía. Pero esta es una de las cosas que yo decidí hacer. Si deseo ser un líder, si quiero un corazón limpio y manos limpias, me conviene confesar lo que soy, en oración. Confieso a Dios mis pecados. Durante este tiempo confieso ante mi Dios: "Señor, escudriña mi corazón. ¿Hay algo de lo que necesito ser perdonado, o hay alguien a quien debo perdonar? ¿Hay alguien a quien necesito bendecir con mi boca?"

Cuando siento una lucha en mi corazón por alguien que me lastimó, me hirió, habló mal de mí, o se ofendió por algo que yo dije, tengo que dejar eso a los pies de mi Jesús. Si echa raíces en mí, estoy en esclavitud. Detesto la esclavitud. La única manera de destruirla es con confesión y perdón.

Paso N° 3: Ore Petición

Lo tercero que necesita hacer es pedir. Pídale a su Padre celestial. Sea lo que sea. La Biblia está llena de "invitaciones a pedir". Hice todo un estudio sobre la palabra *pedir*, y aparece tantas veces en la Biblia que le tomaría muchísimo tiempo leerlas todas. "Pedir" no aparece con un asterisco o una nota al pie. No dice "pidan sólo si…". No dice nada de eso; solo dice "pidan". Juan 14:13-14 dice: *"Y todo lo que pidiereis al Padre en mi nombre, lo haré, para que el Padre sea glorificado en el Hijo. Si algo pidiereis en mi nombre, yo lo haré"* Todo significa todo. *Cualquier cosa* quiere decir cualquier cosa.

En realidad, el paso tres es una promesa. En Juan 14:14 Jesús prometió que haría cualquier cosa que usted le pida para que el Padre sea glorificado. Es una promesa. No es una sugerencia, no es una probabilidad, sino un deber. Eso significa que oramos de acuerdo a sus promesas, así como mis hijos me piden de acuerdo a mis promesas. "Prometiste que iríamos a Disneylandia. Prometiste que comeríamos helado después de cenar. Prometiste que esta noche cenaríamos tacos".

Por cierto, la Biblia dice que pidamos en el nombre de Jesús (ver Juan 14:14). Usted no tiene poder ni autoridad a no ser que use el nombre de Jesús. Si no ora en el nombre de Jesús, lo que dice es una pérdida de tiempo. Existe la gran posibilidad de que algún otro dios (en realidad un demonio que no lo sabe todo ni tiene todo poder, pero que justo pasaba por ahí) oiga lo que pide. Así está dejando que el lado contrario escuche su petición.

Debe pedir *en el nombre de Jesús* y entrar confiadamente al trono de misericordia y gracia, sabiendo que usted es un hijo del Dios Altísimo y que tiene su atención (ver Hebreos 4:16). Su brazo no es corto; su oído no es sordo. Él oye el clamor de su pueblo (ver Isaías 59:1; Sal. 69:33). ¿Lo cree? ¿Se pondrá de acuerdo con su Dios que quiere bendecirle?

Paso N° 4: Ore de acuerdo con Dios

Por último, necesita ponerse de acuerdo con Dios y creer en su Palabra. Debe disciplinar su lengua como un atleta disciplina su cuerpo y hace dieta para ganar. El atleta compite para ganar. No va al campo de juego desalineado. No come una hamburguesa con papas gigantes y una malteada y luego entra a la cancha de básquetbol y juega el juego de su vida. Pablo incluso habla en 1 Corintios 9:24-27 sobre los atletas que preparan su cuerpo para ganar. Usted debe controlar y preparar su lengua para hablar vida y así ganar.

Necesita poner en la balanza, la fe y los sentimientos, o los sentimientos y los hechos. Vivimos en un mundo que alimenta los sentimientos de las personas y nosotros los esclavizamos. Los sentimientos no son otra cosa que una señal de tránsito que indica lo que está en nuestro corazón, lo que se plantó allí. Usted debe comparar sus sentimientos con su fe, con la Palabra de Dios, con la verdad. Si sus sentimientos no concuerdan, dígales: "Váyanse al infierno, donde deben estar".

A pesar de los sentimientos, usted debe decidir caminar por fe y no por vista. No importa cómo se siente; la vida y la muerte están en poder de la lengua. Dígale a sus sentimientos que se callen. Debe actuar por fe y no por sus sentimientos. La Biblia no dice: "por sentimientos andamos, no por vista". Dice: *"por fe andamos, no por vista"* (ver 2 Corintios 5:7).

Debe "hablar vida" en lugar de muerte. La fe es algo que se espera, la evidencia de las cosas que no se ven (ver Hebreos 11:1). En su interior, el sentimiento puede decir: "No sé, quizás sea exitoso". Pero la fe dice: "Yo sé que por la gracia de Dios tendré éxito".

Aun cuando sienta que no funcionará, usted debe caminar por fe. Aun cuando sienta que no vale la pena el tiempo invertido, usted necesita hacer solamente lo que debe hacer. Se trata de tomar una decisión. Cada vez que dice "No puedo" o "No podría", se postra ante la esclavitud. Esa es la verdad. Ese es el lenguaje de una víctima y demuestra que está bajo el control de algo o alguien más. Más allá de lo que sienta, usted debe tomar una decisión. Yo decido tomarla. Decido creer que su carga es ligera y que hacerlo a su manera es fácil (ver Mateo 11:30).

Recuerde: Usted necesita estar de acuerdo con Dios; debe optar por la fe. Debe elegir la fe por sobre las excusas, por sobre los problemas, las circunstancias y las razones. Esta es su elección.

Una parte importante de ponerse de acuerdo con la fe y no con los sentimientos es *no alimentar los falsos sentimientos*. Romanos 13:14 dice que no deberíamos proveer para la carne ni para el enemigo. *Proveer* significa "suministrar, hacer los preparativos adecuados, disponer, atender, planear, concertar (una cita)". Nosotros no debemos solo resistir al enemigo (ver Santiago 4:7), sino que tampoco deberíamos proveer para él. Esto quiere decir que cuando el enemigo golpee a su puerta con pensamientos de temor, ansiedad, duda, celos, codicia, lujuria y cosas semejantes, no le diga: "Pase, y tome asiento mientras hablamos". ¡De ninguna manera! No le dé lugar al enemigo; no provea para esospensamientos y acciones. Cierre la puerta y dígale que se vaya al infierno.

La Biblia dice que llevemos cautivo todo pensamiento y hagamos que obedezca a Cristo (ver 2 Corintios 10:5). Debe comenzar a pensar en lo que hay en su mente. Cuando termine de leer este libro vendrán algunos pensamientos a su cabeza y algunos deseos a su corazón. El enemigo pondrá a prueba esta nueva revelación: intentará sembrar algunas semillas de duda, temor, rechazo y demás. Su trabajo es "llevar cautivo todo pensamiento a Cristo".

El enemigo es el gran engañador. A él le encanta traer confusión, duda y desesperanza, las cuales le hacen pensar que será duro lograrlo, que debe ser difícil, y que debe haber un precio muy alto que pagar. Eso es exactamente lo que el diablo quiere que usted piense porque esos pensamientos llevan a la destrucción total. Usted no será un poder eficaz contra el reino de las tinieblas en el mercado si permite que ese tipo de pensamientos tengan lugar en su cabeza. No permita que el enemigo le robe su propósito, su herencia y su destino.

Conclusión

Nuestro Padre quiere que impactemos el mercado y el mundo con poder, y para eso nos ha dado armas espirituales poderosas que podemos usar para rechazar el ataque del enemigo. Usted recibió de él las armas de la fe y de la confianza en Dios. Le dio el poder para hablar vida con su lengua y contrarrestar las mentiras del enemigo hablando la verdad de Dios. También le ha dado el arma de la oración, la cual puede usar para pedir su ayuda divina y para declarar sus alabanzas. Cuando usted habla la verdad y declara quién es él, derriba los planes del enemigo.

Ahora que usted conoce de estas armas necesita empezar a utilizarlas. Usted está completamente armado; entre a la batalla y tome el mercado como un ganador. Domine sus temores, sus incertidumbres, su lengua, sus pensamientos y levántese como un guerrero poderoso.

Notas finales

1. Morris Cerullo, *How to Win the Battle of the Tongue* [Cómo Ganar la Batalla de la Lengua] (San Diego, CA: Morris Cerullo World Evangelism, 1992), 28.

> *He oído al Señor hablándome al corazón de muchas maneras, y en muchas áreas he estado actuando equivocadamente. Mi vida espiritual con Dios ha cambiado; él ha estado cambiándome día a día. Prefiero tener a Jesús sobre cualquier otra cosa. Sé que así el resto vendrá. Podría tener todo el dinero del mundo, pero si la relación con Jesús no estuviera bien, ¡todo sería en vano!*
>
> –Cristal P.

CAPÍTULO 15

ENFRENTE SUS GIGANTES

Cuando dediqué de nuevo mi vida al Señor y sentí que no podía serle útil por causa de mi profesión, el libro Primero de Samuel tuvo un tremendo impacto sobre mí. Pensé que mi profesión era solamente un oficio, y que si en verdad era una buena cristiana tendría que convertirme en pastora o en maestra. Durante 16 años había estado liderando proyectos pero llegué a pensar que no era útil para la iglesia. Durante varios años me sentí en ella como una persona inferior.

La historia de David

Pero luego leí sobre David en el Primer libro de Samuel. David cortó cabezas y prepucios, y a pesar de eso era el preferido de Dios. A pesar de haber sido un asesino y un adúltero se le conoce como **un hombre conforme al corazón de Dios**. David destruye la doctrina religiosa que dice que más le vale que usted sea perfecto. Usted no fue liberado por Dios para que sea esclavo de la perfección. No se trata de eso. El único Perfecto ya fue crucificado.

Como sabemos, David tenía 16 años cuando fue ungido rey sobre Israel. ¿Por qué eligió Dios a David antes que a sus hermanos? Él era el menor, el bebé de la familia. Fue elegido por su obediente corazón, no por sus capacidades o habilidades, ni por ser el mejor o el más fuerte. No; fue elegido porque tenía un corazón inclinado hacia Dios.

Después de ser ungido como rey, la primera acción de David fue tocar el arpa para quien era rey en ese momento. El Rey Saúl oyó de la habilidad de David para tocar el arpa. Dios había enviado un espíritu para atormentar a Saúl debido a su desobediencia, pero uno de los criados de Saúl dijo: "Señor, conozco a un chico de Belén. Toca el arpa y escuché que cuando él toca, los espíritus se van". Saúl dijo: "Lo quiero acá".

Así que David fue y comenzó a tocar el arpa para Saúl y los espíritus malos se fueron. David adoraba al Señor en presencia del rey y los espíritus demoniacos se iban. La primera tarea de David como rey ungido fue servir a Saúl. Esa también es la primera tarea que usted tiene como rey en el mercado: servir.

Todos conocemos la historia de David y Goliat. Los Israelitas peleaban una guerra contra los filisteos. En 1 Samuel 17:4-7 dice:

> *Salió entonces del campamento de los filisteos un paladín, el cual se llamaba Goliat, de Gat, y tenía de altura seis codos y un palmo. Y traía un casco de bronce en su cabeza, y llevaba una cota de malla; y era el*

peso de la cota cinco mil siclos de bronce. Sobre sus piernas traía grebas de bronce, y jabalina de bronce entre sus hombros. El asta de su lanza era como un rodillo de telar, y tenía el hierro de su lanza seiscientos siclos de hierro; e iba su escudero delante de él.

Goliat era un gigante supremamente fuerte y bien armado. Este hombre procedió a desafiar a Israel:

Y se paró y dio voces a los escuadrones de Israel, diciéndoles: ¿Para qué os habéis puesto en orden de batalla? ¿No soy yo el filisteo, y vosotros los siervos de Saúl? Escoged de entre vosotros un hombre que venga contra mí. Si él pudiere pelear conmigo, y me venciere, nosotros seremos vuestros siervos; y si yo pudiere más que él, y lo venciere, vosotros seréis nuestros siervos y nos serviréis. Y añadió el filisteo: Hoy yo he desafiado al campamento de Israel; dadme un hombre que pelee conmigo. Oyendo Saúl y todo Israel estas palabras del filisteo, se turbaron y tuvieron gran miedo (1 Samuel 17: 8 – 11).

Goliat continuó haciendo este desafío durante 40 días y los israelitas le huían atemorizados. Entonces apareció David y escuchó el desafío. Veamos lo que aconteció:

Y cada uno de los de Israel decía: ¿No habéis visto aquel hombre que ha salido? El se adelanta para provocar a Israel. Al que le venciere, el rey le enriquecerá con grandes riquezas, y le dará su hija, y eximirá de tributos a la casa de su padre en Israel.

Entonces habló David a los que estaban junto a él, diciendo: ¿Qué harán al hombre que venciere a este filisteo, y quitare el oprobio de Israel? Porque ¿quién es este filisteo incircunciso, para que provoque a los escuadrones del Dios viviente? Y el pueblo le

> *respondió las mismas palabras, diciendo: Así se hará al hombre que le venciere (1 Samuel 17: 25 – 27).*

Después leemos que los comentarios de David fueron dichos al rey Saúl quien mandó que lo llevaran a su presencia. David entonces le dijo a Saúl: *"No desmaye el corazón de ninguno a causa de él; tu siervo irá y peleará contra este filisteo"* (1 Samuel 17: 32).

"¡Cálmate! –le replicó Saúl–. Refrena tus ímpetus" (…esta es la versión de Dani…y no la del cronista.)

Pero David insistió ante Saúl:

> *Tu siervo era pastor de las ovejas de su padre; y cuando venía un león, o un oso, y tomaba algún cordero de la manada, salía yo tras él, y lo hería, y lo libraba de su boca; y si se levantaba contra mí, yo le echaba mano de la quijada, y lo hería y lo mataba. Fuese león, fuese oso, tu siervo lo mataba; y este filisteo incircunciso será como uno de ellos, porque ha provocado al ejército del Dios viviente. Añadió David: El Señor que me ha librado de las garras del león y de las garras del oso, él también me librará de la mano de este filisteo. Y dijo Saúl a David: Ve, y el Señor esté contigo (1 Samuel 17: 34 – 37).*

"Ve, y el Señor esté contigo" (versículo 37), asintió finalmente Saúl, y procedió a vestir a David con su propia armadura. Pero ésta no le quedó bien.

"Yo no puedo andar con esto porque nunca lo practiqué", dijo David, y prescindió de ella (versículo 39). Luego, dice el relato:

> *Y tomó su cayado en su mano, y escogió cinco piedras lisas del arroyo, y las puso en el saco pastoril, en el zurrón que traía, y tomó su honda en su mano, y se fue hacia el filisteo.*

Y el filisteo venía andando y acercándose a David, y su escudero delante de él. Y cuando el filisteo miró y vio a David, le tuvo en poco; porque era muchacho, y rubio, y de hermoso parecer. Y dijo el filisteo a David: ¿Soy yo perro, para que vengas a mí con palos? Y maldijo a David por sus dioses. Dijo luego el filisteo a David: Ven a mí, y daré tu carne a las aves del cielo y a las bestias del campo.

Entonces dijo David al filisteo: Tú vienes a mí con espada y lanza y jabalina; mas yo vengo a ti en el nombre del Señor de los ejércitos, el Dios de los escuadrones de Israel, a quien tú has provocado. El Señor te entregará hoy en mi mano, y yo te venceré, y te cortaré la cabeza, y daré hoy los cuerpos de los filisteos a las aves del cielo y a las bestias de la tierra; y toda la tierra sabrá que hay Dios en Israel (1 Samuel 17: 40 – 46).

ENFRENTE A SUS GIGANTES

Se preguntará usted, ¿cómo se relaciona esto con su propia vida? Tal vez esté enfrentando algunos gigantes en este momento. Quizá se encuentra en medio de una batalla. El relato bíblico dice que David avanzó para enfrentar al gigante. Él no huyó sino que le hizo frente. ¿Está usted huyendo de sus gigantes? Tal vez tiene un gigante representado en una inmensa deuda, o un gigante de temor. David enfrentó un gigante grande, amenazante y bien armado. Pero David le dijo: "Ven acá, compañero. Empecemos".

¿Dónde está el campo de su batalla? ¿Contra quién pelea usted ahora? ¿Determinan sus circunstancias su fe, su fortaleza y su acción de avance? Si cien personas le dicen que no lo haga, eso no debe afectar su fe. Las facturas sin pagar que están sobre su escritorio, las necesidades de su familia, las circunstancias de su vida no deben derribar su fe. Si permite que las circunstancias determinen su fe, entonces permite que las circunstancias determinen su *fuerza*. No permita que las circunstancias decidan su batalla porque si lo hace, perderá.

Si desea convertirse en un rey dentro del mercado, como hijo del Dios Altísimo, entonces debe enfrentar *sus gigantes*. Eso es lo que David tuvo que hacer. David fue aclamado como el rey más favorecido de toda la Biblia, junto a Jesucristo. Jesucristo mismo vino del linaje de David. Dios honró tanto a David que dijo: "Estableceré tu casa para siempre", y así lo hizo.

Para que usted pueda ser rey en el mercado y Dios pueda usarle con poder, debe enfrentar sus gigantes: el temor, la deuda, la oposición, la ansiedad, la preocupación, etc. Mate a esos gigantes. Dentro de David surgió un guerrero. Deje que surja también en usted. El Espíritu Santo se levantó en David y dijo: *"Pelea la buena batalla de la fe, porque yo estaré contigo"* (ver 1 Timoteo 6:12).

Deje de mirar cuán grandes son sus gigantes y cuán pequeño es usted y comience a ver cuán grande es su Dios. No se enfoque en el poder de sus gigantes, enfóquese en el poder del Espíritu del Dios vivo que habita en usted. Dos mil años atrás él venció cada uno de los gigantes que usted está enfrentando hoy. Usted puede elegir su fuerza o la de Dios. ¿En cuál pondrá su mirada? Solo la fuerza de Dios en su interior puede vencer.

La Biblia dice que Jesús en mí es la esperanza de gloria (ver Colosenses 1:27). También dice que todo lo puedo en Cristo que me fortalece (ver Fil. 4:13). No dice "todo menos tener éxito". No dice "todo menos superar la deuda". No dice "todo menos vencer el cáncer". No dice "todo excepto honrar a mi jefe". No dice "todo excepto amar a mi cónyuge". No; dice *todo* es posible. No me importa cuán grande es su gigante, Cristo en usted puede vencer absolutamente todo.

La Biblia también dice: "...*al que cree todo le es posible*" (Marcos 9:23). Yo soy un testimonio vivo de esa Palabra. Jesús en mí es quien me fortalece para hacer las cosas que no sabía que podía hacer. Él es un Dios bueno. Y el diablo es un ser malo, es astuto y predecible.

Su Dios ya venció los poderes *del gigante*. Su gigante significa nada para él. No importa lo que usted esté enfrentando, no importa lo grande que sea su problema, no importa el desastre que sea; Dios es más grande. Estas afirmaciones son sólo una prueba de su fe. ¿Confiará usted en él? Esa es la pregunta clave. Su gigante puede ser el dolor y la enfermedad en su cuerpo, la escasez financiera, los problemas en su matrimonio, sus hijos adolescentes o su trabajo, o las heridas en sus relaciones interpersonales.

Debe mirar atrás y decir: "Bien, ¿qué hizo David?". David mató al gigante, y usted también puede hacerlo. Imitemos los pasos de David hacia la victoria.

Atacar sin titubear

Si su gigante son las finanzas, entonces ataque sin dudar. Haga lo que sea necesario para aprender a salir de la deuda y multiplique sus habilidades para poder aumentar sus ingresos. Dedíquese a ello con el fervor que David tuvo cuando recogió esas cinco piedras y dijo: "Vamos... No vengo a ti con jabalina ni lanza ni espada, vengo a ti con el Espíritu del Dios Altísimo". Con eso fue que David vino ante él. David no tenía temor alguno porque sus ojos estaban centrados en aquel que en el pasado lo había librado de los osos y de los leones. Sus ojos no estaban puestos en su tamaño o en el tamaño de Goliat, sino en el Dios de Israel que abrió el mar Rojo.

No tenía temor, porque el temor viene cuando hay indecisión y dilación. Pero David no titubeó. Él vio un gigante desafiando al ejército del Dios Altísimo, y dijo: "Amigo, hoy vas a morir". Y atacó. Así que vaya y ataque. Ataque en grande, sabiendo que la Biblia dice: *"Si Dios es por nosotros, ¿quién contra nosotros?"* (Romanos 8:31).

Luche con las fuerzas de Dios

Me encanta lo que dice Efesios 6:12: *"Porque no tenemos lucha contra sangre y carne, sino contra principados, contra potestades, contra los gobernadores de las tinieblas de este siglo, contra huestes espirituales de maldad en las regiones celestes."* Aunque usted pelee con su cónyuge, esta pelea no es con él o ella directamente. El demonio está en la mitad de esa pelea. La Biblia dice que su pelea es "contra principados, contra potestades, contra los gobernadores de las tinieblas de este siglo, contra huestes espirituales de maldad". Esas son las huestes de maldad obrando en usted para que siga la pelea y odie a su cónyuge. No se deje engañar por "el gigante".

Primero necesitamos estar conscientes contra quien peleamos. Necesitamos ver al gigante por lo que es: oposición espiritual. Entonces podremos quitar nuestros ojos de las circunstancias y de las personas involucradas y salir a la batalla. En el capítulo anterior hablamos de las armas de nuestra guerra, pero revisemos brevemente las armas principales que usó David contra Goliat: la fe y la confianza.

La fe

Santiago 2:26 dice que la fe sin obras es muerta. Usted debe probar su fe dejando su asiento y poniendo manos a la obra. La única manera en que David pudo derrotar a Goliat fue teniendo la fe suficiente en Dios para que lo hiciera victorioso en el campo de batalla. El resto de los israelitas deseaban que Dios los enviara, pero no tenían verdadera fe; de lo contrario, habrían arriesgado su vida creyendo que Dios los apoyaría.

Cuando alguien está sufriendo de cáncer o alguna otra enfermedad y sólo espera morir, eso no es fe. La fe dice: "¿Sabes qué? No importa lo que suceda, voy a ir donde tenga que ir; voy a hacer lo que tenga que hacer para que este cuerpo sea restaurado. Lo que sea que tengas para mí, lo quiero; intentaré lo que sea". La fe no es sentarse a esperar que las cosas sucedan. La Biblia dice que cuando uno se encuentra frente a una puerta debe golpear (ver Lucas 11:10).

Confianza

Si quiere pelear en las fuerzas de Dios, es tremendamente importante que tenga confianza. Salmos 28:7 dice: *"...En él confió mi corazón, y fui ayudado..."*. David dijo esto. Y también lo vivió.

Confió en Dios lo suficiente como para hacerle guerra a Goliat. Salmos 84:12 dice: *"El Señor de los ejércitos, dichoso el hombre que en ti confía"*. Proverbios 28:25-26 dice: *"El altivo de ánimo suscita contiendas; mas el que confía en el Señor prosperará. El que confía en su propio corazón es necio; mas el que camina en sabiduría será librado"*.

Permita que eso sature su corazón. "El que confía en el Señor prosperará", no el que confía en Dani, no el que confía en su compañía, no el que confía en sí mismo, no el que confía en el gobierno o en la economía, no el que confía en su casa, su cónyuge o su jefe. No; lo que dice es: "...el que confía en el Señor prosperará. El que confía en su propio corazón es necio; mas el que camina en sabiduría será librado". La sabiduría implica la confianza en Dios. Él es digno de toda su confianza.

Por último, usted debe aprender a avanzar como David y vencer los gigantes en su vida. No vacile, y no intente hacerlo con sus propias fuerzas. ¡Mire al Dios que es mayor que cualquier problema y corra hacia la batalla!

Antes de conocer a Dani yo era el propietario frustrado y exhausto de una empresa de construcción, que vivía aburrido sin disfrutar del trabajo e iba nada más que tirando las cargas. Pero con las habilidades que he obtenido mejoré dramáticamente la relación con mi familia, mis clientes, mis proveedores y mis empleados.

–Marty R.

CAPÍTULO 16

SECRETOS DE SU ÉXITO

"¡Abortas ese bebé, o hemos terminado!", —me gritó cerrando violentamente tras él la puerta de mi apartamento. Los vidrios de las ventanas vibraron por el golpe.

Yo tenía 17 años y acababa de saber que estaba embarazada. Para mí fue una buena noticia y recuerdo la escena como si fuera ayer. Yo había estado viviendo por mi cuenta sosteniéndome a mí misma con un trabajo que realizaba al salir de la escuela y estudiaba mi secundaria lo mejor que podía. Desde que empecé a tener relación íntima con Brent decidí que debíamos someternos al control natal. Pero el centro médico, en vez de darme las pastillas que necesitaba, me dio la noticia de mi creciente embarazo. Estaba atónita, asustada y emocionada. Definitivamente no estaba buscando quedar embarazada, pero sucedió, y ningún tipo de presión podría hacerme cambiar la idea de tener mi niña.

Me mantuve firme con toda la determinación y el coraje que pude juntar. De ninguna manera iba a matarla o darla en adopción. Contaba con esta bebé, y ella era la persona que me iba a amar; estaba emocionada.

Para resumir la historia, Brent y sus padres me presionaban día y noche para que diera mi bebé en adopción a una pareja cristiana. Luego de varias semanas de acoso y continuos comentarios como: "Que terrible es lo que le estás haciendo a esta criatura; no es justo para la bebé. ¿Y si tu padrastro la toma y le hace lo mismo que te hizo a ti?" Comencé a tener pesadillas en las cuales veía a la bebé siendo horriblemente abusada como yo fui. Pesadillas terribles que me atormentaban día tras día sin parar. Me perturbaban incluso a la tarde, durante la siesta. Me despertaba ahogada, llorando y gritando con todas mis fuerzas. La presión y el estrés en el que estaba también eran una pesadilla.

Los padres de Brent eran cristianos en quienes yo confiaba y a quienes respetaba plenamente. Eran el tipo de persona que deseaba que fueran mis padres. Deseaba haber sido criada en un hogar cristiano como el suyo, con padres amorosos como ellos; padres que no peleaban ni consumían drogas ni se maltrataban ellos ni a sus niños. *Tienen el hogar soñado...* pensaba. Yo era vulnerable e ingenua.

Ellos me presentaron a una pareja que me prometió la luna, las estrellas y el sol con tal de que les diera a mi bebé. Me sedujeron con su idea de adopción abierta, que significaba que yo podría ver a Kristina todas las veces que quisiera, y que ella podría visitarme cuando tuviera la edad suficiente. Podría enviar regalos, recibir fotos trimestralmente y, sobre todo, tener una participación activa en su crianza. Ellos eran cristianos, e hicieron que todo sonara muy bien.

Desafortunadamente no cumplieron ninguna de sus promesas, y pasaron 14 años antes de que pudiera reencontrarme con mi hija.

Demasiados villanos

A lo largo de mi vida me he encontrado con demasiados villanos como para mencionarlos a todos en este libro. Tuve muchas decepciones trágicas en mi vida de parte de personas que deberían haber mantenido la integridad y la honestidad; yo era muy vulnerable y confiaba demasiado.

Kristina sufrió por mis decisiones y todavía tiene problemas de abandono, además de otros problemas con los que debe tratar. De hecho, sus padres adoptivos la maltrataron y abusaron de ella emocionalmente. Le dijeron que no sabían mi nombre ni cómo contactarme, lo cual era mentira. Incluso le dijeron que yo era una prostituta que había tenido 11 hijos, y que a cinco de ellos los había dado en adopción. A pesar de que sabían que me había convertido en una persona exitosa, no respondían cuando yo llamaba, ni cuando enviaba regalos, cartas y fotos de mis otros hijos. Solo tenía noticias de ellos cada dos o tres años. Era una tortura.

Así las cosas, el trauma era algo natural en mi vida. Durante mi niñez era normal que viera mucha sangre. Viví una vida donde a las personas –mi madre, mis hermanas– se las empujaba de cabeza contra las paredes. Las paredes se desmoronaban y las lágrimas corrían. Luego vino el abuso sexual del hombre de Los Ángeles, seguido por el abuso físico, mental, emocional y sexual de mi padrastro.

El cuento de hadas que era mi matrimonio se convirtió en una pesadilla. Mi gran éxito se convirtió en no tener dónde dormir; de hacer millones por segunda vez y recibir elogios y confianza, pasé a sufrir la malversación de mis negocios por parte de mis socios. Mi asistente contable, un amigo de confianza, me robó $77.000. La lista de traumas incluye la historia de Kristina y las dos parejas de cristianos que me engañaron.

Cualquiera de estas circunstancias –el abuso, la manipulación para quitarme mi bebé, las malversaciones, los cristianos embusteros, mis amigos y colegas, la pérdida de todo mi dinero, casarme con un estafador– era suficiente como para matarme y enterrarme, a mí o a cualquiera. De seguro que era suficiente como para decir: "De ninguna manera volveré a confiar en nadie, nunca más", y luego andar mirando con cuidado en cada esquina. Todo eso era suficiente para no querer volver a casarme y ahogarme en las drogas, la bebida y el dolor. Suficiente como para terminar con todo o cometer algún tipo de crimen e ir a prisión. Esto es lo que le sucede a algunas personas que tienen vidas traumáticas – y no he contado ni la mitad de mi historia ni los detalles morbosos.

Pero encontré la clave para superar el trauma: el perdón.

El perdón es la clave del éxito

Ni siquiera puedo recordar dónde aprendí sobre la dicha del perdón. En ese entonces yo era una pagana metafísica, y nunca nadie me había enseñado a perdonar. Incluso después de ir a una escuela cristiana, nadie me habló de perdonar a mis padres. Nadie siquiera había mencionado la palabra perdón. ¡Nadie!

Sin embargo, recuerdo haber escuchado en la radio una canción sobre el perdón. Era "Heart of the Matter" [El Corazón del Asunto] de Don Henley, y solía cantarla entonces. ¿Fue de ahí que me vino el concepto del perdón? No lo sé. Pero definitivamente fue el Espíritu Santo el que lo trajo a mi vida. Tuvo que ser él.

Dios sabe en qué situación estamos y quiénes están heridos o desamparados. Su corazón se duele por ellos y por nosotros. Él sabe. Su misericordia se extendió mucho más allá de las drogas que yo consumía y de mis relaciones sexuales. Su misericordia fue más allá de las drogas que tenía en mis manos y de los psíquicos a los que consultaba. Aun así me habló. Realmente veo la verdad de que *Él deja las "noventa y nueve" y va tras la oveja perdida.*[1]

Sabía que necesitaba perdonar a mi padrastro – y a los demás que mencioné antes y a quienes no mencioné – y recuerdo sinceramente cómo fue que eso sucedió. Lo supe cuando me quedé sin hogar; era evidente que yo había provocado ese desastre en mi vida. Me había aferrado a tanto odio, ira y deseo de venganza, a tanta rabia, amargura profunda y desconfianza, que la realidad de haber tocado fondo de esa manera ya fue demasiado. Era doloroso tener tanto temor de ir a una iglesia o de cualquier cosa que llevara el título de "cristiano". Me habían herido tan profundamente; los cristianos me habían lastimado muchísimo más que mi padrastro. En ese entonces, los cristianos que habían pasado por mi vida hacían que mi padrastro pareciera un santo. Me habían herido mucho más profundo de lo que hiere el abuso sexual, y esto era peor que ser tomada por el cuello y empujada contra la pared. Era mucho peor que todos los sobrenombres horribles que alguna vez me habían dicho.

Definición del perdón

El perdón es renunciar al derecho de estar enojado con otra persona. Es renunciar al derecho a la venganza. Es renunciar a sus derechos para poder enmendar el error. Es renunciar al derecho a odiar y a tomar represalias. No quiero decir que lo que hice fue algo noble. En realidad, fue egoísta porque yo estaba esclavizada por todas esas cosas y necesitaba ser libre.

Las personas ven el perdón como algo aparentemente noble. Lo siento, pero debo decir la verdad. ¡La verdad es que yo necesitaba ser libre! Estaba cansada de vivir con toda esa culpa, vergüenza, ira, venganza, resentimiento y desconfianza. Ya no podía vivir así. Pero un día decidí caminar por el camino hacia la libertad. Opté por decir: "Detesto lo que me hiciste, la manera en que me heriste. Pero elijo la libertad. Decido perdonar todo hoy. Decido bendecirte y soltarte".

Dios me guió al perdón con esta invitación: "¿Quieres ser libre?" Yo quería mi libertad y la necesitaba. El fruto del perdón fue un fluir sobreabundante de misericordia y una libertad que es inexplicable. Me di cuenta de que si hubiera estado del mismo lado de la cerca, podría haber hecho lo mismo. Yo era tan propensa a los mismos errores como los demás. Yo era tan propensa como mi padrastro y como los demás que me hirieron. Ellos habían aprendido a comportarse de esa manera, y fue por la gracia de Dios que no me convertí en una abusadora emocional, sexual o de cualquier índole. Fue sólo por la gracia de Dios, su verdad y su fidelidad.

El perdón es importante para Dios, pero es algo de lo cual casi no se habla. Raras veces las personas son guiadas a través de ese proceso del perdón. Las personas no confiesan sus pecados unos a otros. No confiesan las cosas que yo estoy confesando ahora. ¿Dónde está la convicción del perdón? Desafortunadamente está escondida porque hablamos de otras cosas menos importantes. Por ejemplo, discutimos sobre *el fin del mundo* y todo tipo de cuestiones doctrinales. Nada de eso nos lleva a la libertad si no hay perdón. Nada de eso me ayudará a mí y a los demás a ser más como Cristo. La clave del perdón es la muerte de Jesús en la Cruz para el perdón de nuestros pecados.

Veamos a José en Egipto. En Génesis 50:17, el Señor le pidió que perdonara a sus hermanos y los pecados que habían cometido al tratarlo tan mal. ¡Qué vergüenza para ellos! Este es el muchacho que arrojaron al pozo, al que abandonaron y abusaron, pero Dios le dice que los perdone. Él lo hizo. Los perdonó y luego tuvo un corazón completamente limpio. Eso es lo verdaderamente profundo y poderoso. Él sabía que no habían sido ellos. Sí; ellos fueron quienes lo arrojaron al pozo, pero fue Dios quien lo envió a Egipto. Él sabía que Dios era soberano. Incluso les dijo que "no fueron ustedes quienes me enviaron, sino Dios, para que pudiera salvar al remanente de Israel". Ese era el plan. Fue todo parte del trato de Dios para que estuviera listo y pudiera adquirir nuevas habilidades.

¿Qué aprendió José mientras fue esclavo en Egipto? Aprendió a administrar una nación entera. La mayoría de nosotros nos habríamos quedado con venganza, amargura, odio y desconfianza. Habríamos quedado estancados en todas las cosas horribles que los demás nos hubieran hecho. Pero no José; él eligió perdonar. Sabía que había sido Dios, y que era soberano. Él sabía que Dios lo había llevado allí y que lo había ascendido al puesto con mayor poder de Egipto. José no habría tenido tanto éxito si se hubiera quedado en el pozo de la desesperación, la amargura, el resentimiento y la falta de perdón.

Diez claves acerca del perdón

1. El perdón limpia.

Si confesamos nuestros pecados, él es fiel y justo para perdonar nuestros pecados, y limpiarnos de toda maldad. Si decimos que no hemos pecado, le hacemos a él mentiroso, y su palabra no está en nosotros (1 Juan 1:9-10). En otras palabras, la falta de confesión demuestra que Él es mentiroso. Asegurar que no tenemos pecado es no confesar. Al no confesar, decimos que no tenemos pecado y que lo que él hizo en la Cruz fue inútil.

Hoy día veo muchos cristianos con tanta ira y amargura que lastiman a otros porque ellos fueron lastimados y no confían en los demás, porque han estado rodeados de personas desconfiadas. He visto personas que hacen lo mismo que yo hice, intentan esconder el dolor del pasado. Tenemos que confesarlo y ser honestos respecto a nuestras debilidades. Pasamos toda la vida tratando de mostrar lo fuertes que somos. Pero en nuestras propias fuerzas no hay confesión. En nuestras fuerzas no hay debilidad para permitir que Dios se haga fuerte en nuestra vida.

***Confesaos** vuestras ofensas unos a otros, y **orad** unos por otros, para que seáis sanados. La oración eficaz del **justo** puede mucho* (Santiago 5:16). ¡Nuevamente vemos otro concepto errado de la justicia! ¿Quiénes son justos para Dios? Aquellos que *confiesan* sus pecados unos a otros y oran unos por otros.

Creo que el enemigo obra insistentemente contra los cristianos para asegurarse de que no confiesen sus pecados unos a otros. Es parte del engaño de que "no puedes confiar en ellos. Toda la ciudad se va a enterar". Y... y... ¿y qué? ¿Qué es eso? Eso es orgullo. Es la auto-preservación de su reputación. ¿Y qué es su reputación? Su reputación es inútil. La reputación de Dios es la que debe ser exaltada.

Recientemente hablé con un muchacho de 19 años, empleado de nuestra compañía. Él confesó haber sido liberado de la pornografía tras diez años de adicción. Quizás se pregunte ¿cómo un chico puede ser adicto a la pornografía por diez años? Le diré como: la influencia de la Internet.

El noventa y cinco por ciento de los niños están expuestos a la pornografía. No fue una respuesta a una pregunta que yo haya hecho, simplemente salió de su corazón como una confesión sincera, y yo estaba sorprendida de que lo compartiera conmigo.

¿Sabe lo que esa confesión provocó en mí? "Gracias Señor, porque un niño puede ser adicto por diez años pero tú tienes el poder para hacerlo libre". Saber que él había sido liberado de la pornografía edificó mi fe. No me hizo pensar mal de él. Me hizo pensar bien de mi Dios y del valor que él tuvo para confesar que tenía problemas con la pornografía. El testimonio de Cristo prevaleció y edificó mi fe.

El diablo nos hace pensar que no debemos confesar nuestros pecados. Confesar nuestros pecados a Dios es algo totalmente diferente a confesarlos unos a otros. Es mucho más fácil confesárselos a Dios. Usted está solo, en un lugar tranquilo, y sabe que Dios lo perdonará; está seguro, quizás sienta algo de culpa y vergüenza si es que tiene algo de remordimiento. Pero es totalmente diferente confesarlos a los demás. Es el orgullo que quiere proteger nuestra reputación. Pero si no confesamos pisoteamos al Espíritu Santo.

Me siento tan bendecida porque nuestros clientes aprendieron a andar en perdón. Son libros abiertos. Son dóciles y humildes, sin nada que esconder. Si tienen problemas con las drogas, lo confiesan.

He visto cómo el poder de la confesión anima a otros a querer ser libres, ya sea de la pornografía, las drogas, la codicia, el orgullo, las deudas, el alcohol, el sexo prematrimonial, sea lo que fuere. He visto cómo el poder de la confesión trajo convicción a otros. Debido a la confesión permitimos que el Espíritu Santo traiga convicción a alguien más que él desea liberar. Creo que ésta es otra de las razones por las que el diablo se esfuerza tanto en mantener nuestras bocas cerradas.

2. El perdón de Dios olvida todo

Porque seré propicio a sus injusticias, y nunca más me acordaré de sus pecados y de sus iniquidades (Hebreos 8:12). Él ya no se acuerda de nuestros pecados y cubre toda nuestra injusticia. *Cuanto está lejos el oriente del occidente, hizo alejar de nosotros nuestras rebeliones* (Salmos 103:12). Esto quiere decir que Dios hace borrón y cuenta nueva y eso nos acerca a él. Dios arranca nuestros pecados para no recordarlos más.

3. El perdón es un mandamiento.

Quítense de vosotros toda amargura, enojo, ira, gritería y maledicencia, y toda malicia. Antes sed benignos unos con otros, misericordiosos, perdonándoos unos a otros, como Dios también os perdonó a vosotros en Cristo (Ef. 4:31-32). No podemos librarnos de todas estas actitudes negativas si no perdonamos. Cuando cargamos con actitudes y comportamientos negativos ponemos trabas a nuestro liderazgo personal y profesional. De hecho, Dios no puede, ni va a expandir nuestros territorios si cargamos con amargura, rabia, ira, contienda, calumnia, y toda forma de malicia. Él no puede confiarnos otras personas si utilizamos nuestra influencia negativamente. Pero cuando perdonamos por completo a quienes nos hirieron o estorbaron en el pasado, el Señor puede expandir nuestros territorios porque nuestra influencia se usará para honrar y edificar en lugar de derribar.

La falta de perdón es un estorbo enorme para ser promovidos en nuestros trabajos. También es una de las razones por las que las iglesias y las empresas no crecen. Es la causa de los divorcios y de los hijos e hijas pródigas. No se nos confiará mayor influencia si no hemos hecho lo que mandan las Escrituras.

4. Perdonar a los demás asegura su propio perdón

Porque si perdonáis a los hombres sus ofensas, os perdonará también a vosotros vuestro Padre celestial; mas si no perdonáis a los hombres sus ofensas,

> *tampoco vuestro Padre os perdonará vuestras ofensas* (Mateo 6:14-15).

El perdón es muy importante para Dios. Lea la parábola que relata Mateo 18:21–35. Es acerca de un amo que perdonó a su siervo una deuda de una cantidad enorme de dinero. Pero cuando el deudor perdonado se acercó a alguien que le debía una suma más pequeña, lo trató sin ninguna misericordia.

> *Entonces, llamándole su señor, le dijo: Siervo malvado, toda aquella deuda te perdoné, porque me rogaste.¿No debías tú también tener misericordia de tu consiervo, como yo tuve misericordia de ti?Así también mi Padre celestial hará con vosotros si no perdonáis de todo corazón cada uno a su hermano sus ofensas* (Mateo 18:32–33, 35).

5. ¿Cuántas veces debo perdonar?

El perdón no es un hecho aislado. No es una acción de una sola vez en la vida. Es una acción que debe ejecutarse diariamente y es la única manera de mantener su corazón, sus manos y sus motivos limpios. Es también la única forma de acercarse más a Dios. El pecado nos separa de él y no perdonar es un pecado imperdonable. La mayoría de la gente piensa que existe tan solo un pecado imperdonable. Yo digo que hay dos. Blasfemar contra el Espíritu Santo es uno, pero no perdonar es el otro. No perdonar es un pecado imperdonable porque si usted no perdona a su hermano, Dios no lo perdona a usted. Eso es algo grande.

> Pedro le preguntó a Jesús: *"Señor, ¿cuántas veces perdonaré a mi hermano que peque contra mí? ¿Hasta siete? Jesús le dijo: No te digo hasta siete, sino hasta setenta veces siete"* (Mateo 18: 21 – 22).

> *Mirad por vosotros mismos. Si tu hermano pecare contra ti, repréndele; y si se arrepintiere, perdónale.*

> *⁴Y si siete veces al día pecare contra ti, y siete veces al día volviere a ti, diciendo: Me arrepiento; perdónale.*
> (Lucas 17: 3 – 4).

6. El perdón evita juzgar

> *No juzguéis, y no seréis juzgados; no condenéis, y no seréis condenados; perdonad, y seréis perdonados*
> (Lucas 6: 37).

Es un intercambio. Si no perdonamos a otros los estamos juzgando, entonces seremos juzgados por ello. Si no los perdonamos los estamos condenando y poniéndonos en una posición en que podemos ser condenados.

Quienes son dados a juzgar y condenar a los demás tienen muy poca influencia en la vida de otras personas. Las personas juzgadoras y condenadoras tienen mucha dificultad para lograr que otros los sigan o trabajen con ellos; no pueden establecer relaciones saludables, por el contrario promueven relaciones en las que no hay confianza ni honra mutua.

7. El perdón y el liderazgo

> *Entonces volvió Moisés a Jehová, y dijo: Te ruego, pues este pueblo ha cometido un gran pecado, porque se hicieron dioses de oro, que perdones ahora su pecado, y si no, ráeme ahora de tu libro que has escrito*
> (Éxodo 32:31).

Moisés pudo haber estado resentido y falto de perdón, amargado y reacio hacia la gente pues cuando se demoró en el monte, ellos rápidamente se olvidaron de Dios, hicieron un ídolo y pecaron. Él pudo haber dicho. "¡Van a morir, Dios los va a castigar!" Pero en vez de eso estuvo dispuesto a dar su vida por ellos. Mire usted, nosotros nos amargamos con la gente pero no lo hizo así Moisés aunque tenía todo el derecho de enojarse contra este pueblo obstinado y consentido.

8. Nuestras oraciones y ofrendas pueden ser estorbadas por causa de la falta de perdón

Y cuando estéis orando, perdonad, si tenéis algo contra alguno, para que también vuestro Padre que está en los cielos os perdone a vosotros vuestras ofensas (Marcos 11: 25).

...mas si no perdonáis a los hombres sus ofensas, tampoco vuestro Padre os perdonará vuestras ofensas (Mateo 6: 15).

Por tanto, si traes tu ofrenda al altar, y allí te acuerdas de que tu hermano tiene algo contra ti, deja allí tu ofrenda delante del altar, y anda, reconcíliate primero con tu hermano, y entonces ven y presenta tu ofrenda (Mateo 5: 23 – 24).

Recuerde este mandamiento: deje su ofrenda en el altar y haga la paz con su hermano. Dios ni siquiera desea tocar su ofrenda hasta que su corazón esté limpio y en paz con su hermano. Eso significa que nosotros ofrecemos ofrendas todo el tiempo con corazones sucios y manos que ponen cargas sobre la gente. En esas circunstancias la ofrenda no vale nada. De modo que nos queda claro que debemos arreglar las cosas con nuestro hermano y entonces sí regresar con la ofrenda y Dios la recibirá.

9. El perdón está relacionado con la sanidad

Entonces Faraón se apresuró a llamar a Moisés y a Aarón, y dijo: He pecado contra Jehová vuestro Dios, y contra vosotros. Mas os ruego ahora que perdonéis mi pecado solamente esta vez, y que oréis a Jehová vuestro Dios que quite de mí al menos esta plaga mortal (Éxodo 10: 16 – 17).

La plaga de langostas devastó el pueblo de Egipto, exceptuando la zona donde los israelitas vivieron, en respuesta a la dureza del Faraón. Luego de que Moisés oró, los egipcios fueron sanados. Dios sanó la tierra porque las langostas estaban destruyendo las provisiones de comida, lo que eventualmente llevaría a la inanición. Eso quiere decir que trababa tanto las finanzas como la salud.

La rebelión provocó el juicio del Señor, y el juicio que vino atacó la prosperidad de la tierra. Note que Faraón dijo: *"... y que oréis a Jehová vuestro Dios que quite de mí al menos esta plaga mortal".* ¿Por qué quiso que la plaga se fuera? Las langostas estaban destruyendo la comida y los animales, su sustento y prosperidad.

Vea la Escritura. *Si se **humillare** mi pueblo, sobre el cual mi nombre es invocado, y oraren, y buscaren mi rostro, y se **convirtieren** de sus malos caminos; entonces yo oiré desde los cielos, y **perdonaré** sus pecados, y sanaré su tierra* (2 Crónicas 7:14).

¿Qué significa sanar la tierra? Imagino que la tierra debía estar desolada, llena de enfermedad, muerte y enfermedad y falta de prosperidad. Dios dijo: "Sanaré sus cultivos, su rebaño, su pueblo y sus fuentes de agua. Sanaré todo lo que hay en la tierra". Él prometió que si se humillaban prosperaría esa tierra nuevamente.

Así que para mí, sanar la tierra significa prosperar la tierra y traer sanidad tanto a sus finanzas como a sus cuerpos. El perdón de Dios trae sanidad. Es necesario buscar a Dios y convertirse de la maldad para que la bendición venga.

10. *El perdón produce amor*

Por lo cual te digo que sus muchos pecados le son perdonados, porque amó mucho; mas aquel a quien se le perdona poco, poco ama (Lucas 7:47).

Sin confesión no hay perdón, así que si confesamos poco, recibiremos poco perdón y descubrimos que amamos poco. El perdón produce amor en nuestra vida, y el amor es Cristo. Sin la confesión de nuestros pecados y sin perdonar a quienes nos han ofendido, según dicen las Escrituras, a quienes confesamos poco, poco se nos perdona y poco amamos. ¿Es usted alguien que ha perdonado mucho o poco? La cantidad de amor en nuestra vida se mide por cuánto perdonamos a otros y cuánto perdón pedimos.

11. El perdón tiene relación con recibir el Espíritu Santo

Pedro les dijo: Arrepentíos, y bautícese cada uno de vosotros en el nombre de Jesucristo para perdón de los pecados; y recibiréis el don del Espíritu Santo (Hechos 2:38).

¿Hola, me escuchas? El perdón está relacionado con la acción de recibir el Espíritu Santo, lo que significa que la falta de perdón no le permite recibir el Espíritu Santo.

¡Esto me vuelve loca! ¿Cuánta enseñanza hay sobre el Espíritu Santo? Hay miles de libros y enseñanzas sobre "moverse en los dones del Espíritu Santo" y "recibir el Espíritu Santo". Queda claro que es blanco o negro. Arrepiéntase, que quiere decir: vuélvase de sus caminos. Se empieza confesando y pidiendo perdón o perdonando a otros. Bautícese y perdone para así recibir el Espíritu Santo.

Hay tantas enseñanzas sobre el Espíritu Santo... Paso uno... paso dos... ¿Alguna vez escuchó que el perdón y la confesión fueran parte de esos pasos? No, pero puedo decirle que sí hay muchos más disparates religiosos dentro de esos pasos. Es algo tan sencillo; confiese para recibir el perdón de los pecados en el nombre de Jesucristo y *recibirá,* no dice podría recibir, o recibirá una parte o el diez por ciento del Espíritu Santo, *recibirá* el don del Espíritu Santo. Está garantizado.

Así que arrepiéntase, bautícese, confiese y perdone a los demás, y recibirá el perdón, si es que quiere al Espíritu Santo en usted y si quiere moverse en sus dones. Empiece a confesar y a perdonar. Ésta es otra de las razones por las que el diablo se esfuerza tanto por evitar que perdonemos y confesemos–para que no recibamos al Espíritu Santo ni el poder que él trae a nuestra vida. Nosotros, en cambio, tratamos de hacer el papel del "justo y santo", mientras que seguimos llenos de maldad. Todos tenemos "basura en el baúl", y es hora de limpiarlo por completo.

El perdón conduce a la libertad

El perdón aparece desde Génesis hasta Apocalipsis. Es uno de los hilos conductores a través de la Biblia, y sin embargo es algo de lo que se habla y enseña muy poco. Perdonar y pedir perdón son también mandamientos. Dios nos ordena despojarnos de la ira, la amargura, la malicia y el resentimiento. El pecado está ligado a la enfermedad, el perdón está ligado a la sanidad. En la Biblia vemos líderes que oraban por el pueblo y que estaban dispuestos a ir al infierno con tal que otros no fueran allí. ¿Dónde se ve ese tipo de amor en el Cuerpo de Cristo hoy?

Vemos qué es lo que hace que Dios no perdone: no perdonarnos unos a otros. Cuando no confesamos nuestros pecados a Dios y unos a otros, esto hace que Dios no nos perdone. Pero cuando nos perdonamos unos a otros, hacemos que Dios nos perdone. Caminar en perdón trae el don del Espíritu Santo. Por eso es tan importante practicarlo como un estilo de vida. –

El fruto del perdón es la libertad. Así que le desafío, mi hermano o hermana a que ahora mismo –por razones nobles o egoístas– haga una lista de las personas del Cuerpo de Cristo que necesita perdonar. Perdone a cada líder que ha encontrado dentro del Cuerpo de Cristo que estaba más preocupado o preocupada por su propio éxito y por el edificioo las actividades que por el dolor que usted estaba pasando. Realmente creo que cada líder del Cuerpo de Cristo ha hecho su mejor intento, pero nuestra cultura nos ha enseñado a poner las cosas menos importantes de la religión en primer lugar y las cosas más importantes para Dios en último lugar, entre ellas, el perdón.

Cualquier hombre, mujer, o niño que alguna vez le haya difamado, herido, calumniado, denigrado, acosado, que haya tenido celos de usted, o le haya juzgado, o se haya equivocado con usted, o le haya dicho "siéntate y cállate" cualquier hombre, mujer o niño que le haya abusado, violado, o no le haya tenido en cuenta para un ascenso porque se sentía intimidado por usted, debe estar en esa lista. Agregue a su lista a todo aquel que no le haya animado, sino que haya hablado muerte sobre usted, y a toda persona que no haya estado ahí cuando usted la necesitaba.

Esta lista también debe incluir a todos aquellos que le hayan hecho mal en el mercado, cada jefe, cada no creyente, manager, empleado y socio. Si le han engañado, ignorado, y se han alejado de usted intencionalmente, ahora es el tiempo de perdonarlos.

La lista debe incluir confesión y perdón hacia usted mismo por cada error y mal pensamiento. Sea específico y arranque de raíz todas estas cosas de su corazón.

¿Es usted su peor crítico? ¿Tiene pensamientos de auto condenación en su mente a diario? ¿Busca esconderse constantemente de estas cosas que lo tienen paralizado? Si es así, es hora de perdonarse por todas esas cosas del pasado que vienen a su mente. Y más importante aún, perdónese por no perdonar a quienes le hirieron y por no pedirle a Dios que los perdone.

Quizás hasta necesite perdonar a Dios. Tal vez usted haya juzgado a Dios. ¿Ha pensado usted en esto? Probablemente sintió que él no estuvo cuando usted lo necesitó. Es posible que le haya echado la culpa a él. ¿Por qué permitió que le sucedieran ciertas cosas? Muchas personas tienen resentimiento contra Dios. Deseche esa amargura contra él mediante el perdón. Perdónelo. Sé que parece una locura, pero le aseguro que da resultado.

En los seminarios que realizamos llegamos hasta las raíces más profundas que hay encada uno. Descubrimos que la raíz de falta de perdón yace casi latente dentro de cada uno de nosotros. Y prueba de ello son los malos frutos que no dejan de mostrarse. Las acciones negativas y los problemas molestos que parecen brotar por doquier pueden hacer que nuestra vida sea miserable. Puedo ver la conexión que existe entre todos sus temores y creencias que le paralizan y la raíz de falta de perdón. También puedo ver que de cada sentimiento negativo que tiene hacia los demás está relacionado con la raíz de la falta de perdón.

De hecho, todo lo que usted piensa sobre el dinero, los hombres, las mujeres y Dios está ligado a algo en su pasado. Si estas ideas son negativas, se debe a la falta de perdón que se esconde profundo en su interior. No se quede en esa situación de parálisis. Dé un paso adelante y haga lo que miles de nuestros clientes han hecho: perdone. Arrepiéntase de la falta de perdón y la amargura y la maliciay de todas las cosas de las que hemos estado hablando. Abandónelas ahora y permita que el Señor transforme su corazón y su mente. Permita que él le limpie y purifique por completo. Creo que solo entonces podrá avanzar hacia el éxito en todas las áreas de su vida. Recuerde, su éxito está ligado a su perdón.

El perdón mató "al gigante" en mi vida

Mi gigante era la falta de perdón. Situaciones como las que yo viví se tratan a un nivel muy personal en mis seminarios mensuales. Ayudo a que las personas enfrenten el perdón, el juicio, el resentimiento, y la amargura relacionados con los fracasos e impedimentos que puedan haber tenido. En una de las sesiones del seminario, tratamos con problemas que incluyen el abuso, los fracasos empresariales, el acoso, las tragedias, el trauma, los temores, el abandono, la falta de motivación, la confianza en sí mismo, la dilación, y el exceso de estrés que pueden haber experimentado. Las personas no pueden avanzar a no ser que enfrenten la cuestión del perdón. Así que lo atacamos de adentro hacia afuera. Como yo pasé por todo eso y perdoné y vivo en perdón, Dios me ha dado la autoridad para ayudar a que otros caminen en libertad también.

Yo tenía muchos complejos con respecto a confiar en los demás. No podía confiar ni trabajar con hombres ni con mujeres. Me di cuenta de que vivía a la defensiva frente a las personas, siempre esperando que sucediera algún desastre. Había sufrido muchas situaciones de abuso con los hombres, y estaba harta. Mi pasado de malas relaciones con los hombres me fastidiaba, me perseguía, me atormentaba. Me sentía inútil, despreciable, indigna de dar y recibir amor. Le confesé esto al Señor.

Comencé por perdonar al primer hombre que sentí que me había engañado y abusado: mi padrastro. Luego de haberlo perdonado por completo, tuve una visión de su madre golpeándolo con la escoba. Comencé a llorar y sentí compasión por mi padrastro que había aprendido a ser abusivo gracias a su "gigante"…su madre.

Luego de seis años de silencio absoluto, mi padrastro me llamó y me dijo: "No me importa si no quieres verme nunca más, y no te culpo si no quieres que tus hijos me vean. Sólo quiero que sepas que estoy orgulloso de ti".

Ese momento recompensó cada uno de los 15 años que jugué baloncesto y que él jamás fue a verme. Ese momento recompensó las veces que veía mi reporte escolar lleno de notas altas, y me condenaba por la única nota baja que aparecía en mi record. Alivió la herida causada por el hecho de que a sus ojos yo nunca hubiera hecho nada bien. Borró el constante menosprecio, la humillación, los motes. Escuchar esas palabras: "Estoy orgulloso de ti", ¡lo valió todo!

¡Finalmente había podido enfrentar a mi gigante y yo había quedado en pie!

Para que quede claro, el gigante en mi vida no era mi padrastro. Era el problema gigante de la falta de perdón que me había llevado por el camino de la auto-destrucción. Ese gigante era quien tenía que caer. La falta de perdón había provocado la amargura y el resentimiento que tenía y los prejuicios contra las personas con autoridad y contra los hombres que conocía. Una vez derribado el gigante de la falta de perdón en mi vida pude tener una relación sana con Hans, mi nuevo esposo, (a quien conocí tres meses después de que mi primer esposo me robara todo lo que tenía). Con Hans tenemos tres hijos a quienes no lastimo como hombres, son varones fuertes. Nuestra hija Arika es sumisa y honesta, una muchacha maravillosa, pura, piadosa y virgen que es a la vez fuerte, sin ser una pequeña Jezabel como yo solía ser.

Por supuesto, también tuve que perdonar a muchos cristianos que me habían fallado y herido. Para empezar estaban: Brent, sus padres y el matrimonio que adoptó a mi hija. Dios es tan fiel a su Palabra que, debido a que yo perdoné, él puso a mi bebita nuevamente en mis brazos; primero cuando tenía 14 años, y luego se quedó a vivir con nosotros cuando tenía 16 años. Mientras Kristina vivía en casa la guié en el camino del perdón y le enseñé a perdonarme no solo a mí y a Brent y sus abuelos, sino también a su familia adoptiva. Ahora ella tiene una relación sana con nosotros, con Brent y su familia, *y* con su familia adoptiva. ¡Es un verdadero milagro!

El punto valioso es que si yo no hubiera perdonado a los hombres y a los cristianos que me habían engañado, definitivamente no podría hablar con los cristianos ni tener clientes varones. Sin el perdón, habría sido una feminista que odia a los cristianos y que da charlas sólo para mujeres. Pero eso no es cierto ahora. Más del 50 por ciento de mis clientes son hombres y muchos de ellos se convirtieron en mis más grandes partidarios y promotores debido a que sus ingresos se dispararon y saldaron sus deudas. Algunas de los mejores testimonios de éxito que surgieron de nuestros seminarios son de hombres que salvaron su matrimonio o saldaron sus deudas o lograron que sus negocios tuvieran un crecimiento explosivo o cualquier otra cosa.

Lo cierto es que hablo tanto a auditorios cristianos como seculares. Llevo las almas perdidas a Cristo y a los cristianos les enseño a tener éxito en Cristo, y para la gloria de Dios. Esto solo sucede gracias al poder del perdón que Dios nos ha dado como un regalo de pura gracia. Mi pasado no se compara con mi situación actual ni con la suya, salvo que usted no perdone.

Así que, si usted piensa que aquellos que necesitan su perdón son imperdonables, puedo darle una larga lista de cosas que yo sufrí y que cualquiera pensaría que son imperdonables. La verdad es que yo estaba cautiva de la falta de perdón, pero ya no. Ya maté a este gigante y es tiempo de que usted le dé muerte al suyo.

El perdón ha llegado a ser para mí un estilo de vida porque siempre habrá personas a quienes necesito perdonar. Y usted también las encontrará. Más personas serán culpables de defraudarnos, ofendernos, robarnos, lastimarnos, de atacar nuestro carácter y manchar nuestra reputación. Y es muy posible que muchas de ellas sean nuestros hermanos y hermanas en Cristo, incluso nuestros cónyuges y nuestros hijos de vez en cuando. Pero debemos hacer la elección de vivir perdonando, o de no hacerlo, lo cual nos lleva a la amargura, el resentimiento, el rencor, la malicia, aún a la depresión, la opresión y el suicidio. La falta de perdón ataca nuestra confianza y nos desmotiva. Roba nuestra visión y también le abre la puerta a la enfermedad y a la muerte. Ella interrumpe el flujo del favor y la prosperidad de Dios en nuestra vida.

Usted debe hacer una elección consciente. O escoge un estilo de vida de perdón, que implica perdonar a sus ofensores rápidamente para conservar su corazón y sus manos limpias, o sigue el camino que la vasta mayoría de personas de este planeta sigue, el cual lleva a la muerte: una muerte lenta y torturosa. ¡La elección es suya!

Por favor acompáñeme en esta jornada de éxito impulsado por el Espíritu Santo, y elija hacer lo que un linaje raro y peculiar de personas hace: perdonar.

Notas finales

1. Lucas 15:4

CONCLUSIÓN

Al principio de este libro le pregunté si usted se sentía satisfecho financiera, física, mental y emocionalmente, y en sus relaciones sociales. Mi esperanza, mi oración, es que se dé cuenta de las capacidades y habilidades latentes en usted, las cuales están esperando salir a la luz. Estas capacidades y habilidades aumentarán los niveles de satisfacción en cada área de su vida. Usted tiene la capacidad de alcanzar los deseos de su corazón porque Dios le diseñó para el éxito. Él no quiso que su vida fuera mediocre.

Por favor, no viva su vida condenado por sus propias excusas. No espere el momento "perfecto" porque jamás llegará. Por favor, no sea como la mayoría de los cristianos derrotados que esperan tener suerte, que esperan que las cosas sucedan. Salga y multiplique sus capacidades y habilidades para ser aquel a quien Dios está buscando, y para ser la persona correcta para el próximo ascenso. Haga lo que Hans, yo, y cientos de miles de nuestros clientes hemos hecho. Todos nosotros aprendimos habilidades específicas que cambiaron radicalmente nuestra vida. Estas habilidades nos capacitaron para ser imparables en el mercado y tener victoria sobre la mano del enemigo.

Creo que Dios está buscando personas que se esfuercen y se preparen para tener un éxito rotundo en el mercado *para su Gloria*. Usted ha leído este mensaje por una razón, y creo que se debe a que quizás usted sea uno de los tantos que hará lo que sea necesario para ser una vasija escogida por Dios para estos tiempos.

En este momento el mundo está desesperado buscando líderes verdaderos. Soy muy bendecida al ver miles de personas que logran la capacitación que necesitaban para dejar de andar por un camino de mediocridad y empezar a vivir una vida de éxito en sus finanzas, matrimonios, con sus hijos, en sus carreras; una vida que crece en influencia. Aprendieron paso a paso a tener éxito en esas áreas y pusieron en práctica lo que aprendieron, y Dios bendijo radicalmente el fruto de sus manos.

Si usted hace lo que ellos hicieron, él le bendecirá de la misma manera. Venga a visitarnos alguna vez y vea con sus propios ojos una raza de reyes del mercado que están arrebatando el Reino de Dios para su Gloria.

No espere a que se le haga demasiado tarde. ¡Entre en acción! ¡Haga algo! El Espíritu del Dios vivo está listo y deseoso de usarlo; ¿está usted listo? Dios verdaderamente tiene un plan para su vida. Usted fue ungido, apartado y lleno, hasta rebosar, con todas las herramientas y dones que necesita para lograr ese plan. ¡Y aquel que está en usted es *poderoso* para cumplirlo!

Ahora usted tiene una opción.

Puede dejar este libro y seguir viviendo una vida mundana, predecible, mediocre y devastadora. O puede responder a lo que acaba de leer y aprender, como David, como Jesús, ¡a perseguir su destino! Debe creer que usted es quien *Dios* claramente dice que es. Crea que Dios es quien él dice ser. Luego, con esa confianza, ¡avance! Salga de la rutina en la que ha estado viviendo, la rutina que usted llama vida, y *¡levántese!*

SU PRÓXIMO PASO

La lectura es un buen comienzo, pero si desea resultados permanentes debe poner en acción estos principios de *Espíritu de Éxito* a ¡diario! Mi primera sugerencia es que lea este libro de principio a fin una vez al mes durante los próximos 12 meses. Esa vocecita en su cabeza quizás le diga: "¿Por qué necesito leer el libro una y otra vez?" La razón es que la repetición graba las cosas en su alma. Mientras más absorba los principios del *Espíritu de Éxito*, más rápido verá resultados en su vida y se convertirá en la persona que Dios planeó que usted fuera.

A lo largo de los años he tenido el honor y el privilegio de equipar a cientos de miles de personas –un número cada vez más creciente– para tener éxito. Lo hice a través de mis seminarios, clases en televisión, cintas de audio, videos y programas de entrenamiento y capacitación personal con los cuales miles han desarrollado las habilidades necesarias para enriquecer su vida mucho más allá de lo que pensaban que era posible.

El mercado paga según el valor, y la forma de aumentar su valor para el mercado es aumentando sus habilidades. Este libro es el comienzo de un viaje que durará toda la vida. Es el viaje de una relación verdadera con Dios por medio de Jesucristo y de su Espíritu Santo *y*, mediante el desarrollo constante de sus habilidades, adquirir valor para aportar al mercado y producir un impacto a favor del Reino de Dios.

Para ayudarle a ampliar sus habilidades quisiera darle una membresía gratuita para uno de nuestros sitios de entrenamiento en la Internet exclusivo para miembros. Allí podrá tener acceso a cintas de audio, vídeos, programas televisivos e informes especiales valorados en más de $10.000 que le ayudarán a avanzar en todas las áreas su vida, 24 horas al día, los 7 días de la semana.

Como miembro asociado será equipado para desarrollar sus habilidades para poder competir en el mercado y tener un éxito rotundo para la gloria de Dios. Las herramientas de entrenamiento de nuestros sitios para miembros le ayudarán a convertirse en un mejor empresario, técnico de mercadeo, ejecutivo, empleado, vendedor, gerente, padre, maestro de escuela, líder comunal o pastor. Cualquiera sea la ocupación, carrera o negocio en el que esté, estos recursos gratuitos de capacitación le serán de una ayuda invaluable.

Para obtener acceso inmediato a las herramientas exclusivas para miembros sólo visite www.DaniJohnson.com ahora mismo y suscríbase a uno de nuestros sitios exclusivos para miembros.

Además, ¡aproveche mi *oferta especial de un CD gratuito*! Por tiempo limitado, estamos ofreciendo una copia gratuita de "Cómo Conquistar el Reino de las Finanzas". En este CD descubrirá las siete trampas que le roban la prosperidad, las diez leyes de la abundancia, cómo se reflejan los frutos de sus decisiones en sus finanzas, cómo Dios premia un espíritu de excelencia, y muchísimo más.

No pierda tiempo; diríjase a www.DaniJohnson.com ahora mismo y regístrese como miembro de RiseToSuccess.com o de WorkAtHomeProfitZone.com de forma gratuita.

PERFIL DE LA AUTORA

Dani Johnson es escritora, conferencista, capacitadora, y fundadora de *Call to Freedom International* (Llamado a la Libertad, Internacional). De vivir en su auto cuando sólo tenía $2.03 en su cuenta de banco, pasó a ganar su primer millón en dos cortos años a la edad de 23. A través de sus seminarios de entrenamiento dinámicos, muchos de sus clientes se han convertido en personas libres de deudas y han pasado a tener ingresos de seis y siete cifras.

Dani enseña y capacita con el deseo apasionado de ver a sus clientes transformados en su vida espiritual, familiar y profesional. Ellos se convierten en guerreros del mercado que manifiestan la gloria de Dios en lugares donde la iglesia no puede llegar.

Además de la revelación bíblica, sus seminarios ofrecen estrategias paso a paso sobre el desarrollo de la empresa, el desarrollo de las riquezas, la aniquilación de las deudas, la resolución de conflictos, el entrenamiento eficaz en ventas y marketing, las habilidades para la gestión, el crecimiento, la formación de equipos de trabajo, el desarrollo de las personas y del liderazgo, la administración del tiempo, las habilidades para el matrimonio y la paternidad, habilidades extremadamente eficaces para la comunicación, así como el equipamiento espiritual.

Sus clientes van desde físicos nucleares hasta madres y educadoras. Ella ha consultado y capacitado personalmente a miembros de una amplia gama de profesiones, que incluyen médicos, abogados, jueces, científicos, sismólogos, actores, directores de cine, políticos, pequeños y grandes empresarios, todo tipo de vendedores, camareros, mecánicos, trabajadores de la construcción y contratistas, dueños de peluquerías, de centros de cultura física, pilotos, auxiliares de vuelo, banqueros, gerentes de sucursales, asesores financieros e inversionistas, agentes de finca raíz, representantes de empresas, pastores, misioneros, músicos, artistas, funcionarios laicos de iglesias, cantantes, compositores, incluso cantantes de ópera.

La pasión de Dani es ayudar a las personas a superar las barreras que les impiden experimentar verdadera libertad mental, emocional, espiritual y financiera.

UNA NOTA ESPECIAL DE DANI

¿Este libro impactó su vida? ¿Marcó la diferencia en cómo se ve usted mismo, cómo ve a Dios, y cómo ve su parte en el establecimiento del Reino? ¿Planea usar los principios revelados en *Espíritu de Éxito* para enriquecer su vida de forma espiritual y financiera? ¿Piensa usar estos principios para obtener una promoción o un aumento en su trabajo, para comenzar un negocio nuevo, o para sacar su negocio de las luchas y las caídas y llevarlo al éxito y a crecimientos exponenciales? ¿Usará *Espíritu de Éxito* para convertirse en una persona libre de deudas y adinerada, para poder ser esa luz sobre el monte que el mundo verá, para que su Padre Celestial sea glorificado (ver Mat. 5:14)?

Si es así, ¿me ayudará a ayudar a otros? ¿Me ayudará a compartir el mensaje de *Espíritu de Éxito* con el resto del mundo? Si *Espíritu de Éxito* le ha impactado, si ha cambiado su vida y le ha hecho libre, piense en aquellos que conoce y con quienes quisiera compartir este regalo. Le estoy pidiendo su ayuda. Millones de cristianos y no cristianos están bajo esclavitud como yo solía estar. Este mensaje cambió mi vida, y ahora ha cambiado la vida de decenas de miles para la gloria de Dios. Deseo que se extienda por todo el mundo porque sé lo que sería mi vida hoy si no hubiera recibido los principios de este libro y no los hubiera puesto en práctica. No quiero ni pensarlo.

¿Me ayudará a expandir este mensaje? No puedo hacerlo sola. Usted marca una gran diferencia. ¿Lo hará? Si es así, por favor, tenga en cuenta las siguientes ideas:

Haga una lista con los nombres de las personas que quiere bendecir con *Espíritu de Éxito*. ¿Conoce a alguien que tiene influencia, un pastor, un líder comunal, el miembro de una junta, el presidente de una compañía o algún ejecutivo? ¿A quién conoce en su iglesia, escuela o trabajo? ¿Conoce a alguien que sea dueño de una empresa o comerciante? ¿Conoce a alguien que está luchando por llegar a fin de mes y necesita un ascenso en su trabajo? ¿Conoce a alguien que aún no sabe cuál es el verdadero propósito de su vida? ¿Conoce a alguien de su familia que necesita experimentar la sanidad emocional, mental y espiritual?

1. Utilice su lista:

    a. Llámelos ahora mismo y cuénteles sobre *Espíritu de Éxito*. Dígales cómo le ha impactado y comparta su experiencia. Proporcióneles nuestra dirección en Internet: (www.DaniJohnson.com o www.SpiritDrivenSuccess.com), donde podrán obtener su propia copia, que se les enviará en las siguientes 24 horas.

    b. Visite nuestra página en Internet y encargue varias copias del libro para regalar. Puede pedir que le enviemos el libro directamente a sus amigos, socios o familiares como un regalo de su parte. Hay descuentos disponibles para pedidos en cantidad.

    c. Visite www.SpiritDrivenSuccess.com y seleccione la opción "Recomendar a un amigo" para enviar un correo electrónico a sus contactos con una invitación para que visiten nuestra página y obtengan más información sobre *Espíritu de Éxito*. Puede utilizar esta herramienta para incluir toda su lista de contactos para que reciban un mensaje suyo (enviado por nuestro propio servidor de Internet) acerca de *Espíritu de Éxito*.